Fischer TaschenBibliothek

Erfüllte Augenblicke der Liebe und des Glücks – warum nur erscheinen sie uns immer so kurz und flüchtig? Und warum will die Zeit, wenn wir ungeduldig warten, so gar nicht vergehen? Wie können wir in unserem hektischen Alltag bewusster mit unserer Zeit umgehen?
Stefan Klein, Autor der Bestseller ›Die Glücksformel‹ und ›Alles Zufall‹, lehrt uns, unsere Zeit bewusster und besser zu nutzen: Denn nur wenige Leistungen des Gehirns lassen sich so leicht und so schnell verändern wie unser Zeitsinn. Der Film unseres Lebens entsteht im Kopf. Und wir sind seine Regisseure.

Stefan Klein, geboren 1965 in München, ist der erfolgreichste Wissenschaftsautor deutscher Sprache. Er studierte Physik und analytische Philosophie in München, Grenoble und Freiburg und forschte auf dem Gebiet der theoretischen Biophysik. Er wandte sich dem Schreiben zu, weil er »die Menschen begeistern wollte für eine Wirklichkeit, die aufregender ist als jeder Krimi«. Sein Buch ›Die Glücksformel‹ (2002) stand über ein Jahr auf allen deutschen Bestsellerlisten und machte den Autor auch international bekannt. In den folgenden Jahren erschienen die hoch gelobten Bestseller ›Alles Zufall‹, ›Zeit‹, ›Da Vincis Vermächtnis‹, ›Der Sinn des Gebens‹, das Wissenschaftsbuch des Jahres 2011 wurde, und ›Träume. Eine Reise in unsere innere Wirklichkeit‹. Seine bekannten Wissenschaftsgespräche erschienen unter dem Titel ›Wir sind alle Sternenstaub‹ und ›Wir könnten unsterblich sein‹. Zuletzt erschien im S. Fischer Verlag ›Das All und das Nichts. Von der Schönheit des Universums‹.

Weitere Informationen finden Sie auf www.fischerverlage.de

Stefan Klein

ZEIT

Der Stoff, aus dem das Leben ist.
Eine Gebrauchsanleitung

FISCHER TaschenBibliothek

Bildrechte

S. 28 © Michel Siffre
S. 62 © World of Stock
S. 78 © akg-images
S. 79 © Succession Marcel Duchamp/VG Bild-Kunst, Bonn
S. 98 © Cinetext
S. 121 © Naoya Hatakeyama, courtesy L. A. Galerie – Lothar Albrecht, Frankfurt am Main
S. 138: 19. Jahrhundert, anonym
S. 189 © World of Stock
S. 197 © akg-images
S. 198 © akg-images
S. 227 © Bavaria Film
S. 238 © Akimoto Osamu
S. 344 und 355 © Peter Palm, Berlin
S. 348 © Picture-Alliance

Da einige Rechteinhaber trotz aller Bemühungen nicht erreichbar waren, verpflichtet sich der Verlag, nachträglich geltend gemachte rechtmäßige Ansprüche nach den üblichen Honorarsätzen zu vergüten.

FSC www.fsc.org
MIX
Papier aus verantwortungsvollen Quellen
FSC® C083411

Erschienen bei FISCHER Taschenbuch
Frankfurt am Main, September 2018

Umschlagabbildung: Raimund Koch/Photonica/Getty Images
Umschlaggestaltung: hißmann, heilmann, Hamburg
Satz: Fotosatz Amann, Memmingen
Druck und Bindung: CPI books GmbH, Leck
Printed in Germany
ISBN 978-3-596-52194-4

Für Alexandra

INHALT

TEIL 2 ZEIT NUTZEN

TEIL 3 WAS ZEIT IST

Einleitung
Die Entdeckung der inneren Zeit

Es gibt Augenblicke, da scheinen die Gesetze der Zeit ihre Gültigkeit zu verlieren. Dies sind die Momente, die man magisch nennt: Auf dem Gipfel eines Berges oder angesichts der Ozeanbrandung, im Schaffensrausch oder während der Liebe verlieren Pläne, Sorgen, Erinnerung ihre Bedeutung. Die Zeit steht still; der Augenblick umfasst alles, was je war und sein wird. Manche Menschen berichten von der Empfindung, dass sich dabei sogar die Grenzen ihrer Körper auflösten; sie begannen, sich als Teil von etwas Größerem zu fühlen. Manchmal reicht auch schon ein angeregter Abend mit alten Freunden oder eine Arbeit, in der man ganz aufgeht, und Stunden vergehen, als seien es Minuten. Die letzte U-Bahn ist verpasst, das Mittagessen lange überfällig, und niemand hat es bemerkt im Zauber des Hier und Jetzt.

Doch irgendwann kehrt unvermeidbar die Zeit ins Bewusstsein zurück; es ist ein Gefühl, als sei man aus einem rauschhaften Schlaf erwacht.

Und dann trifft der Blick eine Uhr. Selten ist der Bann, den dieses Instrument über uns ausübt, so schmerzhaft zu spüren. Der Dichter W. G. Sebald beschrieb die Macht der Uhren einmal als das »Vorrücken dieses, einem Richtschwert gleichenden Zeigers, wenn er das nächste Sechzigstel einer Stunde von der Zukunft abtrennt«. Im Sinn hatte Sebald dabei eine riesige Uhr, die über der Halle des Bahnhofs von Antwerpen genau im Schnittpunkt aller Blickachsen thront – dort, wo die Baumeister alter Kirchen einst das Auge Gottes angebracht haben. Alle Reisenden müssen ständig zu diesen Zeigern aufschauen. Umgekehrt ist von der Bühne des Ziffernblatts aus jeder Mensch in der Halle zu erkennen – und alles, was er tut.

Vor den Uhren kann sich niemand in der heutigen Gesellschaft verstecken. Sie sind überall. Das ganze Leben ist nach ihnen ausgerichtet. Wir jagen engen Terminen nach und denken mit Wehmut daran, was wir alles gern täten, wenn wir nur wüssten, wann. Mitunter fühlen wir uns wie in einen Strudel geraten und fürchten, fortgerissen zu werden. Doch der Lohn für die Eile bleibt aus: Ausgerechnet die hektischen Tage hinterlassen am wenigsten Erinnerungen – als wäre diese Zeit spurlos vorübergegangen und für immer verloren.

Wir haben uns an die Herrschaft der Uhren so sehr gewöhnt, dass sie ganz selbstverständlich erscheint. Wir sehen diese Instrumente geradezu als Stellvertreter einer höheren Macht. Nicht nur in der Bahnhofshalle von Antwerpen gehorchen die Reisenden zwei Zeigern hoch über ihren Köpfen. Mehr oder weniger bewusst glauben wir alle, dass der Takt einer geheimnisvollen kosmischen Uhr unser Leben bestimmt. Abzulesen ist dieser Takt am Sekundenzeiger am Handgelenk. Wenn wir die Gegenwart der Uhren einmal vergessen, zweifeln wir später oft insgeheim, ob dieses Erlebnis Traum oder Wirklichkeit war.

»Zeit ist der Stoff, aus dem das Leben besteht«, schrieb der amerikanische Erfinder und Staatsmann Benjamin Franklin. Doch ist die Zeit unseres Lebens wirklich identisch mit dem, was die Uhren anzeigen? Manche Stunden rasen dahin, andere scheinen sich beinahe unendlich zu dehnen. Der große Zeiger aber hat ungerührt wie immer seine Runde gemacht. Es scheint, als sei mit dem Lauf der Uhren eine andere, zweite Zeit verwoben: eine Zeit, die in uns selber entsteht.

Die innere Zeit gehorcht ihren eigenen, geheimnisvollen Gesetzen. Weshalb vergehen ausgerechnet die unangenehmen Situationen so langsam, Glücksmomente dagegen so rasch? Warum ist man gerade in den schönsten Stunden so oft geistesabwesend? Wieso verrinnt das Leben immer schneller, je älter man wird?

Nur eine Erfahrung mit der Zeit ist uns hinlänglich bekannt – dass sie fehlt. Das ist merkwürdig, denn gemessen in Stunden und Jahren sind wir reicher als Menschen es jemals waren. Keiner Generation waren so viel Freizeit und eine so lange Lebensspanne beschert. Dennoch gibt mehr als ein Drittel aller Deutschen an, oft unter Zeitknappheit zu leiden. Und von Umfrage zu Umfrage werden es mehr.

Erschreckend sind diese Zahlen vor dem Hintergrund neuer Ergebnisse aus der Neurobiologie: Das Gefühl, ständig unter Druck zu stehen, bedeutet Stress. Chronischer Stress kann das Gehirn dauerhaft in Mitleidenschaft ziehen; er schadet der Gesundheit und mindert die Lebenserwartung.

Besonders heimtückisch ist die unablässige Hetze, weil sich der Zeitdruck selber nährt. Schnell kommt ein Teufelskreis in Gang: Ist die Furcht, seiner Aufgaben nicht rechtzeitig Herr zu werden, einmal entstanden, lässt sie den Gestressten den Überblick verlieren und schafft sich so immer neue Anlässe. Zeitnot macht kurzsichtig für die Zukunft; man rennt den Ereignissen hinterher, statt sie zu gestalten.

Mit raffinierten Kalendern und Aufgabenlisten allein ist das Problem nicht zu lösen. Denn sie erfassen nur die äußere Zeit der Uhren. Doch das Empfinden der Hetze entsteht im Bewusstsein, und dieses orientiert sich an der inneren Zeit. Es gilt also, die Gesetze der inneren Zeit zu verstehen, um besser mit ihr umgehen zu können.

Besonders auffallend sind die Unterschiede zwischen innerer und äußerer Zeit, betrachtet man den persönlichen Tagesrhythmus: Allein der Takt der Armbanduhr kann nicht erklären, wie sich der Organismus durch den Tag steuert. Manche Menschen müssen sich jeden Morgen neu damit quälen, aus dem Bett und einigermaßen in Fahrt zu kommen; andere sprühen zur selben Stunde vor Energie. Uhrzeit, Sonnenlicht, auch die Kaffeeration sind für alle gleich. Also muss der Gegensatz in uns selbst liegen.

Und warum haben einige Zeitgenossen die Ruhe weg und bewältigen gut gelaunt Termin um Termin, während andere schon über ein oder zwei Verpflichtungen am Tag stöhnen? Berühmt ist das »Rentner-Syndrom«, die Klagen über Zeitmangel im Ruhestand, die sich ganz offensichtlich nur durch das innere, subjektive Zeitempfinden erklären lassen.

Ohnehin ist die äußere Zeit nur ein winziger Ausschnitt aus dem, was wir als Zeit unseres Lebens erfahren. Der Sekundenzeiger kennt einzig die Gegenwart. Vergangenheit und Zukunft erfasst er nicht. Menschen jedoch leben auch in ihrer Erinnerung – sie ist gewissermaßen im Gedächtnis geronnene Zeit. Nach welchen Gesetzmäßigkeiten wandelt sich erlebte Zeit in Erinnerung um? Wie kommt es, dass man im Geiste in die Vergangenheit zurückreisen kann? Und ist es wirklich möglich, dass ein Mensch in einem einzigen Moment der Lebensgefahr sein ganzes Leben an sich vorüberziehen sieht?

Dieses Buch handelt von den verborgenen Dimensionen der Zeit. Sein Thema sind all die Phänomene, die sich nicht ohne weiteres in Minuten und Stunden messen lassen. Im Mittelpunkt steht dabei die Frage, wie das Erleben der Zeit zustande kommt – und wie wir lernen können, achtsamer mit ihr umzugehen.

Das Gefühl für die Zeit ist eine höchst ausgefeilte Tätigkeit des Geistes. Fast sämtliche Funktionen des Gehirns sind daran beteiligt. Körperempfinden und Sinneswahrnehmung; Erinnerung und das Vermögen, Zukunftspläne zu schmieden; Emotionen und Selbstbewusstsein: Sie alle wirken zusammen, und ist auch nur einer dieser Mechanismen gestört, verzerrt sich das Erleben der Zeit oder verschwindet ganz. Dem Entstehen des Zeitgefühls nachzugehen ist eine aufregende Reise durch das Bewusstsein: Wir erkennen dabei nicht nur unsere Natur, sondern auch unsere Kultur im Spiegel. Denn manche Regungen, dank derer wir das Strömen der Minuten und Stunden wahrnehmen, sind angeboren. Viele andere haben wir gelernt.

Wenn wir uns etwa ein Bild von der Zeit machen sollen, sehen wir in Europa die Vergangenheit hinter uns liegen; die Zukunft hingegen kommt von vorn auf uns zu. Doch ein Indianervolk in den Anden denkt genau umgekehrt. Fragt man die Aymara nach der Vergangenheit, deuten sie nach vorne, in Blickrichtung. Schließlich haben sie die Ereignisse der Vergangenheit schon einmal gesehen. Für das Kommende hingegen sind die Menschen blind, weswegen es die Aymara hinter ihrem Rücken vermuten. Diese Erklärungen bekam der amerikanische Kognitionspsychologe Rafael Núñez, als er das Denken dieser Menschen eingehend untersuchte.[1] Und nach ihren Überzeugungen leben die Aymara auch: Weil die Zukunft ihnen unsichtbar erscheint, lohnt es nicht, auch nur einen Gedanken daran zu verschwenden. Wer sie nach dem Morgen fragt, erntet ein Achselzucken. Und auf einen Bus oder einen verspäteten Freund warten sie halbe Tage lang mit einem für uns unglaublichen Gleichmut.

Damit berührt die Erforschung der Zeit auch das Wechselspiel von Erziehung, Umwelt und Genen, das unsere Persönlichkeit formt. Wie wir über Zeit denken, hat Einfluss darauf, wie wir sie empfinden.

Die Natur bestimmt, wie das Gehirn funktioniert, doch das Wenigste in unserem Erleben der Zeit hat sie fest vorgegeben. Deshalb sind wir nicht nur frei darin zu entscheiden, wie wir unsere Stunden ausfüllen – wir können sogar wählen, wie wir den Rhythmus des Lebens wahrnehmen wollen.

Für die meisten Menschen fließt die Zeit irgendwo außerhalb von ihnen dahin. Sie hat nichts mit ihnen zu tun. Zeit ist einfach da (oder nicht), und sie müssen sich ihr anpassen.

Ich möchte zu einer anderen Sichtweise einladen: Was wir als Zeit erleben, ist nicht nur ein Phänomen der Außenwelt, sondern zugleich unseres Bewusstseins. Diese Empfindung entsteht, indem beide – Umgebung und Gehirn – zusammenspielen. Mit neuen Methoden der Wissenschaft lässt sich heute untersuchen, wie sich die Außenwelt mit unserem Innenleben verzahnt. Einsichten vor allem aus der Hirnforschung können unsere Wahrnehmung und unsere Gewohnheiten verändern.

Mit dieser Sichtweise knüpfe ich an meine früheren Bücher über das Glück und den Zufall an; für mich ist es eine natürliche Fortsetzung meiner Beschäftigung mit diesen Themen: In »Die Glücksformel« habe ich versucht darzulegen, dass Glücksempfinden weit weniger von den äußeren Umständen abhängt, als wir es normalerweise vermuten. Viel entscheidender ist, wie das Gehirn die Geschehnisse deutet. Und diese Gewohnheiten der Deutung können wir ändern. Da das Gehirn des Menschen höchst plastisch ist, was Neurobiologen erst vor vergleichsweise kurzer Zeit erkannt haben, verwandelt sich damit auch das Geflecht der grauen Zellen im Kopf. Mit den richtigen Übungen können wir unsere Glücksfähigkeit also steigern. Oder kurz: Glück kann man lernen. Für einen entspannten und bewussten Umgang mit der Lebenszeit gilt das nicht minder.

Mein letztes Buch »Alles Zufall« ist unter anderem ein Plädoyer dafür, sich auf das Unvorhergesehene einzulassen. Zufälle sind Chancen. Dass wir sie aber als solche erkennen, setzt voraus, mit offenen Augen die Gegenwart wahrzunehmen – ein Thema, das auch in diesem Buch eine große Rolle spielen wird.

An Zufällen spüren wir die Richtung der Zeit. Die Vergangenheit ist uns bekannt, die Zukunft liegt im Dunklen. Deshalb stoßen uns zwangsläufig Überraschungen zu. Das Erleben von Zeit und von Zufällen ist also gar nicht voneinander zu trennen. Mit Grund hat der Philosoph Johann Gottfried Herder einmal geschrieben: »Die zwei größten Tyrannen der Erde: der Zufall und die Zeit.«

Die neuen Einsichten der Wissenschaft zeigen den angeblichen Tyrannen Zufall allerdings in einem ganz anderen Licht: Ohne ihn könnte sich unser Verstand nicht entwickeln. Und auch die Zeit sollte uns eine Freundin sein. Gerade weil das Zeitempfinden eine so hoch entwickelte Leistung des Gehirns ist, haben wir großen Einfluss auf sie. Denn all das, was uns das Vorübergehen der Stunden spüren lässt, haben wir in noch größerem Maße gelernt als beispielsweise die Mechanismen des Glücksgefühls.

So will dieses Buch zeigen, wie sehr es von uns selbst abhängt, wie wir Zeit empfinden. Es gliedert sich in drei Teile, die das Zeitempfinden in immer größeren Zusammenhängen betrachten.

Der erste Teil handelt von der Entstehung der inneren Zeit. Er erkundet die Vorgänge, die im Gehirn für ein Zeitgefühl sorgen. Doch Sie werden nicht nur erfahren, wie wir Zeit erleben, sondern auch, was sich tun lässt, um dieses Erleben zu beeinflussen. Darum enden manche Kapitel mit einer kleinen Nachschrift, die Sie zu Experimenten einladen soll.

Wie reagieren wir auf den Zeittakt unserer Umgebung? Das ist Gegenstand des zweiten Teils. Sein Hintergrund ist das Leben in einer immer schnelleren Welt, doch wirft er auch praktische Fragen auf: Lohnt es sich, mehrere Dinge gleichzeitig zu tun? Bedeutet knappe Zeit zwangsläufig Stress? Und wenn nein: Wie lässt sich auch unter engen Terminen die Ruhe bewahren?

Der dritte Teil schließlich widmet sich der kosmischen Dimension der Zeit. Indem wir Zeit erleben, spüren wir ganz unmittelbar, wie jeder Mensch in die Entwicklung des ganzen Kosmos eingebunden ist. Darin liegt vielleicht das größte Wunder des Zeitgefühls. Dieser Abschnitt des Buches untersucht, warum wir meinen, dass die Zeit fließt – und ob wirklich alles der Zeit unterworfen ist.

»Zeit ist das Element, in dem wir existieren«, schrieb die amerikanische Dichterin Joyce Carol Oates vor gut zwei Jahrzehnten. »Wir werden entweder von ihr dahin getragen oder ertrinken in ihr.«[2]

Diese Einsicht gewinnt fast täglich an Schärfe. Wie nie zuvor ist unsere Gesellschaft heute besessen von der Idee, jede einzelne Stunde zu nutzen. So beschleunigt sich der Takt des Lebens weiter und weiter, oft bis an die Grenzen unserer Belastbarkeit. Wir alle nehmen teil an einem riesigen Experiment im Umgang mit der Zeit.

Umso dringender gilt es zu erkennen, in welchem Maß die empfundene Zeit an unserer Persönlichkeit hängt. Ob wir uns ruhig oder gehetzt fühlen, ob wir auf erfüllte Jahre zurückblicken oder auf Leere, ist eben nur zum kleineren Teil Folge der Umstände, unter denen wir leben. Der Film unseres Lebens entsteht im Kopf.

Und wir sind seine Regisseure. Denn nur wenige Leistungen des Gehirns lassen sich so leicht und so schnell verändern wie der so genannte Zeitsinn. Von der Natur ist dem Verstand nur fest einprogrammiert, dass wir das Vergehen der Minuten und Stunden empfinden. Doch wie wir es tun, bestimmen wir selbst. Indem wir die eigene Wahrnehmung und

Aufmerksamkeit schulen, wandelt sich auch das Empfinden der Zeit. Wir können die Angst hinter uns lassen, im Strudel der Zeit zu ertrinken. Es steht uns frei, das Schwimmen zu lernen – und uns vom Strom der Zeit tragen zu lassen.

TEIL 1

ZEIT ERLEBEN

1
25 Stunden
Was geschieht, wenn nichts geschieht

Wer es noch nie erlebt hat, wird nicht glauben können, wie leicht unser vertrautes Zeitgefühl aus den Fugen zu bringen ist. Mir selbst ist dies in einer Höhle widerfahren, die ich im Frühjahr 1996 auf Einladung rumänischer Wissenschaftler besuchte. In der Erde vergraben und von allem Gewohnten getrennt, wurde mir mit einem Mal deutlich, wie brüchig unsere Orientierung in der Zeit ist. Unser gewohntes Zählen der Minuten und Stunden ähnelt einer Eisschicht: Auf ihr können wir uns mehr oder minder problemlos durch den Alltag bewegen, doch sie trennt uns von einem Meer anderer Möglichkeiten, die Zeit zu erfahren – ein verborgener und doch in jedem Moment gegenwärtiger Reichtum. Diese Einsicht ließ mich nie wieder los.

Höhlen sind wie Orte außerhalb der Zeit. Erstaunlich schnell ist das Verfließen der Minuten vergessen, wenn man den letzten Schimmer Tageslicht hinter sich gelassen hat. Sobald nur noch das Geräusch von

Wassertropfen ans Ohr dringt, die gelegentlich eine Felskante herabfallen, verliert das Tempo der Außenwelt seine Bedeutung: Im Lauf eines Menschenalters lassen diese Tropfen einen Stalagmiten um nicht mehr als ein paar Millimeter emporwachsen. Man bewegt sich in einem eigenen Kosmos, dessen Dimension das Erdalter ist. So, wie wir den Raum zwischen uns und einem Vogel im Flug nicht abschätzen können, weil die Luft keinen Anhaltspunkt bietet, verliert in der Ereignislosigkeit einer Höhle das Zeitempfinden sein Maß. Plötzlich ist man in der Ewigkeit angekommen.

Normalerweise freilich sind Speleologen mit dem Erkunden von Abstiegen, Ganglabyrinthen und verborgenen Wasserläufen viel zu beschäftigt, um darauf zu achten, wie Vergangenheit und Zukunft allmählich verschwimmen. Ohnehin ist ein Besuch in der Unterwelt nach ein paar Stunden beendet. Die Uhr mahnt zum Aufbruch, der Brennstoff der Karbidlampen geht zur Neige. Nur selten bringt jemand in der Tiefe eine Nacht zu. Welches Zeitgefühl würde sich einstellen, wenn man länger in einer Höhle ausharren könnte? Wäre die völlige Abgeschiedenheit nicht ein ideales Labor, um mit unserem Empfinden der Zeit zu experimentieren?

Mit dieser Hoffnung im Sinn und viel Mut unternimmt Michel Siffre einen Selbstversuch. Gerade 23 Jahre alt ist der französische Geologe, als er am

16. Juli 1962 ohne Uhr in eine vergletscherte Höhle in den Südalpen absteigt. Er will herausfinden, was geschieht, wenn wochenlang nichts geschieht. 130 Meter tief im Berghang hat er sich ein Domizil eingerichtet, eine Tonne Verpflegung und Material eingelagert, ein Zelt aufgeschlagen. Eine Batterielampe spendet etwas Licht, damit Siffre sich zurechtfinden und Notizen machen kann. Aber Strom ist kostbar. So verbringt der Forscher die meiste Zeit in völliger Dunkelheit sitzend auf einem Klappstuhl.

Das einzige lebendige Wesen, das ihm begegnet, ist eine Spinne. Siffre beginnt, sie als eine Art Freundin zu sehen und sich mit ihr zu unterhalten. Doch als er auf die Idee kommt, sie an seinen Mahlzeiten aus der Konservendose teilhaben zu lassen, verendet das Tier. Nun ist er ganz allein.

Zelt und Kleider sind schon bald völlig durchfeuchtet, das Thermometer zeigt wenig über null Grad an. Die Leiter nach oben haben seine Assistenten zurückgezogen; Siffre will nicht in Versuchung kommen, das Experiment abzubrechen. Ein Feldtelefon bildet seine einzige Verbindung nach außen. Über die Leitung gibt er durch, wann er aufsteht, wann er sich in seinen Schlafsack legt, und wie lange er jeweils im Dunklen gesessen zu haben glaubt.

Siffre verliert die Orientierung über die Zeit. »Wenn ich zum Beispiel nach oben telefoniere und durchgebe, wie spät es meiner Meinung nach ist, und glaube, dass nur eine Stunde zwischen dem Aufstehen und dem Frühstück vergangen ist, kann es genauso gut sein, dass es vier oder fünf Stunden waren«, notiert er in sein Tagebuch. »Und etwas ist schwer zu erklären: Die Hauptsache, glaube ich, ist die Vorstellung von der Zeit, die ich im Augenblick des Anrufs gerade habe. Wenn ich eine Stunde früher angerufen hätte, hätte ich die gleiche Zeit angegeben.« Verstört stellt er fest, dass er nur noch erlebt, wie die Zeit vergeht, dass aber eben dieses Erlebnis ihn trügt: »Ich habe das Gefühl, regungslos zu sein, und doch fühle ich mich vom ununterbrochenen Fluss der Zeit davongerissen. Ich versuche, ihn irgendwie zu erfassen, doch jeden Abend merke ich wieder, dass ich gescheitert bin.«[1]

Aber was heißt schon Abend? In der völligen Dunkelheit sind Tag und Nacht sinnlose Worte. Siffres Dasein hat seinen Rhythmus verloren – zumindest erscheint es dem Höhlenmann so. Wo er zehn Minuten Zeitabstand zwischen dem Moment, in dem er aufgestanden ist, und dem Beginn seines Frühstücks schätzt, ist tatsächlich mehr als eine halbe Stunde vergangen. Einmal fühlt er sich nach einem Essen, das er für sein Mittagsmahl hält, müde und legt sich nieder. Als er wieder zu sich kommt, glaubt er, nur kurz geschlummert zu haben. In Wirklichkeit sind mehr als acht Stunden vergangen.

Ohne Gefühl für die Zeit zu sein, zermürbt ihn.

Auf dem batteriebetriebenen Plattenspieler, den er sich mitgebracht hat, legt er Beethoven-Sinfonien auf. Wenn eine LP abgespielt ist, sind 45 Minuten vorüber. Aber auch das hilft ihm nicht wirklich. Sobald wieder Stille einkehrt, fühlt er sich so verloren wie zuvor. Verzweifelt erwägt er sogar, seinen Gaskocher als Uhr zu missbrauchen. Er weiß, dass der Inhalt der Kartusche in einem Zug heruntergebrannt für genau 35 Stunden ausreicht. Dann freilich könnte er sich nicht einmal mehr Tee kochen, um sich zu wärmen.

Die Vorfreude auf das Einschlafen wird sein einziges Vergnügen – auch wenn er mitunter nicht einmal mehr Schlaf von Wachen abgrenzen kann: »Ich blickte mit weit aufgerissenen Augen in die Dunkelheit und zögerte lange, fragte mich, ob ich schlief oder nicht. Dabei hoffte ich, dass ich noch träumte, aber nach einer Weile ging mir auf, dass ich längst hellwach war. Enttäuscht griff ich nach dem Lichtschalter, beugte mich aus dem Schlafsack und drehte die Wählscheibe des Telefons.«

Aber die Verwirrung existiert nur in Siffres Bewusstsein. In seinem Körper hat sich ein präziser Rhythmus eingestellt. Allerdings bemerken nur Siffres Freunde, die über jeden Anruf Buch führen, wie penibel sein Organismus mit der Zeit haushält. Der Tag des Höhlenmenschen dauert regelmäßig vierundzwanzigeinhalb Stunden, von denen er 16 wach verbringt.

Als sich am 14. September eine Strickleiter in die Höhle senkt, die jubelnden Freunde mit Champagner erscheinen und ihm zum erfolgreichen Abschluss des Versuchs gratulieren, protestiert Siffre. Sein Tagebuch zählt erst den 20. August: Er hatte doch mit seinen Freunden vereinbart, dass er viel länger in der Tiefe ausharren würde. Der Forscher kann sich nicht vorstellen, dass ihm 25 Tage einfach entgangen sind. Wo ist die Zeit geblieben?

Eine verborgene Uhr

Siffre hat seinen Versuch mehrfach wiederholt. 1972 blieb er in Texas, beobachtet von NASA-Wissenschaftlern, 205 Tage unter der Erde. Diesmal fehlten ihm nach dem Experiment volle zwei Monate in seiner Erinnerung.

Und er hat Nachahmer gefunden. Unter ihnen war die Französin Véronique Borel-Le Gue, die mit 111 Tagen unter der Erde einen Frauenrekord aufstellte, der tragische Folgen hatte: Die Erfahrung von Isolation und Zeitlosigkeit stürzten die Abenteurerin

Am 14. September 1962 bergen Helfer in Feierstimmung den völlig ausgezehrten Michel Siffre aus seiner Höhle. Eine dunkle Brille schützt seine Augen vor dem Licht, das der Forscher 61 Tage lang nicht sah.

nach Aussage ihres Psychiaters in tiefe Depressionen, als sie wieder ans Licht kam; ein Jahr später beging sie Selbstmord.

Weniger ungemütlich, auch ungefährlicher waren die Experimente, die zeitgleich mit Siffres erstem Höhlenaufenthalt in einem Bunker in Andechs bei München begannen. Dort hatten Wissenschaftler des nahe gelegenen Max-Planck-Instituts für Verhaltensphysiologie unter der Erde behagliche Appartements eingerichtet, in denen während der folgenden Jahre hunderte Studenten wochenlang in völliger Isolation hausten. (Viele von ihnen hatte die Hoffnung angelockt, es würde ihnen abgeschieden von jeder Ablenkung endlich gelingen, sich auf ihre Prüfungsvorbereitung zu konzentrieren.) Der einzige Kontakt mit der Außenwelt verlief über eine Schleuse, welche die Versuchsleiter zu unregelmäßigen Zeiten mit Nahrung, manchmal auch Briefen befüllten und aus der sie im Gegenzug Urinproben zum Messen der Hormonspiegel entnahmen. Die unterirdischen Betten waren mit Sensoren bestückt, die jede Ruhepause der freiwillig Gefangenen automatisch registrierten.

All diese Versuche ergaben dasselbe wie bei Siffres Unterweltabenteuer: Nach kurzer Eingewöhnungsdauer befolgten die Isolierten, ohne es zu wissen, einen persönlichen Rhythmus. Dessen Tag ist etwas länger als gewöhnlich – bei den meisten Versuchspersonen dauerte er ungefähr 24 Stunden, bei manchen sogar 26 Stunden oder noch mehr. Darum legten sich die Eingeschlossenen seltener zur Nachtruhe nieder als gewöhnlich, und darum schienen ihnen Tage zu fehlen, als sie ihr Gefängnis wieder verließen.[2]

In unseren Köpfen tickt eine verborgene Uhr. Sie steuert alle Vorgänge im Leib, lotst uns präzise durch Tag und Nacht. Die Körperzeit regelt Blutdruck, Hormone und Magensäfte, lässt uns müde werden und wieder erwachen. Sie arbeitet in perfektem Gleichtakt mit den besten mechanischen Uhren, denn das natürliche Chronometer ist ein Wunderwerk an Genauigkeit. Während der Jahrzehnte eines ganzen Lebens geht es um höchstens ein paar Minuten vor oder nach![3] So kennt der Organismus beinahe auf die Sekunde genau die äußere Zeit.

Mit ihren Versuchen hatten Siffre und seine Kollegen diese biologische Uhr des menschlichen Körpers zum Vorschein gebracht. Den wenigsten Forschern ist eine so große Entdeckung vergönnt; allein dieses Ergebnis hätte sie reichlich für die Wochen in Isolation entschädigt.

Doch die Experimente führten zu einer weiteren Erkenntnis, die noch aufregender war: Obwohl die Körperzeit unser ganzes Dasein steuert, ist sie nicht die Zeit, die wir empfinden. Das Bewusstsein erzeugt sich seine eigene Zeit – die innere Zeit. Sie ist gleichsam der Puls unserer Seele. An ihr messen wir alles, was wir wahrnehmen, denken, empfinden.

Die innere Zeit ist unabhängig vom Lauf der mechanischen ebenso wie der biologischen Uhren. Siffres Körperzeit war ja bestens im Takt; dennoch hatte sich sein Zeitempfinden gegenüber dem seiner Freunde völlig verschoben. Auch wir erleben täglich, dass sich das Bewusstsein die Freiheit nimmt, seine eigene Zeit zu schaffen. Wäre es anders, müssten wir uns nicht mit einer Prothese am Armband behelfen, um die Stunde zu erfahren.

Wie lange dauert eine Stunde?

Warum aber besitzt unser Körper ein perfekt geeichtes Instrument zur Zeitmessung, das wir nicht ablesen können? Viele Vorgänge im Organismus entziehen sich dem Bewusstsein. So regelt die Leber den Stoffwechsel höchst wirkungsvoll, obwohl wir selbst nach einem Gelage nicht das Geringste davon bemerken. Schon die Ökonomie der Aufmerksamkeit verlangt, dass die meisten Vorgänge im Körper jenseits unserer Kontrolle ablaufen müssen. Wir würden den Verstand verlieren, müssten wir ständig die Daten hunderttausender biochemischer Reaktionen irgendwo im Körper zur Kenntnis nehmen. Auch hinter der Körperzeit steht, wie wir sehen werden, Biochemie.

Vielleicht eignet sich der Taktgeber, der den Rhythmus unserer Tage bestimmt, aber auch gar nicht dazu, Minuten zu zählen. Diese Vermutung mag sonderbar scheinen, weil wir beim Gedanken an Zeit sofort an ein Ziffernblatt denken, auf dem sich Minuten und sogar Sekunden ebenso gut ersehen lassen wie die Tageszeit. Doch für diese verschiedenen Aufgaben haben Armbanduhren mehrere Zeiger. Eine Turmuhr ist unbrauchbar, um die Siegerzeit beim 100-Meter-Lauf zu bestimmen; eine Stoppuhr hingegen kennt keinen Unterschied zwischen Vormittag und Abend.

Ähnlich verhält es sich mit den Zeitmessern des Körpers und des Bewusstseins: Wir brauchen – und haben – mehrere Maßstäbe, um uns in der Zeit zu orientieren. Wenn wir einen Augenblick erleben, interessieren uns Sekunden. Um sich auf Tag und Nacht einzustellen, braucht der Organismus hingegen eine Uhr, die mindestens 24 Stunden lang läuft.[4]

Und schließlich messen die Uhren des Leibes und des Bewusstseins die Zeit auf völlig verschiedene Weise. Die Körperuhr bestimmt die Zeit automatisch. 16 Stunden nach dem Erwachen werden wir müde, ob es uns passt oder nicht. Ihr Maßstab steht fest. Er ist uns angeboren.

Die innere Zeit hingegen hängt davon ab, womit sich das Bewusstsein gerade beschäftigt. Sie zu erleben ist eine höchst komplizierte Leistung des Hirns. Vor allem aber haben wir den Maßstab der inneren Zeit gelernt. Wie lange dauert eine Stunde? Die Frage ist nur vermeintlich trivial. Denn wirklich beantworten können wir sie erst, wenn wir diese Spanne anhand von Erlebnissen messen: Eine Stunde, die wir auf eine Straßenbahn warten, scheint ewig; eine Stunde im Wartezimmer eines Arztes gerade noch annehmbar; eine Stunde Aufenthalt auf einem Flughafen vor einem Interkontinentalflug ist eine rasche Verbindung. Dahinter steht die Erinnerung an Stunden, die wir an Haltestellen, in Arztpraxen, auf Flughäfen zugebracht haben. Um uns von solchen Zeitdauern ein Bild zu machen, brauchen wir das Gedächtnis. Wenn es ausfällt, verlieren wir auch unser Empfinden für die innere Zeit.

Michel Siffre hat nicht das Gedächtnis, wohl aber alle Maßstäbe verloren. Töne klingen anders in einer Höhle, selbst die Gerüche sind unvertraut. Und was zu sehen ist, erscheint nur als Schatten im Grubenlicht. Vor allem erscheint der Strom der Ereignisse, der sich normalerweise über uns ergießt, aufs Äußerste verdünnt. Minutenlang geschieht gar nichts, dann ist ein Wassertropfen zu hören; wieder Stille. In dieser Umgebung muss die Berechnung der Zeitspannen scheitern, die wir uns für das Leben am Tageslicht angewöhnt haben. Das war Siffres verstörende Erfahrung.

Die Not mit der Zeit

Der Rhythmus von Tag und Nacht ist dem Menschen von Geburt an einprogrammiert, doch im Alltag richten wir uns nach Minuten und Stunden. Nach ihnen bemessen wir, wann wir uns verabreden oder wie lange wir für eine Arbeit brauchen. Doch Minuten und Stunden sind keine natürlichen Maße der inneren Zeit. Ausgerechnet für die Zeitspannen, die uns im Alltag die wichtigsten sind, fehlt uns ein angeborener Sinn. Hätte die Natur uns damit ausgestattet, wäre das Leben leichter: Wir würden keine Züge versäumen, könnten uns den Arbeitstag mühelos einteilen und erschienen ebenso pünktlich zu Verabredungen wie mittags der Magen knurrt.

Warum enthielt uns die Evolution eine Uhr für Minuten und Stunden vor? Wie über alle Fragen nach dem Warum der Naturgeschichte, so lässt sich auch über diese nur spekulieren. Wahrscheinlich bestand in der Vergangenheit einfach kein Grund, ein Chronometer für solche Zeitspannen einzurichten. An die Rhythmen von Tag und Nacht muss sich ein Geschöpf anpassen, beispielsweise, um auf Nahrungssuche zu gehen, wenn die Fressfeinde schlafen.

Es kann über Leben und Tod entscheiden, ob ein Tier in der Morgendämmerung oder im Mittagslicht seinen Bau verlässt. Ob es aber um genau 4 Uhr 17 die ersten Nüsse sammelt oder eine Viertelstunde später, ist ohne Belang.

Minuten und Stunden haben in der Wildnis keine Bedeutung. Auch menschliche Stammesgesellschaften kommen ohne sie aus; in den Sprachen mancher Naturvölker finden sich nicht einmal Worte für solch kurze Zeitabschnitte.[5] Erst in hoch entwickelten Gesellschaften haben Menschen diese Zeitmaße festgelegt – der englische Naturphilosoph Gerald Whitrow spricht von der »Erfindung der Zeit«. Diese Erfindung war notwendig, damit sich Menschen in einem immer komplizierteren Geflecht von Beziehungen aufeinander abstimmen konnten. Doch sie geschah wider die menschliche Natur. Darum haben wir bis heute unsere Not mit der Zeit, darum bricht die Kontrolle über Minuten und Stunden schon in viel alltäglicheren Schlamasseln als beim Leben in einer Höhle zusammen.

Gewöhnlich denken wir uns die Zeit wie einen gleichförmigen Brei, von dem jeder Löffel so schmeckt wie der Rest auf dem Teller. Wir stellen uns vor, dass 60 Sekunden eine Minute ergeben, 60 Minuten eine Stunde, 24 Stunden einen Tag. Und jede Einheit ist nichts weiter als ein Bruchteil der nächstgrößeren.

Doch unser Zeiterleben funktioniert anders. Was uns einen Augenblick wahrnehmen lässt, hat nichts mit den Vorgängen zu tun, dank derer wir eine Stunde im Wartezimmer als unerträglich empfinden oder die uns mittags Magenknurren verspüren lassen. Wenn wir uns in eine fremde Welt wie die einer Höhle begeben, werden diese Unterschiede rasch offenbar. Im Alltag entgehen sie uns, weil unser Blick im Zweifel sofort auf eine Uhr schweift, die alle Zeiten auf gleiche Art misst. Damit aber setzen wir uns ungewollt und meistens auch unbewusst in Gegensatz zu unserer Natur. Auch darum muss uns das Gleichmaß der Uhren wie eine tyrannische Macht erscheinen.

Wir haben die Freiheit, uns eine viel reichere Erfahrung der Zeit zu gestatten. Eine Stunde ist oft mehr, manchmal auch weniger als die Summe ihrer Minuten. Und ein Tag besteht nicht einfach nur aus 24 Stunden.

2

Eulen und Lerchen

Eine innere Uhr steuert uns durch den Tag

Ich bin meiner Frau immer voraus – um mindestens eineinhalb Stunden. Wenn ich sie im Morgenlicht zu etwas Frühsport ermuntern will, verkriecht sie sich apathisch unter der Decke. Wenn ich das Haus in Richtung Schreibtisch verlasse, lugt sie gerade erst hinter der Zeitung hervor. Wenn sie jedoch am Abend über die Ereignisse des Tages diskutieren will, fallen mir die Augen zu. Alle Versuche, unsere Rhythmen aufeinander abzustimmen, sind gescheitert. Selbst reichlicher Kaffeekonsum hat weder sie morgens noch mich abends munterer gemacht. So leben wir nun als Nachteule und Morgenvogel glücklich nebeneinander.

Für viele hat die Morgenstund' nicht das mindeste Gold im Mund, denn niemand kann gegen seine Natur an. Die innere Uhr, auf die der Höhlenforscher Siffre gestoßen ist und die uns durch den Tag navigiert, gibt jedem seinen eigenen Takt vor. Sie folgt weder Sprichwörtern noch den Befehlen des Bewusstseins, schon gar nicht denen des Gatten. Wie das Programm des Körpers abläuft, bestimmen die Gene.

Die Körperzeit, von der dieses Kapitel handeln soll, legt die Bühne für alle Handlungen fest. Nach ihr steuert der Organismus den Blutdruck, die Verdauung und vor allem, wie leistungsfähig wir zu welcher Tageszeit sind. Nach ihrem Reglement fühlen wir uns zu manchen Stunden gut und zu anderen abgespannt, haben wir mehr oder minder Lust auf die Liebe. Die innere Uhr beeinflusst sogar, wie fest ein Händedruck oder wie geduldig man ist; wann man einen Drink verträgt oder ob der Alkohol einen Kater auslöst.

So gibt es für jedes Vorhaben einen richtigen Zeitpunkt. Wer gegen seinen persönlichen Rhythmus lebt, braucht für viele Dinge mehr Zeit als eigentlich nötig. Vor allem fühlt er sich matt und niedergeschlagen – oft ohne den wahren Grund zu kennen. Körper und Seele nehmen auf Dauer Schaden, zwingt man sie zu sehr, gegen ihren eigenen Rhythmus anzukämpfen. Erst in den letzten Jahren begannen Mediziner zu erkennen, wie viele körperliche und psychische Leiden von einer falschen Tagesroutine zusätzlich befördert oder sogar ausgelöst werden.

Sogar wann unser Leben begonnen hat und wann es enden wird, folgt der inneren Uhr. Babys kommen am wahrscheinlichsten gegen vier Uhr morgens zur Welt. Der Tod hat seine mächtigste Stunde morgens um fünf.

Selbst Blumen kennen die Zeit

So sehr die Körperzeit das ganze Leben bestimmt, so sehr missachten wir sie. Vielleicht liegt es daran, dass wir sie nicht direkt mit den Sinnen empfinden. Michel Siffre hat es in seiner Höhle eindringlich erlebt, wie unfähig ein Mensch ist, seine innere Uhr abzulesen. Nur ob man sich gerade angeregt fühlt oder erschöpft, gibt Aufschluss über die Zeit des eigenen Körpers.

In unserer Kultur wird seit Jahrhunderten Zeit einzig mit dem gleichgesetzt, was ein mechanisches Ziffernblatt anzeigt; vielleicht trug auch dies dazu bei, wie sehr man die Zeit in uns selber verkannte. Jedenfalls erschien es nüchtern denkenden Menschen lange als viel zu phantastisch, dass ein natürliches Chronometer alle Vorgänge im Organismus aufeinander abstimmen könnte.

Dabei waren Naturforscher schon vor drei Jahrhunderten den ersten Hinweisen darauf begegnet, dass innere Uhren jedes Lebewesen durch den Tag steuern. Zu Beginn des 18. Jahrhunderts wunderte sich der französische Astronom Jean Jacques de

Mairan über seine Mimosen: Die Pflanzen auf dem Fensterbrett reckten sich stets zur gleichen Zeit nach der Sonne. Eine Wirkung des Lichts? Mairan stellte die Mimosen in eine dunkle Kammer. Doch unbeirrt rollten sich Blätter morgens aus und abends wieder ein. Als gründlicher Forscher wiederholte Mairan seine Versuche immer wieder. Stets kam er zum selben Ergebnis. Erst im Jahr 1729 ließ er in den Verhandlungen der Pariser Akademie der Wissenschaften über seine Experimente berichten. Seine Veröffentlichung zog einen kühnen Schluss: »Die Aktivität der Pflanze steht in Verbindung mit jenem feinen Sinn, der Kranke, die ans Bett gefesselt sind, den Unterschied zwischen Tag und Nacht spüren lässt.« Seinerzeit waren die meisten Spitäler dunkle Gewölbe.

Mairans Entdeckung machte sogar die Runde. Bald darauf pflanzte der Naturforscher Carl von Linné, der ähnliches Verhalten bei anderen Gewächsen festgestellt hatte, eine Blumen-Uhr in seinen Garten. Zwölf verschiedene Blüten zeigten mit ihrem Öffnen und Schließen die Zeit angeblich auf eine halbe Stunde genau an.

Freilich hatten Mairan und Linné nicht die geringste Vorstellung davon, auf welchen Mechanismen die Zeitmessung der Pflanzen beruhte. Schon gar nicht konnten sie ahnen, dass sie mit der biologischen Uhr eine der frühesten Erfindungen der Natur aufgespürt hatten. Man findet sie bereits bei einem so simplen Geschöpf wie dem Augentierchen Euglena. Dieser Winzling bevölkert die Erde seit mehr als einer Milliarde Jahre – viel länger, als es Blütenpflanzen gibt. Wenn irgendwo auf einem Teich eine dicke grüne Brühe schwimmt, so hat sich der Einzeller dort in Massen angesiedelt. Im Stammbaum der Natur ist Euglena ganz am Ursprung der langen Ahnenlinie des Tierreichs zu finden, obwohl es noch viele Eigenschaften der Pflanzen besitzt; etwa kann es mit seinem grünen Farbstoff Fotosynthese betreiben.

Wo Flüsse ins Meer münden, ist oft ein eigenartiges Schauspiel zu beobachten: Bei Niedrigwasser färben Schwaden von Augentierchen, die nach oben ans Licht steigen, den Wasserlauf leuchtend grün. Sobald aber die Flut heranrückt, ist nichts mehr zu sehen. Euglena hat sich im Schlamm eingegraben, damit es nicht vom Wasser weggespült wird. Wenn sich das Meer wieder zurückzieht, steigt der Einzeller wieder empor – das Spektakel beginnt von Neuem. Spürt das primitive Geschöpf das Herannahen von Ebbe und Flut? Nein, denn Euglena vollführt sein Auf und Ab auch ohne Einfluss der Gezeiten. Füllt man die Einzeller mit etwas Schlamm aus einer Flussmündung in ein Glas und bringt sie ins Labor, steigen sie weiter alle sechs Stunden auf und sinken alle sechs Stunden nieder. Und obwohl das Augentierchen sehr wohl ein simples Sinnesorgan für Licht besitzt, dem es seinen deutschen Namen verdankt, löst nicht der Wechsel von Hell und Dunkel seine Wanderung aus. Wie die Mimose übt es seine regelmäßige Bewegung auch in völliger Dunkelheit aus.[1] Euglena muss den Takt seines einfachen Lebens also in sich selbst erzeugen.[2] Und tatsächlich birgt selbst dieser winzige Organismus ein biologisches Uhrwerk.

Das Ticken von Millionen Uhren

Der menschliche Körper besteht aus bis zu 100 Billionen Zellen, von denen jede etwa so groß wie ein Augentierchen ist. Und so unglaublich es klingt: Jede Zelle besitzt ihre eigene innere Uhr.

Dieses Chronometer funktioniert nach dem Prinzip einer Sanduhr. Bestimmte Gene mit Namen wie »Clock« und »per« (für »Periode«) sorgen dafür, dass die Zelle Eiweißstoffe herstellt. Doch wenn die Menge dieser Proteine eine bestimmte Schwelle überschreitet, werden die Gene blockiert. Das Uhrglas ist voll, der Mechanismus stoppt. Nun wird die Sanduhr umgedreht und die Zelle gewissermaßen entleert: Die Proteine zerfallen. Nach einer Weile beginnt das Spiel von neuem. Die Produktion kommt wieder in Gang. Solch ein voller Durchlauf dauert genau 24 Stunden und wenige Minuten.

Die Erkenntnis, dass eine solche Uhr in jeder Zelle tickt, verdankt die Molekularbiologie ihrem liebsten Versuchstier: der Taufliege.[3] Drosophila lässt sich leicht züchten und genetisch manipulieren. Auf der Suche nach dem Takt des Lebens schleusten Wissenschaftler im vergangenen Jahrzehnt den Fliegen ein Gen der Glühwürmchen ein, das diese zum Leuchten bringt. Das Gen für den Leuchtstoff mit dem schönen Namen Luciferin verknüpften die Forscher in den Fruchtfliegen mit anderen Genen, welche für die Steuerung der inneren Uhr verantwortlich sind.

Weil nun die Uhrwerksgene mit den Glühwürmchengenen verbunden waren, begannen die Fliegen überall dort, wo eine Uhr in Gang war, zu funkeln. Und das taten sie an den unwahrscheinlichsten Stellen: Nicht nur die Köpfe glitzerten, sondern auch die Antennen, die Beinchen, sogar der Darm. Bald entdeckten Biologen Uhren auch in allen möglichen Zellen von Säugetieren – in den Augen, in der Leber, selbst in den Zellen, welche die Knochen aufbauen.[4]

Dafür gab es nur eine Erklärung: In *jeder* Zelle ist ein Mechanismus zum Zeitmessen verborgen. Weil die Zellen von Fliege und Mensch grundsätzlich gleich aufgebaut sind, trägt auch der Mensch Billionen Uhren in sich.

Aber warum? Vielleicht sind die im ganzen Körper versprengten Chronometer ein längst überflüssig gewordenes Relikt der Evolution – wie der menschliche Blinddarm. In einfachen Mehrzellern, die noch kein Nervensystem besaßen, musste schließlich jede Zelle selbst für ihr Ruhen und Wachen sorgen. Wahrscheinlicher aber hat dieser Überfluss nach wie vor seinen Sinn: Den Organismus durch den Tag zu steuern ist eine so wichtige Aufgabe, dass die Natur sie vermutlich sicherheitshalber an vielen Stellen angesiedelt hat. Tatsächlich regeln einige Organe ihren Tageslauf offenbar selbst.[5] Die Leber etwa besitzt sogar Sensoren, die es ihr ermöglichen, Information über die Zeit mit anderen Organen auszutauschen.[6] Der amerikanische Chronobiologe Jay Dunlap vergleicht den menschlichen Körper mit einem riesigen Uhrengeschäft, in dem manche Zeitgeber vernehmbarer ticken, andere hingegen verhalten.

Doch dieses Durcheinander schafft ein neues Problem: Selbst die genauesten Uhren geraten irgendwann außer Takt, wenn man sie nicht immer wieder stellt. In höheren Tieren übernimmt ein eigenes Zentrum im Zwischenhirn diese Arbeit. Beim Menschen besteht diese Zentraluhr aus einem Paar reiskorngroßer Nervenknoten, die in jeder Hälfte des Gehirns zwei Finger breit hinter der Nasenwurzel sitzen und suprachiasmatischer Nucleus heißen. Fast der ganze Körper steht unter der Kontrolle dieser Zentraluhr. Ist sie durch einen Hirntumor zerstört, gerät die tägliche Routine der Patienten völlig durcheinander; sie essen, schlafen und erwachen zu beliebiger

Zeit und machen sich mitten in der Nacht an die Arbeit.[7]

Der gesunde suprachiasmatische Nucleus arbeitet mit bewundernswerter Präzision. Solange Menschen nämlich nicht dem Einfluss des Tageslichts ausgesetzt sind, gibt der Schrittmacher mit einer Periode von etwas mehr als 24 Stunden wiederkehrende elektrische Signale von sich. Wie lang genau der biologische Tag dauert, ist offensichtlich angeboren; bei einigen Menschen beträgt die Schwingungsdauer 24 Stunden und 5 Minuten, bei anderen 30 Minuten länger. Und dabei bleibt es: Im Lauf eines ganzen Lebens beträgt die Gangabweichung, wie gesagt, höchstens ein paar Minuten.[8]

Selbst nach dem Tod läuft die innere Uhr unbeirrt weiter. Trennt man ihn aus dem Gehirn heraus und bewahrt ihn in einer Nährlösung auf, gibt der suprachiasmatische Nucleus noch tagelang Impulse von sich.[9]

Die Sonne stellt die innere Uhr

Um ein paar Minuten hinkt die innere Uhr eines jeden Menschen also dem Wechsel von Tag und Nacht hinterher. In der Natur ist das kein Problem, denn alle Geschöpfe benutzen die Sonne, um ihr Chronometer zu stellen. Dafür hat schon Euglena sein Auge mitbekommen – nicht, um damit zu sehen. Indem es Helligkeit wahrnimmt, registriert das Augentierchen, wo oben ist, vor allem aber den Wechsel von Tag und Nacht. Denn auch seine biologische Uhr geht etwas falsch (anders als bei den Säugetieren allerdings um etwa 20 Minuten zu schnell)[10]. Wenn jedoch ein neuer Morgen anbricht, wird die Uhr in der Zelle auf die richtige Stunde gestellt. Dies geschieht, indem die Lichtsignale Botenstoffe aktivieren, welche die Reaktionen in der Zelle und damit den Lauf der chemischen Sanduhr verzögern oder beschleunigen.[11]

Beim Menschen liegt die Zentraluhr keineswegs zufällig an der Stelle, wo sich die beiden Sehnerven von den Augen kommend kreuzen. So wird dem suprachiasmatischen Nucleus gemeldet, wann das Morgenlicht auf die Lider fällt. Während Sie in den späten Phasen des Schlafs liegen, sind spezielle Sensoren im Auge besonders lichtempfindlich.[12] Die noch schwache Helligkeit führt aber nicht dazu, dass Sie sofort aufwachen. Sie brauchen das Morgenlicht vielmehr als Zeitsignal, um die Körperzeit mit dem Lauf der Sonne abzustimmen. Ganz sich selbst überlassen, würde die innere Uhr von Tag zu Tag immer mehr nachgehen.

Müsste die Körperzeit dann nicht zu rasen beginnen, wenn der Sommer naht und die Sonne immer früher aufgeht? Damit Sie der Wechsel der Jahreszeiten nicht um den Schlaf bringt, wird die Uhr abends noch einmal gestellt. Jetzt hat das Licht den umgekehrten Effekt: Ist es länger hell als nach dem inneren Takt zu erwarten, verlangsamt die biologische Uhr ihren Lauf. Morgens wird die Uhr vorgestellt, abends wieder zurück – so gleichen die beiden Effekte einander aus. Die Ruhezeit des Körpers beträgt gleichbleibend etwa acht Stunden, auch wenn sich die Tageslänge ändert.

Warum es Morgenmenschen und Abendmenschen gibt

An freien Tagen zeigt sich, ob Sie ein Morgen- oder ein Abendmensch sind. Wenn am Wochenende der Wecker nicht klingelt, springen die einen trotzdem vergnügt aus dem Bett. Die anderen ziehen sich noch einmal das Kissen über den Kopf, sind erleichtert darüber, dass sie ausnahmsweise nicht in tiefer Nacht aus dem Schlaf gerissen werden, und freuen sich, während sie wieder einnicken, auf ein Frühstück im Bett zur Mittagszeit.[13] Die natürlichen Unterschiede sind riesig: Würde man die Menschen ohne äußeren Zwang ihrem eigenen Rhythmus überlassen, würde ein Teil von ihnen erst um eine Zeit schlafen gehen, zu der ein anderer Teil schon wieder erwacht. Nur gibt kaum einer seine Veranlagung so offen zu wie

Oscar Wilde. Als ein Bekannter den irischen Dichter bat, ihn um 9 Uhr zu besuchen, antwortete Wilde: »Sie sind ein erstaunlicher Mensch! Solange würde ich nie aufbleiben. Ich bin um 5 Uhr schon im Bett.«[14]

Zu welcher Art Mensch Sie gehören, hängt davon ab, in welchem Tempo Ihre innere Uhr tickt.[15] Wenn sie 24 Stunden oder noch mehr für einen Umlauf benötigt, muss sie jeden Morgen stark vorgestellt werden. Das geschieht am wirkungsvollsten, wenn das Morgenlicht Sie in einer möglichst frühen Phase des Schlafs überrascht. Denn der Schrittmacher wird umso stärker angeschoben, je mehr der erwartete vom tatsächlichen Tagesbeginn abweicht. Darum gehen Sie spät zu Bett und stehen spät auf – Sie sind eine Eule.

Wenn jedoch Ihr Tageszyklus bei 24 Stunden liegt, wachen Sie früh auf. Ein schnell laufendes Chronometer im Kopf muss nämlich das Morgenlicht-Signal in einer möglichst späten Phase des Schlafes bekommen. Sonst würde die innere Uhr noch weiter beschleunigt. Darum werden solche Menschen, auch Lerchen genannt, bald nach Sonnenaufgang oder sogar davor munter.

Mit Licht können Sie Ihrer Veranlagung entgegensteuern. Wenn Lerchen ihr Schlafzimmer verdunkeln, müssen sie ihre innere Uhr nicht mehr durch frühen Schlaf vor den ersten Lichtstrahlen schützen. Und wenn sie sich zusätzlich am Nachmittag und am frühen Abend im Sonnenlicht herumtreiben, verzögern sie dadurch ihre Körperzeit und können abends länger aktiv sein. Wenn Sie umgekehrt eine Eule sind, können Sie es sich angewöhnen, ohne Vorhänge zu schlafen und vormittags draußen spazieren zu gehen. Dadurch stellen Sie Ihre innere Uhr vor und kommen nach ein paar Tagen morgens schneller in Schwung. Trotzdem können wir unseren natürlichen Lebensrhythmus nur in Grenzen verschieben.

Einen Nachtvogel dafür zu tadeln, dass er morgens nicht gerade vor Tatendrang strotzt, ist so unsinnig wie der Vorwurf, dass jemand blond ist: Weil Gene die innere Uhr steuern, wird diese Persönlichkeitseigenschaft vererbt. Schlafforscher haben Varianten bestimmter Uhrwerksgene entdeckt, die mit größerer Munterkeit morgens einhergehen.[16] Sicher ist dies noch nicht die ganze Wahrheit, denn ein solch komplexes Verhalten wie Muffeligkeit am Frühstückstisch kann nicht durch ein einziges »Eulengen« oder »Lerchengen«, sondern nur im Zusammenspiel vieler Faktoren entstehen, von denen die meisten noch unbekannt sind. Unbestreitbar aber bilden Eulen und Lerchen Familien: Morgeneltern bringen meist Morgenkinder, Abendeltern Abendkinder zur Welt.

Wann Sex am besten ist

Wenn es hell wird, stellt sich die Zentraluhr im Zwischenhirn auf einen neuen Anfang ein. Nun beginnt das Programm des Tages zu laufen. Bei Lerchen kommt es schneller, bei Eulen verzögert in Gang. Der Grundrhythmus aber ist bei allen Menschen derselbe. Wenn Sie ein Morgenmensch sind, könnten die Stationen Ihres Tageslaufs etwa so aussehen:

5 Uhr 30: Während Sie am intensivsten träumen, schüttet Ihre Nebenniere große Mengen des Hormons Cortisol aus, das für Erregung sorgt. Auch Insulin beginnt in Ihren Adern zu kreisen. Der Blutzuckerspiegel fällt: Sie werden bald Hunger auf ein Frühstück bekommen.

6 Uhr: Ihr Herz beginnt schneller zu schlagen. Der Blutdruck und Ihre Körpertemperatur steigen an.

7 Uhr: Sie erwachen – und könnten, wenn Sie ein Mann sind, Lust auf Sex bekommen. Denn jetzt werden große Mengen des Geschlechtshormons Testosteron ausgeschüttet.

7 Uhr 15: Möglicherweise empfinden Sie eine leichte Niedergeschlagenheit. Auch das liegt am Hormonhaushalt. In Ihrem Körper zirkuliert nämlich noch

der Botenstoff Melatonin, der den Organismus auf Dunkelheit und Schlaf eingestellt hat. Dieser hemmt die Freisetzung von anderen Hormonen wie Serotonin und Beta-Endorphin, die für ein sonnigeres Gemüt sorgen. (Deswegen sind Depressionen fast immer morgens am schlimmsten.) Doch die stimmungshebenden Hormone werden bald zu ihrem Recht kommen.

7 Uhr 30: Es ist besser, Sie wissen, wo der Kaffee steht, denn Ihr Verstand ist noch nicht ganz klar. Am besten gelingen Ihnen jetzt einfache mechanische Tätigkeiten: Zähneputzen, Rasieren, Brote schmieren. Sie wollen Ihr Frühstück.

8 Uhr: Die Produktion des Nachthormons Melatonin endet. Ihr Denken kommt in Schwung. Sie versuchen, ihm mit der Zeitung Nahrung zu geben. Dabei nippen Sie an dem Kaffee, womit Sie den natürlichen Vorgängen nachhelfen: Das Koffein wirkt vor allem auf die Großhirnrinde anregend und obendrein stimmungsaufhellend.

8 Uhr 30: Ihr Darm meldet sich.

10 Uhr 30: Ihr Verstand kommt in Hochform. Komplizierte Probleme lösen Sie jetzt besser als zu irgendeiner anderen Tageszeit. Tatsächlich schwankt Ihre

Leistungsfähigkeit allein durch den Einfluss der inneren Uhr um bis zu 30 Prozent. Zwischen Ihren besten und Ihren schlechtesten Stunden besteht damit auf natürliche Weise ein Unterschied, als ob Sie drei bis vier Gläser Wein getrunken hätten.[17] Anders als unter Alkoholeinfluss macht Ihr Gehirn im Lauf eines Tages allerdings feine Unterschiede. Zwar funktioniert das logische Denken am Vormittag unübertroffen, doch Routineaufgaben bewältigen Sie am Nachmittag rascher.[18]

12 Uhr: Ihre Stimmung ist bestens. Das verdanken Sie Hormonen wie Beta-Endorphin und Serotonin, die Ihr Gehirn jetzt reichlich ausschüttet. Weil die Muskelspannung hoch ist, werden Ihre Besucher einen festeren Händedruck spüren als zu jeder anderen Tageszeit. Das haben Forscher tatsächlich gemessen.[19] Wenn Sie ungeduldig sind, trommeln Sie besonders schnell mit den Fingern auf dem Tisch. Sogar die Zeit scheint für Sie schneller als sonst zu fließen; denn wie wir sehen werden, entsteht das Zeitgefühl aus dem Sinn für Bewegung. Sie haben Hunger.

14 Uhr: Ihre innere Erregung lässt nach. Sie verfallen in Tagträume. Warum wir regelmäßig um die Mittagszeit ermüden, ist der Wissenschaft noch immer ein Rätsel. An der Verdauung liegt es jedenfalls

nicht, wie Versuche bestätigen und alle wissen, die mittags höchstens ein Sandwich essen. Wenn Sie jetzt einen Vortrag halten müssen und in teilnahmslose Gesichter schauen, ist Ihre Rede nicht unbedingt schlecht.
14 Uhr 30: Jetzt wäre es Zeit für eine Siesta. Leider meinen Sie als viel beschäftigter Mensch, sich kein Nickerchen leisten zu können. Dabei würde sich ein wenig Schlaf auszahlen. Wie Untersuchungen unter anderem der amerikanischen Weltraumbehörde NASA zeigen, sind Menschen nach einem Schlummer am frühen Nachmittag aufmerksamer, leistungsfähiger und besser gelaunt.[20] Zwanzig Minuten genügen. Einen genialen Trick, um seine Siesta kurz zu halten, hat übrigens Albert Einstein erfunden: Er soll sich vor dem Einschlafen ein Schlüsselbund zwischen Zeigefinger und Daumen geklemmt haben, damit er erwachte, wenn die Schlüssel zu Boden fielen.

15 Uhr 30: Allmählich kommen Sie wieder auf Touren.

16 Uhr: Ihre Reaktionszeit wird kürzer. Wenn Sie auf einer Tastatur tippen, schreiben Sie jetzt schneller als am Vormittag, machen allerdings auch mehr Fehler. Einfache Aufgaben bewältigen Sie bestens. Viele Menschen behalten auch Fakten besser, die sie sich

am Nachmittag einprägen. Dies jedenfalls legen Versuche mit englischen Schulkindern nahe. (Vielleicht haben Hausaufgaben ja doch ihren Zweck.)[21] Dass die geistige Leistung im Tageslauf schwankt, ist offenbar eine sehr grundlegende Eigenschaft des Gehirns. Selbst die Meeresschnecke Aplysia mit ihrem wahrlich simplen Nervensystem lernt Schreckreaktionen zu bestimmten Uhrzeiten besser, zu anderen schlechter.[22]

17 Uhr: Die beste Zeit für Sport. Ihre Körpertemperatur ist weiter angestiegen. Die Glieder sind beweglich, die Muskeln kräftig, Herz und Lungen arbeiten wirkungsvoll wie zu keiner anderen Tageszeit. Eine angenehme Nebenwirkung des Work-outs: Wenn Sie jetzt ins Schwitzen geraten, wird Ihre Körpertemperatur etwa sechs Stunden später umso stärker abfallen, was das Einschlafen erleichtert.

18 Uhr: Der Geschmackssinn ist am empfindlichsten.

19 Uhr: Noch mehr spricht dafür, jetzt einen feinen Wein zu verkosten. Alkohol wird nämlich am frühen Abend am besten vertragen, weil der Schwips nun am schnellsten vergeht. Gegen 20 Uhr erreicht die Leber das Hoch ihrer Aktivität. Dabei schüttet sie ein Enzym namens Alkohol-Dehydrogenase aus, das den Alkohol spaltet und damit unschädlich macht.

So verbleibt das Gift im Aperitif zum Abendessen viel kürzer im Körper als der Absacker um Mitternacht. Der bereitet am nächsten Morgen den Kater.

20 Uhr: Besonders für Routineaufgaben wie Unterlagen sortieren ist das Gehirn noch immer rege – vorausgesetzt, Sie haben der Versuchung aus dem Weinkeller widerstanden.

21 Uhr: Das erste Melatonin wird frei und bereitet den Körper auf den Schlaf vor. Die Körpertemperatur fällt.

22 Uhr: Die Aufmerksamkeit lässt nach, die Stimmung sinkt.

23 Uhr: Für die meisten Ihrer Mitbürger ist Sex ein Betthupferl. Wenn Sie es genauer wissen wollen, ist der amerikanische Chronobiologe John Palmer zu konsultieren. Eine seiner Arbeiten trägt den aussagestarken Titel »Tages- und Wochen-, aber keine Mondrhythmen bei der menschlichen Kopulation«.[23] Darin stellt Palmer fest: »66 Prozent aller Paarungen finden zwischen 22 Uhr und 1 Uhr statt (…) In 38,6 Prozent dieser Fälle entgeht den Frauen der Orgasmus. Findet der Beischlaf früher statt, verbessert sich diese Quote erheblich …«

Ganz so genau wie Palmer muss man die Sache nicht nehmen. Ohnehin soll diese Agenda Ihnen nur eine Vorstellung davon geben, wie die innere Uhr den Organismus durch den Tag steuert. Wie Ihr eigener Rhythmus aussieht, können Sie herausfinden, indem Sie mit Ihrem Tageslauf ein wenig experimentieren.

Die Uhrzeiten werden bei Ihnen sicher etwas von den obigen abweichen, denn diese sind nur Durchschnittswerte. Nicht nur die genetische Veranlagung, sondern auch äußere Umstände wie Reisen, Krankheiten oder schlicht die Planung, die Beruf, Familie und Freunde von uns verlangen, verschieben den Rhythmus.

Warum Teenager Nachtvögel sind

In jeder Schule ist zu besichtigen, wie sehr das Leben gegen die innere Uhr die Menschen Leistungskraft kostet. Dort hängen die Jungen und Mädchen in ihren Bänken, unterdessen zieht der Unterricht in den ersten Stunden einigermaßen wirkungslos an ihnen vorüber – Folge eines Tageslaufs, der nicht an die Bedürfnisse der Jugendlichen angepasst ist.

Während nämlich kleine Kinder ihre Eltern früh aus dem Bett werfen, verschiebt sich der Rhythmus in den Jahren des Heranwachsens immer weiter nach hinten. Fast alle Teenager sind ausgesprochene

Eulen. Die genauen Ursachen sind unbekannt; jedenfalls wird das Nachthormon Melatonin bei den meisten 18-Jährigen erst gegen 23 Uhr ausgeschüttet, so dass das Bedürfnis zu schlafen erst entsprechend später aufkommen kann.[24] Anders als Eltern und Lehrer schimpfen, sind Teenager also nicht deswegen morgens unausgeschlafen, weil sie sich die Nächte um die Ohren schlagen. Vielmehr sind die Diskonächte eine Folge davon, dass die jungen Leute abends einfach nicht müde werden. Einen Durchhänger haben Jugendliche morgens selbst in abgelegenen Gegenden, wo keinerlei Nachtleben Anreiz bietet, abends die Puppen tanzen zu lassen. Erst jenseits der zwanzig werden junge Menschen in der Früh wieder lebendig – bis sie sich eines Tages als Senioren zu ausgesprochenen Frühaufstehern entwickeln. Dies liegt vermutlich daran, dass der Körper im Alter generell weniger Melatonin produziert.[25]

Trotz zunehmender Kritik nehmen deutsche Schulen noch immer nicht die geringste Rücksicht auf den biologischen Takt der Jungen und Mädchen. Der Unterricht beginnt eisern um acht, mancherorts noch früher. Die innere Uhr der Heranwachsenden ist zu diesem Zeitpunkt auf Nacht eingestellt; deshalb können sie während der ersten Schulstunden allenfalls körperlich anwesend sein. Es geht auch anders: In der amerikanischen Stadt Minneapolis gelang es Wissenschaftlern, Eltern, Politiker und

Lehrer zu überreden, die Gewohnheiten der Teenager als biologisch begründet zu akzeptieren. Man verlegte den Schulbeginn um eine Stunde auf 8.40 Uhr, an manchen Mittelschulen sogar auf 9.40 Uhr. Die Leistungen der Schüler verbesserten sich tatsächlich: Im Schnitt brachten sie um ungefähr eine Stufe bessere Noten nach Hause. Bei ähnlichen Versuchen in anderen amerikanischen Städten gingen auch die Krankmeldungen zurück.[26] Die Ergebnisse waren so ermutigend, dass im Kongress in Washington ein landesweites Gesetz anhängig ist: Schulen, die ihren Tagesanfang verschieben, sollen eine Belohnung von 25 000 Dollar erhalten.[27]

Tristesse im Dämmerlicht

Honoré de Balzac, einer der größten Autoren der französischen Literatur, hatte sich folgenden Arbeitstag zur Gewohnheit gemacht: Er legte sich gegen 18 Uhr ins Bett, schlief bis Mitternacht, stand auf und zog sich seine Arbeitskleidung an – eine weiße Mönchskutte mit einer goldenen Kette, an der ein Papiermesser hing. Dann braute er sich sehr starken Kaffee und trank zwei Tassen davon. So schrieb er mit einer Rabenfeder im Kerzenschein meist 15, manchmal bis zu 24 Stunden. Alle sechs Stunden nahm er eine neue Ration von seinem »Herzraserei-

Kaffee«, von dem er sagte, das Getränk lasse »Gedanken wie Battalione aufmarschieren«. Auf diese Weise verfasste er an die 90 Romane. Doch sein großer Zyklus »La Comédie Humaine« blieb unvollendet. Um welche Werke hätte Balzac die Weltliteratur wohl bereichert, wäre er weniger brutal mit sich selbst umgegangen? Der Dichter starb im Alter von nur 51 Jahren.

Wir haben uns längst daran gewöhnt, vom Wechsel der Tageszeiten nur noch einen Abglanz zu spüren. Obwohl sich unsere innere Uhr wie die Mimosen des Monsieur de Mairan nach dem Licht richtet, haben wir unser Leben ins Innere der Häuser verlegt. Dort herrscht eine Trübnis, an die sich das Auge schnell anpasst. Der Belichtungsmesser lässt sich nicht so leicht täuschen: Hinter Fensterscheiben registriert er 50-mal weniger Licht als draußen im Sonnenschein. Lampen helfen da nicht viel; eine Glühbirne scheint noch zehnmal weniger intensiv als die Strahlung, die durch das Fenster hereinfällt. Zwar spricht das Chronometer im Kopf durchaus auf fahles Licht an – Morgenröte macht den Körper bereit zu erwachen.[28] Doch damit die Körperuhr zuverlässig funktioniert, muss im Lauf eines Tages eine gewisse Mindestmenge Strahlung das Auge erreichen.

Dieses Soll verfehlen viele Menschen, die ihre Zeit in geschlossenen Räumen verbringen. Morgens steigt man ins Auto oder verschwindet in einem

U-Bahn-Schacht, dann befördert einen der Aufzug direkt aus der Unterwelt ins Büro. Biologisch gesehen leben die meisten Schreibtischarbeiter in der Finsternis. Das Ergebnis ist, dass die Körperuhr mangels Licht nicht mehr richtig zurückgestellt wird. Das tägliche Auf und Ab im Organismus wird schwächer. Schlafstörungen, Leistungsabfall und Niedergeschlagenheit sind nur die bekanntesten Folgen. Die Liste der Erkrankungen, für die Ärzte einen zu schwachen oder falsch eingestellten inneren Tagestakt verantwortlich machen, wird in den nächsten Jahren wahrscheinlich stark anwachsen – die Forschung darüber beginnt gerade erst.[29]

Allein in Deutschland dürften viele Millionen unter einem mangelhaften Tagesrhythmus leiden. Ein Indiz dafür ist, wie gut bestimmte Depressionen auf Bestrahlung mit hellem Licht ansprechen. Die Behandlung besteht einfach darin, sich eine halbe bis ganze Stunde am Tag von einer Speziallampe mit der hundertfachen Lichtleistung einer gewöhnlichen Glühbirne anleuchten zu lassen. Meist schon nach wenigen Sitzungen ist die innere Uhr wieder im Takt, und die Laune hebt sich. Diese Lichttherapie verordnen Ärzte vor allem Patienten, die im Herbst auf die kürzer werdenden Tage mit extremer Niedergeschlagenheit reagieren; in jüngster Zeit hat sich jedoch gezeigt, dass die Behandlung auch vielen Kranken mit nicht jahreszeitenabhängiger, oft schwerer

北の家族
レイク
グリンピース

Depression nützt. Meist verordnen Ärzte die Bestrahlung zusätzlich zu Medikamenten, was die Heilung beschleunigt. Mitunter bessert sich die Niedergeschlagenheit aber auch allein durch das Licht – offensichtlich bekamen die Erkrankten in ihrem Alltag zu wenig davon.[30] Möglicherweise wären diese Menschen nie so tief in ihre Traurigkeit gestürzt, hätten sie intensiver die Tageszeiten erlebt.

Lieber reich und müde als gesund und wach

Am stärksten leiden Körper und Seele, wenn Menschen völlig entgegengesetzt zu ihrer inneren Uhr leben. Viele Schichtarbeiter haben keine andere Wahl. Wer als Monteur am Fließband oder als Ärztin seine Tätigkeit am späten Abend beginnt und sich schlafen legt, wenn die Sonne aufgeht, strapaziert seinen Organismus ähnlich wie der Dichter Balzac. Einen entsprechenden Preis zahlen die Schichtar-

Das Leben in den Metropolen hat sich vom Sonnenlauf weitgehend abgekoppelt. Aber selbst wenn die Häuser so gleißend erleuchtet sind wie hier in Tokio, bleibt das Kunstlicht viel zu schwach, um die innere Uhr zu stellen. So leben die meisten Menschen gegen ihren biologischen Rhythmus. Die Folgen sind Schlaflosigkeit, Leistungsabfall und Depression.

beiter denn auch. Schlafstörungen, Herz-Kreislauf-Krankheiten und Arbeitsunfälle treten bei ihnen weit häufiger auf als bei Menschen mit einem gewöhnlichen Tag-Nacht-Rhythmus. Und natürlich ist die Produktivität nachts am geringsten.

Das richtige Licht kann das Leben gegen die Sonne immerhin erträglicher machen. Der Münchner Chronobiologe Till Roenneberg hat sich als Experimentierfeld die Volkswagenwerke in Wolfsburg vorgenommen, wo Arbeiter rund um die Uhr den VW Golf zusammensetzen. Der Wissenschaftler ließ einige Hallen mit speziellen Lampen ausstatten, die eine ungewöhnlich helle Strahlung abgeben und wie das Tageslicht Schatten werfen. Die Arbeiter berichteten, sich wacher und wohler zu fühlen, sie machten auch weniger Fehler und meldeten sich seltener krank.[31] Indem Roenneberg die Konzentration der Hormone Melatonin und Cortisol in ihrem Blut maß, wies er nach, dass sich ihre innere Uhr tatsächlich besser im Takt mit den Arbeitszeiten bewegte.

Doch der Erfolg war längst nicht so groß, wie er hätte sein können. Denn die Arbeiter zeigten sich wenig bereit, auf den Rhythmus ihres Körpers zu hören. Damit sich die innere Uhr der Nachtarbeiter an das künstliche Tageslicht anpassen kann, braucht sie annährend zwei Wochen. Obwohl die Nachtschichten wegen der Zuschläge durchaus begehrt waren, wollte sie kaum jemand so lange am Stück leisten.

Sobald sich der Organismus der Arbeiter an den neuen Takt angepasst hatte, wechselten sie in eine andere Schicht, um bald darauf wieder nachts Autos zu montieren. Damit strapazierten sie ihren Körper freiwillig so sehr wie ein Jet-Set-Pendler, der abwechselnd je eine Woche in Los Angeles und Frankfurt verbringt.

Ebenso wenig war die Belegschaft davon angetan, sich per Fragebogen auf ihren persönlichen Tag-Nacht-Rhythmus und ihr natürliches Schlafbedürfnis untersuchen zu lassen. Den Lerchen hätten die Betriebsärzte dann auf Dauer die Frühschicht, den notorischen Langschläfern die Spätschicht empfohlen. Doch die Beschäftigten fürchteten um den Zugang zu den lukrativen Nachtschichten. Lieber wollten sie weiter gegen ihre innere Uhr arbeiten.

Wie die meisten von uns nahmen die VW-Arbeiter offenbar an, dass Zeit nichts weiter ist als das, was die Uhr anzeigt. Und wer eine Stunde morgens für ebenso gut hält wie eine am Abend, arbeitet natürlich am liebsten dann, wenn er am besten bezahlt wird. Der Gedanke, dass jeder Mensch nach seinem eigenen, inneren Takt lebt, war den Automonteuren fremd.

Zeit für eine Zeit nach Maß

Als ich klein war, war ein allgemeiner Tagesrhythmus noch selbstverständlich. Der normale Angestellte stand um halb sieben auf, nahm um fünf vor sieben an der im Radio ausgestrahlten Morgengymnastik teil und saß von neun bis fünf im Büro (während seine Frau Haushalt und Kinder versorgte). Zum Einkaufen war Zeit bis halb sieben; um acht versammelten sich alle vor der Tagesschau.

Bis zur Industrialisierung richteten die Menschen ihren Tag nach der Sonne ein; dann begann die Herrschaft der Stechuhr. Entziehen konnten sich allenfalls Künstler, Professoren und Aristokraten. Sie allein hatten die Freiheit, nach ihrem eigenen Rhythmus zu leben. Ihrer Produktivität kam es zugute. Goethe wurde schon morgens vor fünf Uhr aktiv, auch Thomas Mann saß früh am Schreibtisch. Hingegen war Albert Einstein ein bekennender Langschläfer.

Erst in den letzten Jahren sind wir freier geworden. Die Armeen von Arbeitern, die morgens durch die Werkstore strömen und abends wieder hinaus, lösen sich allmählich auf. Mehr und mehr Menschen verdienen ihr Geld mit dem Laptop daheim; kein Chef fragt mehr, wann sie es tun. Jeder zweite Angestellte in Deutschland bestimmt heute schon weitgehend selbst, wann er kommt und geht. Doch auch in den großen Werkshallen, wo es sie noch gibt, werden die Unternehmen – wie VW – schon aus eigenem Interesse zunehmend die innere Uhr ihrer Beschäftigten respektieren.

Gleichzeitig können wir das meiste, was wir brauchen, heute zu fast jeder Zeit erledigen. Noch vor 15 Jahren war eine Überweisung nur während dreier Vormittags- und zweier Nachmittagsstunden in der Bank zu tätigen; heute bezahlen wir unsere Rechnungen nach dem Abendessen per Onlinebanking und gehen nach der Late-Night-Show um Mitternacht im Internet einkaufen.

Natürlich gibt es nicht nur Gewinner dieser neuen Freizügigkeit. So ist die Zahl der Schichtarbeiter in Deutschland seit 1993 von 3,6 auf mehr als 5,7 Millionen Menschen gestiegen.[32] Und im Einzelhandel klagen viele Beschäftigte über Arbeitszeiten bis in die Abendstunden hinein oder am Wochenende. Dies ist vor allem für Mütter zweifelsohne ein Problem – doch nicht zuletzt, weil es in anderen Bereichen, etwa bei der Kinderbetreuung oder am Arbeitsplatz der Ehemänner, noch an Flexibilität mangelt.

Dennoch hat heute zum ersten Mal in der Geschichte eine Mehrheit der Menschen in den entwickelten Ländern die Freiheit, ihrem inneren Rhythmus zu folgen. Nie zuvor waren wir so wenig abhängig von den Zwängen sowohl der Natur als auch der Gesellschaft. Aber wir trauen der neuen

Freiheit noch nicht. Wir verhalten uns wie ein Geheilter, der wieder gehen kann und doch seine Krücken vermisst. Nach wie vor empfinden wir die Zeit als einen Tyrannen, der uns von außen regiert – und verkennen, dass ihr Takt in uns selbst schlägt. Ein Grund dafür ist, dass wir den Ursprung der inneren Zeit noch nicht gut genug kennen, um den Rhythmus, der in uns selber entsteht, zu vertrauen. So verbringen wir unsere Tage, als wären sie Konfektionsware. Dabei könnten wir uns sehr wohl einen Maßanzug leisten.

PS.

Wer seine Tage und Nächte im Einklang mit der Zeit seines Körpers verbringt, macht sich das Leben leichter; doch wissen wir häufig gar nicht, wann unsere starken und schwachen Stunden sind. Voraussetzung für einen besseren Tagesablauf ist es also, sich Fragen zu stellen: Wann wache ich auf, wenn kein Wecker klingelt? Wie lange brauche ich, um meine Sinne beisammen zu haben? Welche Tätigkeiten fallen mir vormittags und welche nachmittags leicht? Gibt es ein wiederkehrendes Muster, nach dem im Lauf eines Tages meine Stimmung schwankt? Was geschieht, wenn ich das Büro eine Stunde später betrete oder verlasse?

Für überraschend viele Tätigkeiten lässt sich eine geeignetere Zeit finden. Den Arbeitstag mit dem Durchsehen der elektronischen Post zu beginnen, kann sinnvoll sein – aber nur, wenn Sie eine Eule sind und noch leicht benebelt im Büro erscheinen. Anrufe lassen sich sehr gut in die matte Zeit nach dem Mittagessen verlegen. Vielleicht hebt ein regelmäßiger Spaziergang am Vormittag oder im Abendlicht Ihre Stimmung. Nach einer Zeit des Experimentierens kann sich ein angenehmerer Rhythmus einstellen. Auch wächst das Bewusstsein, dass jede Stunde ihre besonderen Eigenschaften hat.

Man muss ja nicht so weit gehen wie jene Wissenschaftler der Universität in Baltimore, die eine neue Strategie zur Verbesserung des Liebeslebens empfahlen: Bei Männern, die ihren Wecker auf zwei Stunden vor Sonnenaufgang stellten und die Gunst der Stunde sogleich nutzten, beobachteten sie eine phänomenale Steigerung der sexuellen Leistungsfähigkeit. Meine Frau würde sich bedanken.

PPS.

Gehen Sie ans Tageslicht.

3

Ein Sinn für Sekunden

Der Ursprung der inneren Zeit

Haben Sie einmal zugesehen, wie jemand in einem Park Tai Chi übt? Jede Bewegung zieht sich viele Atemzüge lang hin, bevor sie fließend in die nächste übergeht. Ein so gemächliches Tempo kennen wir nicht einmal aus Filmen in Zeitlupe. Die Schattenboxer scheinen in einen anderen Aggregatzustand eingetreten zu sein – in einen langsameren, vielleicht auch kühleren Modus des Daseins, in dem Zeit sichtlich keine große Rolle spielt. Tatsächlich berichten Könner dieser chinesischen Kampfkunst, dass Tai Chi ihre Zeitwahrnehmung verändere. Nach einer Weile steckt diese Erfahrung den Zuschauer an – als könnten uns die Schattenboxer, indem wir bloß hinsehen, in ihre ruhigere Welt hineinziehen.

Welch eine enge Verbindung besteht zwischen dem Zeitempfinden und der Art, wie wir uns bewegen, ist in China seit langem bekannt. Der 1936 verstorbene Meister Yang Chengfu gab diese Erkenntnis jedem Schüler in seinen klassischen Grundregeln des Tai Chi mit auf den Weg: »Suche die Ruhe in der Bewegung und die Bewegung in der Ruhe.«

Auch westliche Sportler kennen diese Erfahrung. Jimmy Connors, der amerikanische Tennisveteran, berichtet, er habe in seinen Turnieren oft eine, wie er es nannte, »transzendente Zone« erreicht. Dann erlebte er alles aufs äußerste verlangsamt – eine Fähigkeit, die Connors die Bahn zu seinen Triumphen in Wimbledon ebnete. Der Ball erschien ihm riesengroß und in aller Gemächlichkeit über das Netz zu schweben. Dem Champion kam es so vor, als ob er fast beliebig viel Zeit habe, um über seinen nächsten Schlag zu entscheiden.

Im Bann des Bolero

Wir können also durch Bewegung das Zeitempfinden manipulieren. Wie aber ist das möglich? Um diese Frage zu beantworten, müssen wir zunächst betrachten, wie der Sinn für das Verstreichen der Sekunden eigentlich in uns entsteht. Die Körperuhr, so wichtig sie für den Tageslauf des Organismus auch ist, kann dafür nicht verantwortlich sein. Sie steuert uns durch den Tag, doch wir können ihre Zeit nicht ablesen; das hat schon Michel Siffres Höhlenerfahrung bewiesen. Es muss also noch einen zweiten Mechanismus geben, um kürzere Zeiten zu messen.

Doch auch dieses Empfinden muss vom Körper ausgehen, sonst könnten wir es nicht so leicht durch Bewegung verändern. Mehr als 150 Jahre brauchte die Wissenschaft, um den Zusammenhang zu verstehen. Dieses Kapitel betrachtet, auf welchen Vorgängen das Empfinden der Zeit beruht – jenes Phänomen, das ich die »innere Zeit« nenne.

Wie kommt überhaupt ein Sinneseindruck zustande? Im Prinzip ist die Antwort einfach: Sie sehen den Himmel blau und eine Erdbeere rot, weil Sie im Auge Empfänger für das verschiedene Licht haben. Die einen sprechen auf Wellen der Länge 430 Nanometer an, die der Himmel abstrahlt, und geben das Signal für »blau«. Die anderen sind empfindlich für Wellenlängen größer als 600 Nanometer und lassen uns »rot« erleben. Auch warm und kalt, laut und leise, süß und sauer erkennen Sie zweifelsfrei, weil Sie über die passenden Sinneszellen verfügen.

Mit der Zeit verhält es sich anders. Sie wissen zwar, dass gerade beim Lesen dieser Zeilen ein kleiner Abschnitt Ihres Lebens verstrichen ist. Fragt man Sie aber, wie lange Ihre Augen über den letzten Absatz geschweift sind, müssen Sie raten. Und das Ergebnis wird nur sehr ungefähr dem entsprechen, das eine Stoppuhr angezeigt hätte.

Lange konnten Wissenschaftler nicht glauben, dass wir zwar mit Sensoren für warm und kalt, für Farben, Geschmack und Geruch ausgestattet sind, aber ausgerechnet für die Zeit keinen Sinn haben sollten. Doch ein Organ dafür ließ sich nirgends im Körper finden. So verfielen die Forscher auf die sonderbarsten Ideen, wo eine Zentraluhr für Sekunden und Minuten zu suchen sein könnte. Der Wiener Physiker Ernst Mach beispielsweise vermutete ein biologisches Chronometer in unseren Ohren versteckt.[1] Wie denn sonst, fragte Mach, könne beim Musikhören ein Gefühl für den Rhythmus entstehen? Mach war kein Spinner; er kam zu wichtigen Erkenntnissen über den Schall, den Gleichgewichtssinn und die Eigenschaften des Raumes. Für seine Spekulation über die Ohrenuhr konnte er allerdings keinen Beleg beibringen, und er musste sich vorhalten lassen, dass Taube Zeit nicht anders fühlen als Hörende.

Das war 1865. Einen fruchtbareren Gedanken hatte drei Jahre darauf Karl von Vierordt, ein Tübinger Physiologe, dem wir auch die erste Blutdruckmessung verdanken: Wenn man auch nicht wisse, wo unser Organismus die Zeit misst, so könne man vielleicht doch herausfinden, wie das geschieht. Vierordt selbst stellte sich den Versuchen. Ein Assistent bekam eine Stoppuhr und einen Gong in die Hand. Er sollte zwei Schläge erklingen lassen, ohne seinem Chef zu verraten, wie viel Zeit zwischen den beiden Tönen verstrichen war. Vierordt versuchte nun, diese Periode möglichst genau nachzumachen, indem er sich allein auf sein Gefühl verließ. So fand er heraus, dass wir Zeitspannen bis zu drei Sekunden zu lang, ausgedehntere aber zu kurz wiedergeben – als ob sich kurze Zeit in der Erinnerung dehnt, längere hingegen staucht.[2]

Weitere fünf Jahre später erfand Wilhelm Wundt, der in Leipzig das erste psychologische Labor der Geschichte leitete, sogar eine Maschine zur Erforschung des Zeitgefühls – den »Taktir-Apparat«.[3] Das Gerät sah aus wie eine Kreuzung einer Spieluhr mit einem Morsesender und gab ein enervierendes Ticken von sich, dessen Geschwindigkeit und Lautstärke Wundt genau einstellen konnte. Ein Ergebnis der Versuche: Wenn man ein Klicken in völlig gleichmäßigem Takt hört, dessen Lautstärke aber zunimmt, dann meint man, dass sich das Geräusch beschleunigt. So leicht lässt sich das Zeitgefühl täuschen.

Maurice Ravel muss diesen Effekt gekannt haben, als er 1928, vier Jahrzehnte nach Wundt, zum ersten Mal seinen »Bolero« zur Aufführung brachte. Die berühmte Komposition aus einer einzigen Melodie und einem einzigen Rhythmus, die sich unablässig wiederholen, ist nichts anderes als ein »Taktir-Apparat« für Orchester – der Meister selbst nannte sein Werk ein »Orchesterstück ohne Musik«. Einzig die Lautstärke und der Klang ändern sich. Vom flüsternden Beginn bis zum Fortissimo am Ende des Stückes schwillt der Ton über eine Viertelstunde hinweg immer mehr an. Auch schreibt die Partitur vor, dass das Tempo präzise gehalten werden soll. (Ravel wurde angeblich fuchsteufelswild, wenn ein Dirigent den Rhythmus beschleunigte.) Und doch meint jeder Zuhörer, dass der Tanz schneller und schneller wird, ganz so, als wirke die Eintönigkeit der Musik hypnotisierend.

Taktgeber im Gehirn

Erst der Computertomograph half den Forschern, diese Phänomene zu erklären. In jedem größeren Krankenhaus steht ein solcher Apparat; Ärzte nehmen damit normalerweise Standbilder aus dem Körperinneren auf, um Knochenbrüche oder Krebsgeschwüre zu entdecken. Hirnforscher verwenden eine besondere Art dieser Geräte, die Positronenemissions- oder Magnetresonanz-Tomographen. Damit können sie dem Gehirn bei der Arbeit zusehen. Man wertet einen vermehrten Blutfluss in einer bestimmten Region des Gehirns als Hinweis darauf, dass sich die grauen Zellen dort gerade besonders anstrengen müssen. Diese Technik entwickelt sich so stürmisch, dass wir in den letzten Jahren nahezu monatlich neue Einblicke in unser Fühlen und Denken erlangen.

Um das Zeitempfinden zu untersuchen, zeigt man den Versuchspersonen zum Beispiel nacheinander zwei Bilder, die kurz auf einem Monitor aufleuchten. Dann sollen die Probanden sagen, welches Bild ihrer Ansicht länger zu sehen war. Währenddessen zeichnet der Tomograph die Gehirntätigkeit auf.

In so gut wie allen diesen Experimenten zeigten zwei Teile des Gehirns besondere Aktivität, und beide haben mit Takt und Bewegung zu tun. Die eine Region, die für das Zeitgefühl offenbar einen besonderen Beitrag liefert, ist das Kleinhirn. Es hängt wie ein Rucksack des Großhirns am Hinterkopf, dort, wo das Rückenmark ins Schädelinnere mündet. Normalerweise kümmert sich das Kleinhirn um Bewegungen. Damit nimmt es dem Großhirn viel Arbeit ab. Denn das Kleinhirn ist vor allem für solche Bewegungen zuständig, die sich sehr oft wiederholen, zum Beispiel wenn wir beim Laufen einen Fuß vor den anderen setzen. So steuert das Kleinhirn die Befehlsfolgen, die über das Rückenmark an die Muskeln gelangen, während sich das Bewusstsein etwas anderem zuwenden kann. Ohne diese Arbeitsteilung zwischen Kleinhirn und Großhirn könnten wir unmöglich zugleich gehen und sprechen.

Das zweite Zentrum, das beim Zeitempfinden eine Rolle spielt, findet sich an der Unterseite des Großhirns. Es handelt sich um eine Sammlung von Kernen, die als »Basalganglien« bezeichnet werden.

Wir brauchen diese Struktur vor allem für komplizierte und nicht ganz alltägliche Bewegungen, etwa wenn wir einen Zwirn durch ein Nadelöhr fädeln. Die Basalganglien senden zudem elektrische Schwingungen aus, die sich über Zwischenstationen in viele andere Hirnzentren verbreiten. So entsteht eine Art Taktschlag, mit dessen Hilfe das Gehirn das Zusammenspiel der Muskeln koordiniert.

Ohne diese feine Abstimmung könnten wir uns kaum bewegen, geschweige denn Tischtennis spielen. Beim Pingpong rast die Hand des Spielers mit 50 Stundenkilometern über das Feld, um den Ball zu erreichen, der mit bis zu 200 Stundenkilometern auf ihn zu kommt. Steuert er seinen Schlag nicht auf die Tausendstel Sekunde genau, geht der Punkt an den Gegner.

Gehen Sie einmal ein paar Schritte in Zeitlupe; dann werden Sie spüren, wie präzise Sie den Rhythmus selbst bei den scheinbar einfachsten Bewegungen einhalten müssen. Wenn Sie genau auf Ihren Körper achten, werden Sie eine erstaunliche Vielfalt von Muskelregungen bemerken. Über 60 Muskeln spielen beim Laufen zusammen, und bekommt auch nur einer von ihnen im falschen Moment sein Einsatzsignal, liegen Sie auf der Nase. Denn jeder Schritt vorwärts beginnt als ein Sturz, den die Muskulatur sofort auffangen muss.

Was die Taktgeber in unseren Köpfen leisten, ist

Das Gehirn schützt die Zeit, indem es beobachtet, wie sich der Körper bewegt. Der Künstler Marcel Duchamp hat diese Tätigkeit unseres Geistes in seinem Gemälde »Akt, eine Treppe hinabsteigend« dargestellt. Auf dem Foto schreitet er selbst die Stufen hinunter.

staunenswert – und doch sind sie ein uraltes Erbe unserer Ahnenreihe im Tierreich. Ohne exaktes Timing hätte weder ein Affe, der sich in den Baumwipfeln von Ast zu Ast schwingt, noch ein Vogel im Flug eine nennenswerte Lebenserwartung. Sogar unter den Wassertieren gibt es Artisten wie den Schützenfisch, der in tropischen Mangrovenwäldern lebt. Dieses Tier ist in der Lage, mit einem Wasserstrahl schnell fliegende Insekten aus bis zu zwei Metern Flughöhe abzuschießen; dabei trifft er mit einer Präzision, von der selbst ein Jimmy Connors nur träumen kann.

Zeit ist Bewegung

Warum aber griff die Natur auf die Taktgeber der Muskelsteuerung zurück, statt uns einen eigenen Zeitsinn zu geben? Ein solches biologisches Chronometer, an das der Wiener Physiker Mach und viele andere Forscher glaubten, wäre gut vorstellbar. Es könnte ähnlich wie eine Quarzuhr arbeiten: Impulse von Neuronen, die ausschließlich der Zeitmessung dienen, würden wie Pendelschläge gezählt. So entstünde ein untrügliches Zeitsignal im Kopf, und niemand bräuchte je eine Armbanduhr anzulegen.

Doch die Lebewesen entwickelten sich nicht so, wie einfallsreiche Ingenieure sie geschaffen hätten.

Die Evolution ist konservativ. Hat sich erst einmal eine Lösung für ein Problem aufgetan, so bleibt es meistens dabei. Der Bauplan wird von Generation zu Generation und von einer Art zur nächsten weitervererbt und allenfalls ein wenig abgewandelt, wenn sich neue Aufgaben stellen. So lange das alte Prinzip noch irgendwie taugt, wird es verwendet, selbst wenn es Flickschusterei ist und eine neue Konstruktion viel tauglicher wäre.

In dem Maße, da ihre Gehirne leistungsfähiger wurden, brachten Tiere immer kompliziertere Verhaltensweisen hervor. Nun genügte es nicht mehr, treffsicher nach einer Fliege zu schnappen. Eine Maus zum Beispiel kann lernen, dass es Futter erst nach einer bestimmten Wartezeit gibt – und ausharren. Als sich nun irgendwann in der Naturgeschichte die Aufgabe stellte, solche Reaktionen zu steuern, waren die Taktgeber für Bewegungen schon da. Also machte die Evolution einfach von ihnen Gebrauch, und dabei blieb es bis heute. Wären die Uhrmacher seit der Antike ebenso verfahren, dann würden wir heute den Flugverkehr mit Hochleistungs-Sanduhren regeln.

Darum hängen der Sinn für Bewegung und das Gefühl für die Zeit untrennbar zusammen. Wenn eines von beiden gestört ist, geht meist auch das andere verloren. Menschen, die durch einen Schlaganfall oder einen Tumor einen Schaden im Kleinhirn davontrugen, haben oft größte Schwierigkeiten, Zeit zu empfinden. Sie können häufig weder mit dem Finger einen einfachen Takt klopfen noch unter zwei vorgegebenen Zeitintervallen das längere benennen.[4] Und Parkinsonpatienten, die unter einem Defekt der Basalganglien leiden, kämpfen außer mit ihrem Zittern obendrein mit einer Konfusion des Zeitgefühls. Für das Gehirn *ist* Zeit Bewegung.

Verzerrte Minuten

So erklärt sich auch, warum wir Zeit anders wahrnehmen, wenn wir uns ungewöhnlich schnell oder langsam bewegen. Für die Schattenboxer und die Tennisprofis verändert sich das Tempo der Welt, weil sich der Takt in ihnen selber verändert. Selbst wenn wir nur zuschauen, kann dieser Mechanismus ausgelöst werden. Das Gehirn vollzieht dabei nämlich die Bewegungen, die wir beobachten, gleichsam virtuell nach.[5] Darum ist es so schwer, bei einem Sportwettkampf unbeteiligt zu sein: Neuronen im Kopf eines Wimbledon-Zuschauers geben Signale, als stünde der Fan selbst auf dem Rasen. Damit kann sich auch die Zeitwahrnehmung verzerren.

Genau so funktionieren Actionszenen in Filmen wie »The Matrix«, in denen der Held seine Gegner in verlangsamtem Tempo verprügelt. Weil der Kinogänger gleichsam in Keanu Reeves' Haut schlüpft, scheint für ihn die Zeit in ungewohntem Tempo zu fließen – ein Effekt, den der amerikanische Hirnforscher David Eagleman nachweisen konnte.

Doch wenn Sie nicht gerade Schattenboxen betreiben, währt kaum eine Bewegung länger als ein paar Augenblicke. Ob wir gehen, schreiben oder eine Zwiebel schneiden – fast alle Abläufe sind spätestens nach drei Sekunden vorbei, die meisten schneller. Dann wiederholt sich der Vorgang, oder ein anderer folgt. Wenn aber das Zeiterleben auf der Steuerung von Bewegungen aufbaut, die spätestens nach ein paar Sekunden Vergangenheit sind: Wie können wir dann längere Zeitspannen wahrnehmen?

Die Natur hat auch dafür eine Lösung gefunden. Im Gehirn gibt es Zentren, die das Nacheinander einzelner Bewegungen regeln und so längere Zeiträume organisieren. Genannt werden sie kurz SMA; ihre reichlich umständliche vollständige Bezeichnung lautet »supplementär-motorische Areale«. Diese Hirnregionen liegen unter dem Scheitel und sind so etwas wie Manager der Bewegungssteuerung. Hier wird darüber entschieden, wann wir was tun. So gibt diese Gehirnregion jeweils den richtigen Einsatz dafür, dass wir beim Kochen erst die Zwiebel aus dem Schrank holen, sie mit einer Hand festhalten, dann mit der anderen zum Messer greifen – und nicht umgekehrt. Wie Messungen mit dem Tomographen zeigen, spielen die SMA auch für das Zeitempfinden eine wichtige Rolle. Je länger eine Phase währt, desto bedeutender wird die Arbeit dieser Zentren. Offenbar stellen sie eine Art imaginäre Zeitschiene her, entlang derer sich die Ereignisse ordnen.[6] So kommt ein Sinn für das Vorher und Nachher zustande – die Grundlage für das Empfinden der fließenden Zeit.

Ein Orchester unter der Schädeldecke

In welcher Situation warten Sie länger: Vor einer roten Ampel, wenn Sie Grün gerade verpasst haben – oder darauf, dass das Wasser für eine Tasse Tee heiß wird? Wenn Sie meinen, dass das Teekochen mehr Zeit braucht, täuschen Sie sich: Ein elektrischer Kessel braucht dafür 90 Sekunden – genauso lange dauert eine durchschnittliche Ampelphase.

Obwohl das Gehirn Bewegungen auf Hundertstelsekunden genau steuert, fällt es uns schwer, Zeiten zu schätzen und ihre Dauer zu benennen. Unser Verstand scheint kaum dafür eingerichtet. Trotzdem merken Sie es sofort, wenn eine Ampel auf Ihrem Arbeitsweg auf eine etwas längere Rotperiode umgestellt wurde. Auch die Fahrer hinter Ihnen beginnen gleich, ungeduldig mit dem Gaspedal zu spielen. Das ist merkwürdig: Zeitspannen, an die wir uns einmal gewöhnt haben, können wir überaus präzise wiedererkennen.[7]

Wie ist das zu erklären? Ein Taktgeber allein reicht nicht aus, um Zeit zu messen. Zusätzlich braucht es ein Uhrwerk, das die Schwingungen zählt, und ein Ziffernblatt, das den Lauf der Zeit anzeigt. Wie das Gehirn dieses Rechenkunststück vollzieht, ist noch nicht völlig verstanden.[8] Doch Hinweise gibt es.

Nach einer faszinierenden Hypothese des amerikanischen Hirnforschers Warren Meck erhalten bestimmte Ereignisse – zum Beispiel das Umspringen der Ampel – eine Art Zeitstempel.[9] Das ist möglich, weil im Gehirn sehr viele Taktgeber gleichzeitig schwingen. Und jeder tickt mit seiner eigenen Geschwindigkeit. So ist das ganze Gehirn erfüllt von einem Konzert tausender verschiedener Rhythmen.

Wenn viele Instrumente im Orchester gleichzeitig spielen, entsteht eine Harmonie. Gemeinsam bringen die Musiker Klänge hervor, die ein einzelner seinem Instrument niemals entlocken könnte. Genau so verhält es sich auch mit dem Gehirn. Schon zwei unterschiedliche Taktgeber schaffen im Zusammenspiel einen bis dahin unbekannten Rhythmus. Stellen Sie sich vor, dass eine Trommel im Bass in einem etwas langsameren Takt, die andere Trommel in höherer Lage in einem schnelleren geschlagen wird. Weil sich die Takte unterscheiden, werden die beiden

Töne nur selten zusammentreffen. Aber manchmal tun sie es doch, dann ist ein Zweiklang zu hören. Wenn Sie jetzt nur noch auf diese Zweiklänge achten, merken Sie, dass diese sich nach immer gleichen Zeitabständen wiederholen (weil auch jedes der beiden Instrumente allein regelmäßig schlägt). Sie erkennen in den Zweiklängen einen neuen Takt, der viel langsamer ist als der jeder einzelnen Trommel. Damit haben Sie ein neues Zeitmaß gewonnen.

Jetzt gesellt sich eine weitere Trommel hinzu. Nun hören Sie im Orchester sogar vier neue Zeitmaße heraus: Es gibt verschiedene Zweiklänge und einen Dreiklang, wenn alle Trommeln zusammen ertönen. Und jeder dieser Akkorde kehrt nach seinem eigenen Rhythmus wieder.

Wenn Sie weitere Stimmen ergänzen, explodiert die Zahl der Möglichkeiten geradezu. Im Gehirn, wo ein Orchester aus tausenden Taktgebern spielt, stehen Abermillionen verschiedener Zeitmaße zur Auswahl. Damit lässt sich zu jeder Zeitspanne, die abzumessen ist, ein passender Akkordrhythmus finden. Um also am Ende einer Ampelperiode Signal zu geben, müssen die zuständigen Neuronen jetzt nur noch warten, bis dieser Akkord wieder erklingt. Im Nervensystem von Hummern wurde tatsächlich eine Schaltung gefunden, die so funktioniert.[10]

Misst auch das menschliche Gehirn so die Zeit? Mecks Theorie würde erklären, weshalb wir eine veränderte Ampelschaltung sofort bemerken und dennoch nicht sagen können, wie lange sie dauert. Der Zusammenklang der Taktgeber im Kopf ergibt nur so etwas wie eine natürliche Eieruhr, die klingelt, wenn eine bestimmte Zeitspanne um ist. Doch eine Eieruhr misst nur die Dauer, auf die man sie vorher eingestellt hat. Man kann darauf nicht ablesen, wie spät es ist.

Denn nach Ablauf einer vorgegebenen Periode Signal zu geben, ist vergleichsweise einfach. Die grauen Zellen müssen sich dafür nur an einen Akkord erinnern, dessen Takt beispielsweise genau dem der Ampelphase entspricht. Wenn dieser Akkord wiederkehrt, ist die Zeit verstrichen. Aber waren es nun 89, 91 oder doch 96 Sekunden? Um dies beantworten zu können, müsste das Gehirn für alle vorstellbaren Zeiträume die passenden Akkorde gelernt haben – das ist unmöglich. So erstaunt es nicht, dass wir uns mit der Zeit ständig verschätzen.

Insofern unterscheidet sich unsere Zeitsteuerung gar nicht so sehr von jener der Tiere. Wenn sich etwa Tauben, Ratten und Affen erst einmal daran gewöhnt haben, dass es Futter nach einer bestimmten Wartezeit gibt, stehen sie genau im rechten Moment zum Fressen bereit. Sie können sich die Verzögerung also merken. Doch sicherlich fehlt ihnen – wie uns – ein übergeordnetes Maß für die Zeit, eine Skala von Minuten, die sich unabhängig von bestimmten Ereignissen ablesen lässt.

Kurze Zeiten verbinden wir mit Bewegung und Rhythmus. Bei längeren Perioden denken wir zuerst an Veränderung. Dieser Unterschied hat eine tiefe Ursache in der Programmierung des Hirns.

Wenn es um Sekunden geht, greifen wir auf die Schaltungen im Gehirn zurück, die Bewegungen steuern. Diese funktionieren automatisch: Wir müssen beim Laufen nicht über jede Fußbewegung nachdenken. Damit arbeitet die Stoppuhr für Sekunden unabhängig vom Bewusstsein. Wir müssen keine Aufmerksamkeit daran verschwenden. In Versuchen erkannten Menschen Spannen, die sich nur um Hundertstelsekunden unterschieden, nicht weniger genau wieder, wenn sie gleichzeitig Denksportaufgaben lösen sollten.[11] Noch nicht einmal die Rauschdroge LSD, die den Verstand in andere Welten versetzt, kann diese Wahrnehmung der Augenblicke stören.[12]

Doch Bewegungen dauern nicht lange. Und selbst der Zeithorizont jener Schaltungen namens SMA, die Abläufe aufeinanderfolgen lassen, liegt bei weniger als einer Minute. Mit unserer Bewegungssteuerung allein können wir also nicht einmal die Zeit überblicken, die es dauert, eine Zwiebel fein zu hacken und anzubraten.

Dafür benötigen wir das Gedächtnis. Die schnellste

und für den Alltag vielleicht wichtigste Art der Erinnerung ist das Arbeitsgedächtnis, das durch die Tätigkeit von grauen Zellen im Stirnhirn entsteht. Es hält Informationen bereit, die wir brauchen, um unsere aktuellen Absichten in die Tat umzusetzen. Wenn Sie ein Gulasch kochen, weiß das Arbeitsgedächtnis, dass nach dem Zwiebelschneiden das Fleisch aus dem Kühlschrank muss, aber auch, wo Sie gerade den Schmortopf abgestellt haben. So überschreiten Sie die Schwellen von der Gegenwart in Richtung Vergangenheit und Zukunft. Dazu vergleicht das Gehirn die Zustände »früher« und »jetzt«, muss sich also Vergangenes in Erinnerung rufen.

Das Arbeitsgedächtnis ist eine höhere Leistung des Gehirns als die Bewegungssteuerung. Seine Tätigkeit beruht auf bewusster Aufmerksamkeit. Ohne innere Teilnahme können Sie zwar beim Gehen die Schritte setzen; beim Kochen aber müssen Sie darauf achten, in der richtigen Reihenfolge vorzugehen. Und weil Sie längere Zeiträume nicht ohne das Arbeitsgedächtnis wahrnehmen können, müssen Sie bewusst bei der Sache sein. Wenn Sie nicht daran denken, wie die Minuten verrinnen, nehmen Sie die Zeit auch nicht wahr – wie jeder weiß, dem schon einmal das Fleisch angebrannt ist.

Wie das Stirnhirn mit Zeit umgeht, ist noch nicht in allen Einzelheiten bekannt. Doch dem amerikanischen Neurobiologen Joaquin Fuster glückte eine spektakuläre Entdeckung: Bestimmte graue Zellen werden immer dann tätig, wenn es gilt, Soll und Ist der verflossenen Zeit zu vergleichen.[13] Diese Neuronen sorgen dafür, dass wir eine bestimmte Zeit abwarten und dann im richtigen Augenblick handeln – wie winzige Stoppuhren hinter der Stirn.[14]

Wenn die Welt zu rasen beginnt

Um es noch einmal zusammenzufassen: Unser Zeitgefühl verdanken wir dem Zusammenspiel vieler Schaltungen im Hirn. Es gibt keine Zentraluhr im Organismus. Wenn man überhaupt ein solches Bild bemühen wollte, dann wäre das ganze Gehirn eine Uhr.

Darum schlägt das Zeitempfinden Kapriolen, wenn die Verbindung zwischen den beteiligten grauen Zellen gestört ist. Der Lübecker Neurologe Ferdinand Binkofski hat solche Fälle gesammelt. Sein Archiv berichtet von Menschen, für die sich die Zeit nach einem Unfall ins schier Unendliche dehnte, und anderen, in deren Erleben sich alle Vorgänge plötzlich beschleunigten, dann wieder ganz langsam wurden – ungefähr so, wie die Passagiere eines Floßes erst auf Stromschnellen, dann wieder auf fast stehendem Wasser das Ufer vorüberziehen sehen.

Ein besonders eindrucksvolles Schicksal hat Binkofski selbst untersucht. Für einen seiner ehemaligen Patienten begann die Zeit von einem Moment auf den anderen zu rasen.[15] Dieser Mann, ein Düsseldorfer Angestellter (von seinem Namen sei nur das Initial B. verraten), saß gerade im Auto, als mit einem Mal die anderen Fahrzeuge und selbst die Fußgänger in aberwitzigem Tempo auf ihn zuzuflitzen schienen – als hätte jemand an einem Videorekorder die Taste »Schneller Vorlauf« betätigt.

B. war so perplex, dass er zwei rote Ampeln überfuhr, dann lenkte er seinen Wagen geistesgegenwärtig an den Straßenrand und hoffte, dieser Irrsinn würde sich von alleine legen. Doch nichts beruhigte sich. Im Gegenteil: Die Welt, wie B. sie sah, beschleunigte sich immer weiter. Irgendwie schaffte er es, seine Frau anzurufen, die ihn nach Hause brachte.

Aber auch seine gewohnte Umgebung konnte B. nicht mehr ertragen. Seine Frau und seine Tochter jagten mit einer solchen Geschwindigkeit durch die Wohnung, dass er nicht mehr begriff, wo sie eigentlich waren. An Fernsehen war gar nicht zu denken. Wenn er sprach, hörte er seine eigenen Worte in Salven. Selbst eine Tasse Tee zu trinken war erschreckend: Ehe der arme Mann sich versah, schien die Tasse in seiner Hand wie von einer Sprungfeder getrieben an den Mund zu schnellen. Dabei bestätigte ihm seine Familie, dass B. sich ganz normal bewegte und äußerte. Die Verwirrung entstand einzig in seinem Empfinden. Verzweifelt ließ sich der bis dahin energische B. in einen Lehnstuhl sinken, schloss die Augen und unternahm gar nichts mehr.

Da saß er, bis ein Arzt ihn in die Klinik einliefern ließ. Dort stellten die Mediziner fest, in welchen Dimensionen sich B.s Zeitempfinden verworfen hatte. Als sie ihn mehrmals baten, ein Intervall von einer Minute vorzugeben, ließ der Patient oft vier Minuten, meistens sogar mehr als fünf Minuten verstreichen, bevor er »Ende« rief: Scheinbar hatte sich die Zeit für ihn um das Fünffache gedehnt. In seinem Gedächtnis lief die Zeit also Fünfmal langsamer als in Wirklichkeit. Wenn er nun diesen Maßstab an seine Wahrnehmungen anlegte – und welchen sonst hätte er benutzen sollen? –, musste ihm alles, was er erlebte, viel schneller als gewöhnlich erscheinen.

Im Tomographen erkannten die Ärzte schließlich, was den Wahn ausgelöst hatte: Ein Tumor im Stirnhirn drückte auf die Zentren, die dort für Zeitsteuerung zuständig sind, und behinderte obendrein den Signalaustausch mit anderen Teilen des Gehirns. Als Chirurgen den Tumor entfernten, war der Spuk vorbei; B. trug nur die Erinnerung an eine Welt davon, die aus den Fugen geriet. Er starb an seinem Krebs drei Jahre später.

Zeit der Dörfler, Zeit der Städter

Wir erleben Zeit, indem wir vergleichen. Dafür brauchen wir einen Maßstab, doch dieser Maßstab ist keine gewöhnliche Uhr. Im Kopf gibt es nicht einmal annährend so etwas wie ein Ziffernblatt, auf dem sich ein Zeiger herumdreht, auch kein Stundenglas, durch das der Sand rieselt. Wie lange etwas dauert, messen wir vielmehr daran, wie wir uns bewegen. Nicht Minute und Sekunde, sondern ein Wimpernschlag, ein Schritt oder auch das Biegen eines Fingers dienen uns als Einheiten der Zeit. Hinzu kommt die Erinnerung. Sie werden ungeduldig, wenn eine Wartezeit länger währt als die Spanne, die Sie für diesen Vorgang in Erinnerung haben – und freuen sich, wenn sie schneller vorbeigeht als wir es erwarten. Bewegung und Erinnerung sind die Maßstäbe der inneren Zeit.

Eine Sekunde ist genau festgelegt. Sie ist vorüber, wenn das Cäsium-Nuklid mit dem Atomgewicht 133 genau 9 192 631 770 Übergänge zwischen den Hyperfeinstrukturniveaus seines Grundzustandes hinter sich hat. Für Physiker genügt diese Definition, um eine Atomuhr zu bauen, welche die öffentliche Zeit zweifelsfrei und mit höchster Präzision angibt.

Die innere Zeit hingegen folgt einem Maßstab, der sich verändert. Wir können einen Finger schnell abbiegen oder auch langsam. Und im Postamt nebenan können lange Schlangen oder fixer Service der Normalfall sein. So orientiert sich die innere Zeit an dem, was wir gewohnt sind. Tatsächlich zeigten vergleichende Untersuchungen, wie wenig die öffentliche Zeit der Uhren für das Lebenstempo der Menschen bedeutet. Der Sozialpsychologe Robert Levine hat solche Unterschiede in den 1990er Jahren in Zahlen zu fassen versucht: Bewohner von Millionenstädten wie Tokio oder München bewegen sich, reden und reagieren im Durchschnitt mehr als doppelt so schnell wie griechische Bauern.

Erst wenn wir uns vom Gewohnten entfernen – beim Schattenboxen, unter dem Einfluss starker Gefühle oder gar durch einen Hirndefekt –, werden solche Unterschiede bewusst. Doch stets bleibt unsere innere Zeit diejenige, an der wir alles andere messen. Wenn Sie nach Tokio kommen, wo sich die Menschen, die Bahnen und selbst die Türen der Aufzüge flotter bewegen als hierzulande, empfinden nicht Sie sich selber als langsam. Vielmehr scheinen die Japaner halsbrecherisch zu hasten. Erst nach einer Weile passt man sich an. Kehren Sie dann nach Berlin, München oder Frankfurt zurück, finden Sie das Leben in einer deutschen Metropole zunächst beinahe aufreizend gemächlich.

Dieselbe Erfahrung, nur aus einem dramatischeren Grund, machte der Düsseldorfer Angestellte B.: Durch den Tumor verstrich seine private Zeit langsamer als die seiner Mitmenschen. Doch B. spürte in seinem Innenleben keine Abweichung: Die anderen schienen zu rasen.

Wie wäre es umgekehrt, wenn sich unsere private Zeit beschleunigen würde? Der amerikanische Psychologe William James, ein Pionier seines Fachs, hat sich am Ende des 19. Jahrhunderts auf geradezu seherische Weise mit der Wahrnehmung der Zeit auseinandergesetzt. Schon er erkannte, was geschähe, wenn das Tempo der inneren Zeit um das Tausendfache zunehmen würde: Die Außenwelt käme uns wie eingefroren vor. »Die Bewegungen organischer Wesen erschienen unseren Sinnen so langsam, als würden sie nur gefolgert, aber nicht gesehen. Die Sonne stände still am Himmel, und der Mond würde sich kaum bewegen …«[16]

Stets ist das Erleben von Zeit für uns mit einem Ereignis verbunden – sei es mit einer Bewegung oder einer Erinnerung. Es kann Spaß machen, in einen Himmel zu schauen, der einfach nur wolkenlos blau ist: Wir sehen dann diese Farbe in Reinform, ohne einen Gegenstand, der sie trägt. In der Zeitwahrnehmung wäre so etwas unmöglich. Reine Zeit existiert für uns nicht. Zeit erleben wir nur, wenn etwas geschieht.

4

Die längste Stunde

Warum die Zeit mal rast und mal stockt

Vladimir: So vergeht die Zeit.
Estragon: Sie wäre auf jeden Fall vergangen.
Vladimir: Ja, aber nicht so schnell.

Samuel Beckett, Warten auf Godot

Alfred Hitchcocks Film »Cocktail für eine Leiche« beruht auf einem Fall, der sich im Jahr 1924 unter Millionärssöhnen in Chicago wirklich ereignete. Aus reiner Lust am Verbrechen und um sich ihre geistige Überlegenheit zu beweisen, töteten zwei junge Männer einen Freund. Sie wollten den perfekten Mord begehen.

Hitchcock verlegt das Geschehen in ein New Yorker Appartement. In einer Eingangsszene sieht man, wie zwei als Dandys gekleidete Studenten an einem hellen Sommerabend einen dritten Mann erdrosseln und dann die Leiche in eine Truhe verfrachten. Nun ist Eile geboten, denn in wenigen Minuten beginnt ein Cocktailempfang, zu dem die Täter die Eltern, die Freundin und einen Professor des toten David eingeladen haben. Champagner wird geöffnet; die Haushälterin muss auf der Truhe ein Buffet anrichten.

Die Gäste kommen an und wundern sich, dass der sonst so zuverlässige David nicht erscheint. Aber die Party nimmt auch ohne ihn ihren Lauf. Kalte Platten, Hühnchen und Eistorte werden auf Davids Sarg aufgetragen, man plaudert. Brandon, der Anstifter unter den beiden Tätern, macht immer dreistere Anspielungen auf Davids Schicksal. Doch erst als der Professor (James Stewart) in der Garderobe einen Hut entdeckt, der seinem ehemaligen Studenten David gehörte, kann er das grausame Spiel entlarven.

Das eigentliche Thema des Films aber ist die Zeit. »Cocktail für eine Leiche« dauert nur 80 Minuten. Doch wenn sich der Zuschauer wieder aus seinem Sessel erhebt, meint er, dass viel mehr Zeit verstrichen sein müsse. Das erreicht Hitchcock durch ein in der Filmgeschichte einmaliges Experiment. Während Kinofilme gewöhnlich aus hunderten Sequenzen von ein paar Sekunden Länge zusammengeschnitten sind, besteht dieser Streifen aus einer einzigen Einstellung. Von Anfang bis Ende verfolgt eine Kamera wie ein nimmermüdes Auge ohne Lidschlag die Akteure; nirgends ein Schnitt, nirgends ein Sprung der Perspektive oder der Zeit. Alle zehn Minuten schwenkt der Blick allerdings auf den dunklen Rücken eines Jacketts oder auf die Truhe. Diese unmerklichen Überblendungen brauchte Hitchcock, um die Filmrollen auswechseln zu lassen.

Besonders erstaunlich ist die Wirkung während

James Stewart sieht dem Mörder ins Auge. Das Metronom in Stewarts Händen verweist auf ein virtuoses Spiel mit der Zeit: Alle Szenen in Hitchcocks Film »Cocktail für eine Leiche« scheinen viel länger, als sie sind. Die Illusion entsteht, indem Hitchcock unmerklich die Anhaltspunkte manipuliert, anhand derer wir Zeiträume schätzen – etwa den Wechsel des Lichts über den Wolkenkratzern im Hintergrund. Einzig das Metronom tickt in gewöhnlichem Tempo.

der Dinnerparty. Von dem Moment an, in dem der erste Gast die Wohnung betritt, bis zur Verabschiedung der letzten Besucher vergehen ganze 36 Minuten. (Vorher sind die Täter mit ihrem Opfer, nachher mit dem Professor allein.) In dieser guten halben Stunde werden der Aperitif eingenommen, Hauptgang und Nachtisch verspeist, Klaviermusik gegeben, Geschenke ausgetauscht und nicht zuletzt eine Verbindung zwischen der Freundin des toten David und einem Gast angebahnt. Doch durch die ausgeklügelte Technik des Films bekommt der Zuschauer nie das Gefühl, er habe auch nur einen Moment versäumt, oder die Zeit sei irgendwo gerafft worden. So entsteht das Gefühl, mehr Zeit erlebt zu haben, als die Uhr anzeigt.

Und Hitchcock tut alles, um die gewohnten Maßstäbe zu verzerren. Der Mord geschieht bei hellem Tageslicht, beim letzten Drink herrscht tiefe Nacht, und die beleuchteten Wolkenkratzer Manhattans funkeln durchs Fenster. In der Zwischenzeit verfärbt sich das Licht draußen in das Rot eines Sonnenuntergangs – noch ein vertrautes Zeitsignal. Sogar für wechselnde Wolkenformationen am Himmel des Studios ist gesorgt. Mit diesen Anhaltspunkten spielt der Regisseur. An einer Stelle scheint er sich sogar über die Zuschauer lustig zu machen: Während einer der Gastgeber auf dem Flügel klimpert, tickt vor ihm gut sichtbar ein Metronom.

Die Verwirrung wird dadurch gesteigert, dass der Zuschauer in der Handlung nichts vermisst. Alles, was man auf einer eher vornehmen Abendeinladung erlebt, geschieht: Alte Feindschaften brechen auf, ein Mann und eine Frau entdecken ihr Interesse aneinander, höflich-gelangweilte Konversation wird betrieben. So gewinnt man binnen einer halben Stunde denselben Eindruck, den der Gast einer echten Gesellschaft nach drei Stunden mit nach Hause genommen hätte.

Zwei Minuten auf dem heißen Ofen

Hitchcock spielt damit, dass die innere Zeit so elastisch wie ein Kaugummi ist. An seinem Film lässt sich studieren, wie instabil und manipulierbar das menschliche Zeitempfinden ist. Nur oberflächlich gesehen handelt es sich beim »Cocktail« um eine hoch artifizielle Geschichte, die nicht in Beziehung zum normalen menschlichen Leben zu stehen scheint. In Wahrheit unterliegen wir Täuschungen der Art, wie Hitchcock sie so geschickt erzeugt, tagtäglich. Sie sind es, welche die Stunden auf einem Fest dahinfliegen lassen, die Zeit im Wartesaal des Einwohnermeldeamts dafür ins schier Unerträgliche dehnen.

Dummerweise läuft das merkwürdige Strecken und Stauchen der Stunden so gut wie immer unseren Wünschen zuwider: Schöne Augenblicke sind grundsätzlich zu kurz, unangenehme Momente wollen nicht enden. Albert Einstein hat es einmal so beschrieben: »Wenn man mit einem netten Mädchen zwei Stunden zusammen ist, hat man das Gefühl, es seien zwei Minuten; wenn man zwei Minuten auf einem heißen Ofen sitzt, hat man das Gefühl, es seien zwei Stunden. Das ist Relativität.« Zeit, wollte er damit einem Reporter der »New York Times« bedeuten, hängt eben vom Zustand des Beobachters ab. Doch woran genau liegt es, dass die Zeit für einen Menschen je nach innerer Befindlichkeit mal kriecht und mal rast? Und haben wir Einfluss darauf?

Zeitspannen prägen sich umso genauer ein, je kürzer sie sind;[1] haben wir es dagegen mit längeren Perioden zu tun, ist unser Zeitgefühl notorisch unzuverlässig – selbst wenn es sich um Intervalle handelt, die wir immer wieder erleben. Lehrer zum Beispiel haben nach ein paar Dienstjahren Tausende Male den Schulgong gehört, der im stets gleichen Takt den Vormittag in Dreiviertelstunden zerteilt. Aber es nützt nichts. Bis zur Pensionierung müssen Pädagogen auf die Armbanduhr schauen, um herauszufinden, wie viel Zeit bis zum Ende der Unterrichtsstunde noch bleibt.

Unser Gefühl für Zeitspannen, die länger als ein paar Minuten dauern, kann gar nicht präzise sein. Denn während – wie im letzten Kapitel erläutert – der Sinn für Bewegung und das Kurzzeitgedächtnis brauchbare Hilfsmittel sind, um die Dauer rascher Vorgänge abzuschätzen, fehlt uns ein Sinn für Minuten und Stunden. Wie sich das Gehirn heftig improvisierend bemüht, dem Mangel abzuhelfen, und uns dabei ziemlich oft in die Irre führt, ist Gegenstand dieses Kapitels.

In erster Linie behilft sich das Gehirn, indem es nach Anhaltspunkten in der Außenwelt sucht: Wir benutzen unsere Umgebung als Uhr. So wissen wir aus Erfahrung, dass ein Mensch, der auf der anderen Straßenseite vorübergeht, eine knappe halbe Minute in unserem Blickfeld verbringt. Und vom Sonnenuntergang bis zum Funkeln der Sterne am Himmel vergehen gewöhnlich ein bis zwei Stunden – wenn nicht gerade ein Hitchcock an der Uhr gedreht hat. In »Cocktail für eine Leiche« verzerrt der Regisseur das Zeiterleben eben dadurch, dass er die Spannen, an denen man sich gewöhnlich orientiert, verkürzt: Die Sonne geht zu früh unter, die Gänge des Abendessens wechseln zu schnell, das Geplänkel der Gäste findet, kaum dass es begonnen hat, schon wieder sein Ende. Weil die Schauspieler sich aber nicht im Zeitraffer, sondern normal schnell bewegen und sprechen, fällt der Zuschauer auf den Betrug herein.

Ähnlich registriert der Wartende auf dem Amt jede Veränderung, hat er ja sonst nichts zu tun. Das Kommen und Gehen der Besucher, das Auf und Ab der Schritte im Gang, der Wechsel der Wartenummern im Display: So belanglos die Ereignisse auch sind – sie summieren sich zu einer gefühlten Zeit, die viel länger erscheint, als die Uhr es anzeigt.

Der Rhythmus des Atems

Ergänzend zu den Zeitmarken, die wir in der Umgebung suchen, erzeugen wir mitunter einen Pendelschlag in uns selbst. Etwa, indem wir still im Geiste Sekunden zählen: Einundzwanzig, zweiundzwanzig, dreiundzwanzig … Viel öfter, als es uns bewusst wird, bemühen wir uns, auf diese Weise ein Zeitmaß zu finden.

Welche Bedeutung Worte als Krücken für das Zeitempfinden haben, zeigt das Schicksal von Patienten mit einer globalen Aphasie, einer Störung in den Sprachzentren des Großhirns. Diese Menschen sind nicht nur außerstande, verständliche Sätze zu äußern, sondern können zudem die Dauer von Zeitspannen nicht schätzen. Wohl aber erkennen sie die Tageszeit und die Ordnung der Ereignisse. Für die Betroffenen existiert Zeit nur noch in dem Sinne, dass in logischer Folge eines nach dem anderen passiert. Aber welche Spannen dazwischenliegen, kann ihr Geist nicht erfassen. Sie kennen nur zwei Zustände: »Gleichzeitig« oder »nicht gleichzeitig«.[2]

Vielleicht haben wir diesen Zustand alle einmal erlebt, als wir Babys waren. Mit Zeiträumen, die länger als ein paar Sekunden sind, können Kinder erst umgehen, nachdem sich ihr Sprachvermögen entwickelt hat. Auch das deutet darauf hin, wie stark das Zeiterleben vom stillen Zählen Gebrauch macht.

Dem Takt der Worte zugrunde liegt der Rhythmus des Atems. Das hat der Lübecker Neurologe Ferdinand Binkofski, der sich auch mit Zeitmaßen in der Musik beschäftigt, eindrucksvoll demonstriert. Musiker zählen ihren Takt; als Binkofski Pianisten aufforderte, flotter zu atmen, spielten sie plötzlich auch ihr Stück schneller, was den Künstlern selber nicht auffiel: Unbemerkt diente ihnen das Ein- und Ausströmen der Luft als ein natürliches Metronom.[3]

Warum Morde ewig dauern

An einer einzigen Stelle von »Cocktail für eine Leiche« scheint es, als habe Hitchcock die Geschwindigkeit seines Films manipuliert. Zu Beginn, als David stranguliert wird, wollen die Sekunden überhaupt nicht vergehen. Die Mordszene wirkt wie in Zeitlupe gedreht. Doch dass die Zeit während dieses scheußlichen Aktes so langsam verrinnt, ist kein Trick des Regisseurs. Denn ausnahmsweise nutzt Hitchcock an dieser Stelle gerade keine Kunstgriffe, um das Zeitgefühl seiner Zuschauer in die Irre zu führen. Vielmehr sind es die Gefühle des Betrachters, die ihm die Szene so quälend langsam erscheinen lassen. Es ist derselbe Effekt, der auch die Zeit beim Zahnarzt endlos verzögert.

Denn wie wir eine Dauer erleben, hängt nicht nur

vom Maßstab ab, den das Gehirn zum Abschätzen der vergangenen Zeit heranzieht. Entscheidend ist zudem, wie aufmerksam wir bei der Sache sind. Ist das Bewusstsein nebenher mit anderen Dingen beschäftigt, unterschätzen wir die verflossene Zeit; sind wir ganz präsent – zum Beispiel angesichts einer Gewalttat im Film –, dehnen sich die Sekunden.

Das bestätigen Experimente, in denen Studenten Zeugen eines gespielten Überfalls wurden. Fast alle Zeugen hielten die Tat, die in Wirklichkeit nach gut einer halben Minute vorüber war, für mehr als doppelt so lang.[4] Und die erlebte Zeit kann sich noch viel stärker dehnen. Die kalifornische Gedächtnisforscherin Elizabeth Loftus, die ähnliche Versuche durchgeführt hat und häufig in Strafverfahren Zeugenaussagen begutachtet, demonstriert dies an Gerichtsprotokollen. So ging es in einem Mordprozess 1974 vor einer amerikanischen Jury um die Frage, wann die Täterin zu ihrer Pistole gegriffen und wann sie abgedrückt hatte. Während eine Zeugin behauptete, es seien zwei Sekunden verstrichen – eine Affekthandlung also –, gab ein anderer Zeuge an, zwischen dem Zücken der Waffe und dem tödlichen Schuss habe die Angeklagte fünf Minuten lang überlegt.[5]

Wie kann man sich so täuschen? (Kaum glaubhaft, dass mehrere anwesende Zeugen minutenlang abwarten, ob die Täterin nun auf ihr Opfer zu schießen gedenkt oder nicht.) In diesem Fall haben nicht äußere Signale, sondern die innere Erregung das Zeitempfinden manipuliert. In Momenten hoher Anspannung richtet sich das Augenmerk verstärkt auf alles, was Information über das Vergehen der Sekunden verspricht. Die Zeitwahrnehmung wird geschärft; man sehnt sich ja danach, dass die unangenehme Erfahrung bald enden möge. Dies führt dazu, dass man die Zeit wie unter einer Lupe erlebt – gewaltig gestreckt, oft auch verzerrt.

Dabei ist es völlig egal, welcher Hinweise auf die Zeit sich das Gehirn gerade bedient: Bei längeren Perioden dienen Veränderungen in der Umwelt oder vergleichbare Situationen aus der Erinnerung als Maßstab. Bei kürzeren Zeitspannen orientiert man sich am Rhythmus des Atems, an wirklichen oder nur vorgestellten Bewegungen. Normalerweise nimmt man einen großen Teil dieser Signale gar nicht wahr; das Bewusstsein ist mit anderem beschäftigt. Darum unterschätzen wir Zeitdauern gewöhnlich. Bei Erregung aber achten wir gewissermaßen auf jeden Pendelschlag der Uhr. Entsprechend länger erscheint der fragliche Zeitabschnitt.

Der Anlass zu solcher Erregung kann viel geringer sein als ein Verbrechen. Der Psychologe Peter Tse von der amerikanischen Harvard-Universität zeigte seinen Versuchspersonen nichts weiter als schwarze Kreise, die jeweils eine Sekunde lang auf einem Bildschirm aufleuchteten und wieder verschwanden. Plötzlich erschien an der gewohnten Stelle ein Kreis, der sich aufblähte und gleichzeitig rot verfärbte. Die Probanden schätzten dieses Ereignis gewöhnlich als beinahe doppelt so lang ein wie das Aufleuchten der normalen schwarzen Kreise – obwohl der schwarz-rote Ballon objektiv keinen Augenblick länger zu sehen war. Beide Ereignisse dauerten exakt eine Sekunde. Sie können das Experiment im Internet selbst ausprobieren.[6]

Tse erklärt die sonderbare Wirkung damit, dass ein unerwartetes Ereignis die Wahrnehmung stärker beansprucht. Die Überraschung steigert den Erregungszustand des Gehirns, die Aufmerksamkeit wächst. So nimmt der Betrachter von den sich aufblähenden Ballons in einer Sekunde mehr Information auf als von den schwarzen Kreisen. Zugleich registriert das Bewusstsein genauer die Zeitsignale aus den Hirnzentren für Bewegung. Diese größere Fülle an Daten wertet es als einen Hinweis darauf, dass eine längere Frist verstrichen sein muss.

Missachtete Minuten rasen

Den umgekehrten Effekt erleben wir, wenn wir uns gut amüsieren. Dann fliegen die Stunden dahin, weil wir nicht auf Zeitsignale achten.[7] Was genau im Kopf vorgeht, wenn wir abgelenkt sind, hat die schottische Neuropsychologin Jennifer Coull untersucht. Sie spielte ihren Versuchspersonen einen einfachen Film vor, in dem ein Fleck erschien und erlosch und obendrein mehrmals seine Farbe zwischen Rot und Lila veränderte. Anschließend sollten die Probanden angeben, in welchen Farben und wie lange jeweils der Fleck aufgeleuchtet hatte. Dann wurde das Experiment wiederholt; jetzt sollten die Teilnehmer mehr auf das Farbspiel und weniger auf die verstrichene Zeit achten.[8]

In den ersten Runden stellte Coull mit dem Tomographen starke Aktivität in Hirnzentren fest, die sich mit Bewegung und Kurzzeitgedächtnis befassen und von denen eben auch das Empfinden der Zeit seinen Ausgang nimmt. Entsprechend viele Sekunden schienen den Versuchspersonen verflossen. Doch je mehr sie ihre Aufmerksamkeit auf die Farbe richteten, umso schwächer wurden diese Signale. Nun meinten die Probanden, der Fleck habe kürzer aufgeleuchtet. Coull konnte also zuschauen, wie das Interesse an der Zeit buchstäblich erlosch. Doch als würde sie sich für die Missachtung rächen, beginnt die Zeit dadurch zu rasen.

Ebenso erinnert manchmal einzig der Hunger daran, dass wieder ein halber Tag um ist, wenn wir in einer Arbeit aufgehen. Die Stunden sind im Nu vorüber, weil wir in unsere Beschäftigung versunken kaum Zeitsignale wahrgenommen haben. Ein oder zwei Tassen Espresso am Schreibtisch verstärken die Wirkung noch. Bald nachdem sie geschlürft sind, scheint die Welt an Fahrt aufzunehmen. Gewöhnlich übersehen wir den Effekt, weil wir nicht darauf achten; doch in kontrollierten Versuchen zeigte der amerikanischen Psychologe Richard Block: Nach Einnahme von bereits 200 Milligramm Koffein erleben Menschen Zeiträume um bis 50 Prozent kürzer als sonst.[9] Denn der Wirkstoff im Kaffee steigert die allgemeine Erregung und führt zu einer fokussierteren Wahrnehmung.[10] Mit etwas Koffein im Blut ist es leichter, die Welt um sich herum zu vergessen – und mit ihr die Gedanken daran, wie die Stunden vergehen.

Block ließ seine Probanden blind ein kompliziertes Gebilde aus Pappe abtasten und kündigte ihnen an, dass sie anschließend die Dauer des Versuchs schätzen müssten. Durch das Koffein waren die Teilnehmer mehr bei der Sache, die sie für ihre eigentliche Aufgabe hielten: Sie untersuchten mit ihren Fingern das Pappspielzeug und dachten nicht an die verrinnende Zeit. So flogen die Minuten unbemerkt dahin, und die Schätzungen fielen zu kurz aus.

Dass das Koffein allein über die Aufmerksamkeit auf die geistige Zeit Einfluss nimmt und nicht an irgendeiner inneren Uhr dreht, stellte sich in anderen Experimenten heraus, in denen es nur Kaffee, aber keine Beschäftigung gab.[11] Nun war die Wirkung verschwunden; die Teilnehmer erlebten nach dem Kaffeekonsum die Zeiträume genauso wie mit nüchternem Magen. Die Aufmerksamkeit hatte ja nun kein anderes Ziel, das sie davon abhielt, ab und zu an die Zeit zu denken. Kaffee bei der Arbeit lässt die Stunden schneller verstreichen – doch immerhin kürzt Koffein uns nicht die Momente der Entspannung, wenn wir einen Cappuccino genießen.

Die guten Momente verlängern

Schließlich trägt auch unsere Stimmung dazu bei, die Zeit einmal verkürzt, einmal verlängert erscheinen zu lassen. Wenn wir uns unwohl fühlen, sind wir besessen von der Hoffnung, dass das Übel schnell vorübergehen soll. Gleich ob wir warten, Zahnschmerzen haben oder »auf einem heißen Ofen sitzen«, wie Einstein sein Beispiel wählte, – fortwährend denken wir an die Zeit. Aber gerade durch die Beschäftigung mit ihr dehnt sie sich nur noch mehr.

Nicht zuletzt das ist es, was uns Wartereien so unerträglich macht. Schließlich ist Langeweile weit mehr als nur Zeit, die wir nicht ausgefüllt finden. Minuten, in denen wir einfach wenig zu tun haben, können wir leicht mit angenehmen Tagträumen füllen, nichts anderes tun wir beim wohligen Sonnen am Strand. Wenn wir uns dagegen langweilen, sind wir erregt. Wir empfinden die Kränkung, dass man uns warten lässt; Ohnmacht, dass wir unser Anliegen nicht beschleunigen können; Angst, etwas Wichtigeres zu versäumen; oder auch Ärger darüber, von einer öden Routineaufgabe gefangen zu sein und nicht das zu tun, was wir eigentlich wollen. Wenn Erwachsene sich langweilen, leiden sie nicht in erster Linie an leerer Zeit, sondern fühlen sich in ihren Erwartungen enttäuscht. (Bei Heranwachsenden hingegen hat Langeweile tiefere Ursachen, wie in einem späteren Kapitel erläutert wird.)

Eine Verzögerung am Flughafen, während derer sich das Bodenpersonal wieder und wieder für »technische Probleme« entschuldigt, ist lästig. Auf brutale Weise hingegen machen Gefangene die Erfahrung einer schier unendlich gedehnten Zeit – besonders dann, wenn sie in Einzelhaft sind, wo ihnen alle Ablenkung fehlt. So erinnert sich Nelson Mandela an seine Isolation in den südafrikanischen Kerkern: »Jede Stunde erschien mir wie ein Jahr.«[12]

Umgekehrt steigert Hochstimmung die Konzentration auf das, was um uns geschieht. Die Welt beginnt zu leuchten; wir sind gebannt und verschwenden nicht einen Funken Geisteskraft an die Zeit. So entgehen uns viele Signale für ihr Vergehen – mit der Folge, dass wir sie kürzer schätzen. Davon wusste schon Plinius der Jüngere, ein Schriftsteller der römischen Kaiserzeit: »Jede Zeit verrinnt umso schneller, je glücklicher man ist.«

Man kann darin eine bittere Ironie sehen, dass ausgerechnet die schönsten Stunden die kürzesten sind, während die gleiche Zeitspanne in unangenehmer Lage scheinbar nicht endet. Und doch sind wir diesem Gesetz unserer Wahrnehmung nicht ausgeliefert. Denn anders als dem Hören, Sehen oder Schmecken entspricht dem Gefühl für die Zeit kein eigener Sinn. Auf der Suche danach, wie dieses Empfinden zustande kommt, haben wir eine Rundreise durch das Gehirn unternommen – angefangen beim evolutionär uralten Kleinhirn, das die Bewegungen lenkt, über das Gedächtnis im Großhirn bis zu den höchsten Funktionen des Bewusstseins. Und wir haben gesehen, dass sich die geistige Zeit auf jeder dieser Stufen beeinflussen lässt. Wie schnell sie strömt, können wir über die Körperbewegungen steuern – dieses Ziel haben die fließenden Übungen des Tai Chi. Die wahrgenommene Zeit beschleunigt und verzögert sich mit dem Rhythmus des eigenen Atems. Sie ändert sich mit dem Takt einer Musik, die wir hören und mit dem Tempo des Geschehens, das sich vor unseren Augen abspielt. Nichts davon steht ein für alle Mal fest.

Die stärkste Macht über das Empfinden der Zeit aber üben wir durch die Aufmerksamkeit aus. Das

Zeitgefühl arbeitet eben nicht bloß automatisch, es ist auch eine Leistung des bewussten Verstandes. So können wir steuern, wie lang oder wie kurz wir eine Spanne empfinden wollen. Von dieser Möglichkeit machen wir selbstverständlich Gebrauch, um uns die Zeit zu verkürzen. Wenn wir beim Warten in einer Illustrierten blättern, ziehen sich die Minuten weniger hin, weil wir nicht auf sie achten; auch kann im Zahnarztstuhl die Beschäftigung mit einer Denksportaufgabe angenehm sein.

Damit aber, dass wir die Zeit auch zu dehnen vermögen, sind wir wenig vertraut. In Glücksmomenten ziehen wir das Augenmerk von Zeitsignalen eher ab; vielleicht nicht zuletzt deswegen, weil wir den Schmerz der Vergänglichkeit scheuen. Doch eben zu wissen, dass solche Momente niemals für immer anhalten, lässt sie nicht nur umso kostbarer erscheinen – es verändert sie auch. Denn wer sich über den Wert eines Augenblicks im Klaren ist, will ihn umso genauer erspüren. Sinne und Gedächtnis sind voll auf Empfang, und jeder Eindruck, den sie aufnehmen, bremst die Zeit, die wir empfinden. Der Effekt wird noch stärker, wenn man die Aufmerksamkeit auf alle auch noch so unscheinbaren Veränderungen richtet, weil das Gehirn aus dieser Information die Dauer erschließt.

Unter den vielen Merkwürdigkeiten unseres Zeiterlebens ist diese besonders faszinierend: Gerade das Bewusstsein, dass die Zeit flüchtig ist, verlängert die Zeit.

PS.

Ein verändertes Umfeld kann uns augenblicklich in eine Zone anderer Zeit eintreten lassen.

In Japan ist dies seit langem bekannt, und die Kultur dieses Landes macht sich solches Wissen zunutze. Bei der Teezeremonie etwa sollen die Eingeladenen ihren Alltag völlig hinter sich lassen. Sie suchen dazu ein eigenes Gebäude auf, den Teepavillon, der einzig der Zubereitung und dem Genuss des Getränks dient. Häufig kann man das Innere nur gebeugt durch eine winzige Öffnung erreichen. Dieser unbequeme Eingang zwang die Samurai einst, ihre langen Schwerter abzulegen. Heute bleiben Handys draußen. Die Besucher betreten einen Raum, in dem die Gesetze und der Wettbewerb des Alltags nicht gelten.

Alles im Teeraum ist so schlicht gehalten wie möglich und vermittelt doch perfekte Harmonie. Auf dem Boden liegen nur ein paar Matten. Die wenigen Blumen sind kunstvoll so arrangiert, dass sie wirken, als seien sie zufällig zusammengestellt. Der Wasserkessel steht so, dass seine Hitze im Winter die Gäste wärmt, im Sommer hingegen nach draußen abzieht.

Er ist eigens so geformt, dass der dem Gefäß entweichende Dampf klingt wie das Rauschen der Baumkronen.

Für sich genommen ist nichts, was im Teeraum geschieht, außergewöhnlich. Der Gastgeber holt Wasser, macht Feuer, trägt die Kanne und die Schale herein, reinigt den Tee und brüht ihn auf. Ungewohnt erscheint dem westlichen Zuschauer allenfalls, dass die smaragdgrün leuchtende Mixtur aus Teepulver und Wasser mit einem Bambusquirl aufgeschlagen wird. Doch jeder Schritt, jeder Griff des Teemeisters ist sorgfältig abgemessen, so harmonisch und zugleich voll innerer Spannung, dass die Eingeladenen den Gang der Dinge mit höchster Aufmerksamkeit verfolgen. Sie erleben keinen Augenblick der Langeweile. Das Falten des Tuchs, das der Meister am Gürtel trägt, die Geschicklichkeit, mit der er den Tee aus der Dose nimmt, die unregelmäßige Form der Schale: Jede Einzelheit erscheint wie unter einem Vergrößerungsglas und wird genau dadurch zu einem Ereignis. Immerhin dauert eine vollständige Teezeremonie bis zu sechs Stunden, während derer in den Augen eines Unkundigen fast nichts geschieht. Die Zeit ist aufs äußerste verdünnt.

Dass sie dennoch nicht lang wird, hat zwei Gründe. Zum einen sind die Gäste dermaßen gebannt, dass sie keinen Moment darauf verfallen, sich Gedanken über die Uhrzeit zu machen. Zum anderen sind sie es gewohnt, dass das Zubereiten und Trinken einer Schale Tee Minuten und nicht Stunden dauert; deshalb legen die Teilnehmer diesen vertrauten Maßstab auch bei der Teezeremonie an. Indem die Gäste im Kriechgang in den Teeraum eintreten, verlassen sie ihre vertraute Zeit.

Die japanische Tradition versteht die Teezeremonie als Möglichkeit zur inneren Einkehr und sogar als Weg zur Erleuchtung. Westliche Betrachter sehen darin vor allem eine Wahrnehmungsübung, welche die Sinne und damit auch das Zeitempfinden schärft.

Die Teezeremonie erinnert die Teilnehmer daran, wie wenig das vermeintliche Rasen der Zeit gegeben ist, dass wir vielmehr selbst unser Erleben der Minuten und Stunden beeinflussen. Und sie zeigt, wie sich eine Insel in der Zeit schaffen lässt. Denn Muße heißt, dass es gelingt, fern der Pläne und Sorgen mit der Gegenwart Bekanntschaft zu schließen: Man kostet jeden einzelnen Augenblick als einen ganz besonderen aus.

5
Atome der Zeit
Wie lange dauert die Gegenwart?

Die Zeit ist aus den Fugen.
William Shakespeare

Das Leben ist wie ein Mosaik, das nur von weitem als harmonisches Bild erscheint. Je genauer man hinschaut, desto mehr Einzelheiten und mit ihnen Unebenheiten treten hervor. Brüche werden sichtbar. Tritt man noch näher, wird offenbar, dass das ganze Bild aus unzähligen Steinchen besteht. Was wie eine Falte in einem purpurnen Mantel aussah, sind in Wirklichkeit rote und blaue Quadrate, die in wildem Muster aneinanderstoßen und erst aus der Ferne zu einem gemeinsamen farbigen Leuchten verschmelzen. Und beugt man sich ganz dicht heran, so dicht, dass die Nasenspitze beinahe das Mosaik berührt, ist das Bild verschwunden. Nur noch seine Bestandteile, die schillernden Steinchen, füllen das Blickfeld. Was sie bedeuten, erschließt sich nicht mehr.

Jeder Augenblick ist ein Mosaikstein des Lebens – hell oder dunkel, farbig oder matt, golden oder tiefschwarz. Und ähnlich, wie wir ein Mosaik als Bild aus der Ferne betrachten, doch nur selten seine kunstvoll gelegten einzelnen Steine anschauen, sind wir auch blind für den Moment, dem wir alles verdanken. Was man Leben nennt, ist schließlich nichts als eine Versammlung zahlloser Augenblicke.

Was aber sind diese kleinsten Bruchstücke der Zeit, aus denen sich unser Dasein zusammensetzt? Unsere Sprache bleibt in dieser Hinsicht seltsam vage. Wenn der Fußball ins Tor trifft, dauert dies sicher nicht länger als einen Augenblick; streng wörtlich genommen beschreibt der Begriff ja ein so kurzes Ereignis, das man gerade noch, eben mit einem einzigen Blick, wahrzunehmen vermag. Andererseits kann ein Augenblick in der Alltagssprache jede nicht allzu lange Zeitspanne bedeuten. Wer sich »für einige Augenblicke« entschuldigt, gibt zu verstehen, dass er den anderen möglicherweise eine ganze Weile warten lassen wird.

Schon wo ein Augenblick endet und der nächste beginnt, fällt schwer zu beschreiben. Schauen Sie einmal zum Fenster hinaus. Vielleicht sehen Sie die Wolken am Himmel vorbeiziehen, vielleicht Vögel im Flug. Sie nehmen Bilder auf, die sich von einem Moment zum nächsten verändern. Der Flügelschlag, der gerade noch Gegenwart war, ist nun schon Vergangenheit, und der nächste, eben noch Zukunft, Gegenwart geworden: Offenbar stoßen in einem Augenblick Zukunft und Vergangenheit aneinander und berühren sich an der feinen Linie, die wir Gegenwart nennen.

Doch wie schmal genau ist dieser Grat? Warum etwa sollte gerade ein Flügelschlag die Gegenwart ausmachen? Ebenso gut könnte ein Augenblick viel kürzer dauern, zum Beispiel nur jenen Abschnitt der Bewegung umfassen, wenn der Vogel seine Schwingen von unten nach oben hebt. Oder auch nur die erste Hälfte dieser Bewegung, eine Phase, die sich mit einer schnellen Kamera ohne weiteres festhalten lässt. Noch sehr viel genauer könnte ein Augenblick schließlich durch den Umkehrpunkt des Flügels markiert sein, den verschwindend kurzen Moment, wenn der Abwärtsschlag endet und wieder eine Aufwärtsbewegung einsetzt. Dann wäre die Gegenwart ganz ohne Dauer – ein fast unendlich kleines Körnchen Zeit.

Doch wenn wir auf solche Weise die Zeit in Gedanken immer weiter teilen, bis sie am Ende in Bruchstücke ohne Abmessung zerfällt, scheint uns die Gegenwart zu entgleiten. Kann die Schneide zwischen Vergangenheit und Zukunft – immerhin der Schauplatz unseres Daseins – so dünn werden, dass sie im Kontinuum der Zeit verschwindet? Gibt es das Jetzt überhaupt? Und wenn ja: Woraus besteht es?

Die Zeit im schwarzen Loch

Das Rätsel des Augenblicks beschäftigte schon die Denker des Mittelalters. Die Gelehrten damals quälte nämlich die Frage, wie lange die Auferstehung Jesu gedauert habe. Nach dem Korintherbrief der Bibel verwandelte sich Christi Fleisch schlagartig in reinen Geist. Aber was hat das zu bedeuten? Ein solch bedeutsamer Moment kann ja nicht einfach zwischen Vergangenheit und Zukunft verschwinden, überlegten die Theologen. So verfielen sie auf diese Lösung: Es müsse so etwas geben wie kleinste, nicht weiter teilbare Zeitspannen, und die Auferstehung habe genau eine solche Einheit lang gedauert. Es gebe also Atome der Zeit; der Kirchenvater Augustinus gebrauchte tatsächlich diesen Begriff. Man habe sie sich als winzige Körnchen vorzustellen, und das Partikel, welches wir gerade vor uns haben, sei die Gegenwart.[1] Demnach fließt die Zeit nicht dahin, sie macht winzige Sprünge.

Jeder dieser kürzesten möglichen Augenblicke ist nach dieser Vorstellung ein Schnappschuss der Welt. Das Leben zieht als ein Film aus all diesen Bildern an uns vorbei. Nun gibt es zwei Möglichkeiten: Entweder die Zeit ist von Natur aus zerhackt, oder unsere Wahrnehmung teilt sie in winzige Stücke. Für einen Menschen, dem nur seine Sinneserfahrungen zugänglich sind, macht es keinen Unterschied: In

Ein unsichtbar kurzer Moment. Für seine Aufnahme einer Sprengung wählte der japanische Fotokünstler Naoya Hatakeyama eine Belichtungszeit von nur 1/2000stel Sekunde. Für den menschlichen Sehsinn aber dauert ein Augenblick mindestens eine Zehntelsekunde. Was sich schneller verändert, erleben wir als bewegte Szene – oder gar nicht.

jedem Fall gäbe es eine kürzeste Zeitspanne, die er feststellen kann – das Körnchen Gegenwart.

Erst in den vergangenen Jahrzehnten konnten Physiker mit ihren Messgeräten zu Zeitspannen vordringen, die sehr viele Größenordnungen kürzer als alles sind, was wir mit unseren Sinnen wahrnehmen können. Atome der Zeit haben sie bei ihren Versuchen bislang freilich nicht gefunden. Die schnellsten Stoppuhren, die es heute gibt, sind Laserblitze. Wissenschaftler lösen sie aus, um damit Eigenschaften von Atomen auszumessen. Die kürzesten dieser Lichtimpulse dauern gerade ein paar Attosekunden, den millionsten Teil eines Millionstels einer Millionstelsekunde oder in Ziffern dargestellt 0,00000000000 000001 Sekunden. Physiker schreiben die Kette der 18 Nullen kürzer, nämlich als 10^{-18} Sekunden. Man muss einen aberwitzigen Vergleich bemühen, um zu erahnen, wie wenig das ist: Ein Attosekunden-Blitz verhält sich zur Dauer einer Sekunde wie eine Sekunde zum Alter des Universums. So fein lässt sich die Zeit unterteilen.

Falls es eine Grenze geben sollte, jenseits derer die Zeit nicht weiter zu spalten ist, sind die Forscher noch sehr weit von ihr entfernt. Die Theorie der Quantenmechanik sagt allerdings voraus, dass eine solche Schranke tatsächlich existiert. Sie heißt nach dem Berliner Physiker Max Planck die Planck-Zeit, und weil sie die Grenze darstellt, jenseits derer die Zeit in der Physik ihre Gültigkeit verliert, nennen manche sie auch die »Zeit Gottes«. Die Planck-Zeit liegt in der Größenordnung von 10^{-43} Sekunden, das ist eine Eins in der 43. Nachkommastelle. Kürzere Ereignisse kann es nicht geben; insofern würde die

Zeit tatsächlich in winzige Abschnitte zerfallen. (Die Begründung folgt in Kapitel 13.)

Aber so kurze Dauern werden bis auf weiteres nur eine theoretische Vorstellung sein. Denn in solche Dimensionen können Physiker mit ihren Experimenten noch längst nicht vordringen. Wie viele Größenordungen sie von den kürzesten denkbaren Ereignissen entfernt sind, erkennen Sie schon, wenn Sie die beiden Ziffernbandwürmer vergleichen: Die kürzesten Blitze, die Physiker heute erzeugen können, dauern 0,000000000000000001 Sekunden.

Die kürzesten Blitze hingegen, die denkbar sind, müssen um ein Geringes länger sein als die Planck-Zeit, also vielleicht 0,00000000000000000000000 0000000000000000001 Sekunden. Jede Null steht für ein Zehnfaches, das auf dem Weg vom praktisch zum theoretisch Möglichen fehlt.

Für alle irdischen Vorgänge dürfte die Planck-Zeit belanglos sein. In den ersten Momenten nach dem Urknall hat sie hingegen sehr wahrscheinlich eine wichtige Rolle gespielt. Den physikalischen Atomen der Zeit werden die Menschen also erst dann begegnen, wenn sie im Labor die Entstehung des Universums nachvollziehen können. Die Theologen des Mittelalters wären von dieser Erkenntnis begeistert gewesen: Nur ein Ereignis von kosmischer Tragweite offenbart den kürzesten Augenblick.

Unsere Zeit ist begrenzt. Die längste Spanne, die wir erfahren können, ist die eines Lebens. Gibt es auch eine Schranke nach unten – eine Art Planck-Zeit der Biologie? Sollte sie existieren, müsste sie mit Sicherheit um ein Vielfaches länger sein als der kürzeste Augenblick der Physik. Dessen 10^{-43} Sekunden stellen ja die Grenze dar, unterhalb derer es überhaupt keine Signale mehr gibt.

Die Grenzen der Biologie sind anderer Art. Der Bauplan des Organismus legt sie fest. Alle Informationen im Körper von Tieren und Menschen werden auf elektrischem und chemischem Wege weitergegeben. Nervenzellen übermitteln sie als Impulse, die den menschlichen Körper mit bis zu hundert Metern pro Sekunde durcheilen. Diese Geschwindigkeit ist erstaunlich, Verzögerungen erzeugt sie dennoch: Wenn Ihnen jemand auf den großen Zeh steigt, ist der Schmerz frühestens eine Hundertstelsekunde später im Gehirn angekommen. Und ebenso lange benötigt in umgekehrter Richtung der Befehl an die Muskeln, den Fuß wegzuziehen. So kommt unsere Reaktionszeit zustande – zwischen Kopf und Händen müssen Signale beinahe einen Meter überwinden, zwischen Kopf und Füßen sogar fast zwei.

Aber die Reaktionszeit, die sich daraus ergibt, ist nur unseren langen Armen und Beinen geschuldet und keine grundsätzliche Grenze. Eine Mücke, winzig wie sie ist, lebt in schnellerem Takt, sie schlägt an die tausendmal pro Sekunde mit ihren Flügeln. Überdies sind im menschlichen Körper Signale von den Augen und den Ohren ins Gehirn weniger lang unterwegs als eine Botschaft aus den Fingerspitzen: Für die gut zehn Zentimeter von der Netzhaut zu den Sehzentren am Hinterkopf würde eine Tausendstelsekunde genügen.

Doch bevor Impulse reisen können, müssen sie erst einmal entstehen. Das dauert ebenfalls seine Zeit. Nervenzellen, in denen sich das Signal wie eine Welle aufbaut, sind träge. Die schnellsten Neuronen im menschlichen Gehirn können ungefähr 600 Signale pro Sekunde abgeben, und jedes Signal dauert typischerweise eine Tausendstelsekunde – so lang wie der Flügelschlag einer Mücke. Einen kürzeren Augenblick können wir grundsätzlich nicht als Zeitdauer erleben. Denn allem, was wir empfinden, entspricht eine Erregung der Neuronen.

Erstaunlicherweise können wir dennoch Zeitunterschiede von ein paar Zehntausendstelsekunden erkennen. Aber wir erleben sie nicht als Zeit. Diese Glanzleistung nämlich vollbringt das Gehirn beim räumlichen Hören. Wenn Schall an einem Ohr Sekundenbruchteile früher eintrifft als am anderen, errechnet das Gehirn aus dieser Differenz, wo das Geräusch herkommt. Die Vorrichtung dafür ist einfach und zugleich raffiniert: Wenige Neuronen sind daran beteiligt, sie sind so verkabelt, dass auch die elektrischen Signale von den beiden Ohren ins Hörzentrum des Gehirns unterschiedlich lange Wege zurücklegen müssen.[2] Daraus lässt sich die Zeit, die zwischen der Ankunft des Geräuschs an beiden Ohren vergeht, auf einige Zehntausendstelsekunden genau erschließen.[3] Doch, wie gesagt, deuten wir diese Information nicht als Zeit, auch nicht als Geräusch. Die Daten dienen nur dazu, um eine Schallquelle im Raum zu verorten.

Als einen Augenblick können wir noch nicht einmal eine Tausendstelsekunde empfinden, obwohl die einzelnen Bausteine des Gehirns dies ermöglichen würden. Wir sind außerstande, einen einzelnen Flügelschlag einer Mücke zu sehen. Die Wahrnehmung arbeitet zehn- oder sogar hundertmal langsamer. Schließlich muss ein Signal nicht nur entstehen und eine Nervenzelle durchqueren, sondern auch von einer Nervenzelle zur nächsten gelangen. Und je komplizierter ein Vorgang im Gehirn ist, umso mehr graue Zellen sind daran beteiligt. So machen die Übergänge von einem Neuron zum nächsten bei allen etwas anspruchsvolleren Vorgängen im Kopf den größten Teil der Rechenzeit aus.

Daran liegt es auch, dass wir langsamer sehen als hören. Der Aufwand, um einen Klang zu erkennen, ist einfach geringer: Dafür müssen 20 000 Haarsinneszellen auf der Membran in der Gehörschnecke die genauen Eigenschaften des Schalls in elektrische Impulse übersetzen. All diese Signale muss das Gehirn dann miteinander verrechnen; das dauert. Deswegen können wir aufeinanderfolgende Töne nur als verschiedene Geräusche erkennen, wenn mindestens eine Hundertstelsekunde Stille sie trennt.[4]

Zu sehen ist noch viel komplizierter. In der Netzhaut untersuchen mehr als 100 Millionen Stäbchen und Zapfen das Licht und gewinnen daraus Informationen. Weil die Großhirnrinde des halben Hinterkopfes damit befasst ist, diese Daten auszuwerten, muss zwischen zwei Bildern eine Spanne von knapp einer Zehntelsekunde liegen, sonst erscheinen sie uns als eines.[5]

So können wir den theoretisch kürzesten Augenblick von einer Tausendstelsekunde in Wirklichkeit niemals erfassen. Wie schnell ein Moment in unserer Wahrnehmung vergeht, hängt davon ab, mit welchen Sinnen wir ihn erleben: Gesehen dauert das Jetzt länger als gehört.

Das Jetzt ist eine Illusion

Dass die Sinne unterschiedlich träge sind, könnte große Verwirrung auslösen. Denken Sie etwa an die Fernsehbilder von Leichtathleten beim Start. Aus gutem Grund beginnen Wettläufe mit einem Schuss, nicht mit einem Ampelsignal: Auf den Ton reagieren Menschen schneller. Doch während die Läufer, die nur auf den Schuss achten, schon losrennen, müssen Sie als Zuschauer Gesehenes und Gehörtes miteinander zur Deckung bringen. Während Sie nämlich aus Ihrem Fernseher schon den Pistolenknall hören, sind die Bilder vom Start der Läufer noch in Ihrem Gehirn unterwegs. So leben Sie in einer doppelten Gegenwart – oder gar keiner. Denn was für das Gehör bereits Vergangenheit ist, liegt für das Sehen noch in der Zukunft.

Doch diese Unstimmigkeit fällt Ihnen nicht auf, weil das Gehirn sie korrigiert. Es behandelt die einzelnen Sinne wie die Mitglieder einer Karawane, und eine Karawane ist so schnell wie ihr langsamstes Kamel: Die schnelleren Tiere müssen warten, bis die schwächeren hinterhergetrottet sind. Sie nehmen den Ton erst bewusst wahr, wenn die Sehzentren endlich auch das zugehörige Bild ausgewertet haben. Damit Ihnen die Verwirrung, den Schuss zu hören, aber das Abdrücken der Pistole noch nicht zu sehen, erspart bleibt, wird die schnellere Information im Kopf gezielt ausgebremst.

So jongliert das Gehirn mit der Zeit. Was noch nicht zusammenpasst, wird zwischengespeichert und uns erst dann vorgespielt, wenn es sich fügt. Dabei glauben Sie freilich, alles in Echtzeit zu erleben. Tatsächlich aber kann das Gehirn die Gegenwart um bis zu eine halbe Sekunde verschieben, wie wir gleich sehen werden. Wir sollen uns in einer heilen Welt glauben. Doch dieses Idyll hat einen Schönheitsfehler: Das Jetzt, wie wir es wahrnehmen, ist eine Illusion.

Noch unverschämter ist die Täuschung, wenn Sie sich schnell für etwas entscheiden. Sie sehen etwa einen Ball auf die Straße rollen und steigen sofort auf die Bremse – das denken Sie jedenfalls. Tatsächlich sind zwischen dem Ereignis und Ihrer Antwort darauf an die zwei Zehntelsekunden vergangen; dies ist normale Reaktionszeit des Menschen auf optische Reize. In dieser Zeit ist viel geschehen: Die Impulse vom Auge haben Sehzentren im Gehirn erreicht; die Information wurde dort ausgewertet, die Gefahr erkannt; das Kleinhirn hat die Botschaft erhalten und einen Befehl in die Nervenleitungen zur Beinmuskulatur eingespeist; die Muskeln haben sich zusammengezogen. All das geschah intuitiv – und zwar *bevor* Sie den Ball bewusst gesehen haben. Als Sie die Situation nämlich begriffen haben, stand Ihr Fuß schon auf dem Pedal. Während es Ihnen so vorkommt, als hätte Ihr Bewusstsein erst den Ball erkannt und dann die richtige Reaktion ausgelöst, verhielt es sich in Wahrheit genau umgekehrt. Das lässt sich nachweisen, indem man die Hirnströme in einer solchen Situation untersucht. Das elektrische Signal an die Muskeln ist schon unterwegs, wenn die Versuchsperson den Reiz noch nicht bewusst wahrnehmen konnte.[6]

Wie ist dieses Trugbild zu erklären? Unser Denken, noch weit komplizierter als die Sinneswahrnehmung, ist zu träge, um schnellen Ereignissen Rechnung zu tragen. Darum greift die Natur auf eine Lösung zurück, die auch in den Köpfen von Tieren prächtig funktioniert: Jene Teile des Gehirns, die Bewegungen auslösen können (und zugleich die im vorletzten Kapitel beschriebene automatische Stoppuhr bereitstellen), sind direkt mit den Zentren für die Sinneswahrnehmung verbunden. Dadurch gelangt die Information über den heranrollenden Ball an die richtige Stelle, ohne den langen Umweg über das Denken zu nehmen. Bewusst bemerken Sie nur das Ergebnis: Sie haben perfekt reagiert.

So, wie verschiedene Sinneseindrücke – Schuss und Finger am Abzug – gleichzeitig im Bewusstsein ankommen sollen und deshalb umdatiert werden, hat das Gehirn auch in dieser Situation ein bisschen an der Uhr gedreht. Die Information, dass die Muskeln den Befehl zum Bremsen bekommen haben, erreicht den Verstand nachträglich – dann nämlich, wenn Sie auch die Ursache kennen und spüren, dass das Bein sich bewegt. Daraus ergibt sich ein irritierendes Fazit: Die Gegenwart findet ohne unsere innere Teilnahme statt. Wieder einmal erweist sich unsere bewusste Wahrnehmung der Zeit als ein reichlich wackeliges Konstrukt.

Das Bewusstsein ist hoffnungslos verspätet

Merkwürdiger noch als die intuitive Reaktion auf einen äußeren Reiz ist, was geschieht, wenn Sie ohne erkennbaren Anlass beschließen, etwas zu tun – zum Beispiel mit dem Finger zu schnippen. Denn auch in diesem Fall schickt das Gehirn zunächst ein Kommando ins Rückenmark; erst eine halbe Sekunde später fällt Ihnen auf, dass Sie soeben eine Entscheidung getroffen haben. Das hat der amerikanische Neurologe Benjamin Libet mit einem berühmten Versuch gezeigt. Er ließ Menschen eine sich schnell drehende Uhr beobachten. Die Personen sollten sich den Zeitpunkt merken, an dem ihnen der Entschluss zu einer Fingerbewegung erstmals bewusst wurde. Unterdessen zeichnete Libet die Hirnströme auf, die eben diese Bewegung vorbereiteten (das so genannte Bereitschaftspotenzial). Als der Forscher die Aussagen seiner Probanden mit den Signalen aus ihren Gehirnen verglich, machte er eine erstaunliche Entdeckung: Das Bewusstsein ist rettungslos verspätet.[7] In unserem Erleben aber sind vorher und nachher vertauscht.

So führt die Suche nach dem kürzesten Augenblick sogar zu Einsichten darüber, wie frei der Mensch in seinen Entscheidungen ist. Viele haben Libets Ergebnisse als Absage an den freien Willen verstanden. Wenn zu dem Zeitpunkt, da wir bemerken, was wir wollen, die Handlung längst angeordnet ist: Wie können wir dann noch glauben, wir hätten uns bewusst entschieden? Was wir Entscheidungsfreiheit nennen, wäre nur eine Illusion, die sich das Bewusstsein nachträglich zusammenschustert. Unsere Lage ähnelte der eines eitlen Ehemannes, dem die Frau davongelaufen ist und der nun allen erklärt, er habe ihr den Laufpass gegeben.

Wer sich genau beobachtet, macht auch im Alltag mitunter Erfahrungen, die sich tatsächlich so deuten ließen – vor allem dann, wenn wir uns zu einem Entschluss nicht so recht durchringen können. Wir sitzen vor dem Telefon und sind hin- und hergerissen, ob wir eine bestimmte Person anrufen sollen. Plötzlich wird dem Zweifel wie von selbst ein Ende bereitet; wir merken, dass sich die Hand ausstreckt und die Finger die Nummer wählen, ohne dass wir genau wissen, warum wir es gerade jetzt tun.

In der Regel aber kennen wir unsere Gründe sehr wohl. Wer mit Libets Ergebnissen die Existenz eines freien Willens zu widerlegen sucht, übersieht, dass die meisten Entscheidungen im Leben komplizierter sind als die, mit dem Finger zu schnippen. Meist überlegen wir eine Weile hin und her, bevor wir uns zu einer Absicht durchringen. Und dieses Abwägen geschieht durchaus unter Kontrolle des bewussten Verstandes. Selbst in Libets Experiment hatten sich die Probanden ja schon viel früher entschlossen, dass sie der Aufforderung des Versuchsleiters folgen und mit dem Finger schnalzen würden. Offen war nur noch die Frage, wann dies geschähe.

Flugzeuge, die Gedanken lesen

In dem Augenblick allerdings, da wir zur Tat schreiten, wird die Zeit im Bewusstsein verzerrt. Wie verstörend diese Manipulation der Gegenwart ist, wenn wir sie tatsächlich einmal bemerken, hat der Neuropsychologe Douglas Cunningham in Tübingen in einem originellen Experiment vorgeführt. Er setzte junge Frauen und Männer vor ein Videospiel, bei dem ein immer schneller werdendes Flugzeug durch einen Parcours von Hindernissen zu lenken war. Anfangs reagierte das Flugzeug sofort auf die Bewegungen der Spieler am Joystick; es gab wenige Karambolagen. Dann aber schaltete der Forscher eine elektronische Verzögerung ein. Nun antwortete das Flugzeug erst zwei Zehntelsekunden verspätet auf die Befehle. Es gab Unfälle zuhauf – bis sich die Spieler an die kleinen Pausen gewöhnt hatten und sie nach einer Weile gar nicht mehr bemerkten. Um des

Erfolgs willen hatte ihr Gehirn die Störung ausgeglichen, indem es auch die Information von der Handbewegung um zwei Zehntelsekunden verzögerte; so erlebten die Spieler wieder beides gleichzeitig, und die meisten liefen wieder zu gewohnter Form auf.

Als der Forscher jedoch die Bremse in seinem Gerät wieder ausschaltete, häuften sich die Kollisionen erneut – auf ein so gut funktionierendes Spiel war niemand mehr eingestellt. Mehr noch, die Versuchspersonen berichteten von gespenstischen Erlebnissen: Die Flugzeuge bewegten sich, bevor sie an der Konsole den entsprechenden Befehl gegeben hätten. Die Playstation könne ihre Gedanken lesen! Die vermeintliche Telepathie lässt sich leicht erklären: Die Gehirne der Spieler hatten weiter die alte Verzögerung einkalkuliert, die nun ausgeschaltet war. Noch immer bemerkten die Versuchspersonen die Reaktion des Flugzeugs sofort, ihre eigene Handbewegung aber erst um zwei Zehntelsekunden verspätet. So mussten sie das Gefühl haben, in die Zukunft zu sehen.

Ganz alltäglich hingegen sind Illusionen der Art, wie sie der Londoner Neuropsychologe Patrick Haggard nachgewiesen hat: Oft meinen wir die Konsequenzen unseres Handelns *vor* ihrer wahren Zeit zu erleben.[8] Das Bewusstsein geht tatsächlich mit der Gegenwart so um, als beherrschten wir Hellseherei. Das kann es natürlich nur dann, wenn wir etwas tun, dessen Folgen wir gut kennen. Aber das trifft auf viele unserer Handlungen zu: Das Auto fährt los, wenn man auf das Gaspedal tritt, und dreht man beim Zähneputzen den Hahn auf, fließt einen Augenblick später das Wasser. Doch meist folgt die Welt längst nicht so schnell unserem Willen, wie wir meinen.

In Haggards Versuchen drückten die Versuchsteilnehmer auf einen Knopf, womit sie einen etwas verzögerten Signalton auslösten. Dabei sollten sie eine Uhr beobachten und sich merken, wann sie gedrückt und wann sie den Laut gehört hatten. Ergebnis: Der Augenblick der Tat wurde zu spät eingeschätzt, den Ton aber meinten die Probanden wahrgenommen zu haben, als er in Wirklichkeit noch gar nicht erklungen war. Unbewusst hatten sie in ihrer Erinnerung das Signal um einige Hundertstelsekunden nach vorne verschoben.

Dieser vermeintliche Blick in die Zukunft ist nun tatsächlich eine Folge dessen, was wir den freien Willen nennen. Der Illusion saßen die Versuchsteilnehmer nur dann auf, wenn sie über den Zeitpunkt des Knopfdrucks selbst entscheiden konnten. Hingegen gaben sie alle Zeiten richtig an, als Haggard durch elektromagnetische Reizung des Gehirns eine unwillkürliche Fingerbewegung auslöste, die Versuchspersonen also nur Zuschauer ihrer eigenen Handlungen waren.

Haggard glaubt, dass das Gehirn auch diese Trickserei mit der Zeit anstellt, um uns das Leben leichter zu machen. Wir sollen möglichst rasch die Wirkung unserer Taten erkennen. Knopfdruck und Klang werden in der Wahrnehmung näher zueinander gerückt, weil wir auf diese Weise am besten begreifen, dass beide miteinander zu tun haben. Darum lässt uns das Bewusstsein Gegenwart erleben, wo in Wirklichkeit eine Zeitspanne vergangen ist. Schon im Bereich der kürzesten Dauern also ist die Zeit, die wir wahrnehmen, eine ganz andere als jene, die die Uhren anzeigen.

Wie lange also dauert das Jetzt? Dass Gehirn rafft frühere Erlebnisse und Vorstellungen von der Zukunft so, dass die äußere Zeit in diesem Maßstab keine Rolle mehr spielt. Über fast eine Sekunde hinweg, das zeigen die Versuche, kann der Verstand die Zeit zusammenziehen, ohne dass wir es merken.[9] Diese Spanne erleben wir als einen Augenblick.

Der längste Augenblick

Wo sich nichts ändert, scheint auch die Zeit zu stocken. So können wir den Augenblick dehnen, wenn wir im Geist bei einer Sache bleiben. Nach einer Weile allerdings setzt das Gehirn von selbst eine Zäsur. Zählen Sie einmal laut: 21 – 22 – 23 – 24. Vermutlich werden Ihnen die ersten drei Zahlen als eine Einheit, die »24« hingegen als nicht so recht dazugehörig erscheinen. Vielleicht haben Sie aber auch schon nach der »22« eine kleine Pause gemacht. Dahinter steht ein Gesetz: Trifft keine wesentlich neue Information ein, kann das Gehirn einen Augenblick dehnen. Das aber gelingt höchstens knappe drei Sekunden lang – wenn Sie schnell zählen, bis die »23« verklungen ist, sonst schon nach der »22«. Danach geht ein Moment unweigerlich zur Neige. Denn selbst wenn der Verstand sich nicht auf eine veränderte Situation einstellen muss, kann er nur eine kurze Zeit denselben Gegenstand im Bewusstsein behalten.

Hier zeigen sich die Grenzen des Gedächtnisses für die Gegenwart.[10] Schon nach ungefähr zwei Sekunden beginnt sich der Inhalt des Arbeitsgedächtnisses zu verflüchtigen. Deshalb muss man eine Telefonnummer im Geiste immer wieder vor sich hin murmeln, will man sie nicht vergessen. Aber versuchen Sie einmal, die Nummer eines Hotels in Italien samt Ländervorwahl im Kopf zu behalten, die Ihnen Ihr Reisebüro gerade genannt hat! Es wird Ihnen nicht gelingen: Sobald Sie sich das Ende der Zahlenfolge vorgesagt haben, ist der Anfang schon wieder vergessen. Eine Nummer bleibt nur dann im Bewusstsein, wenn es nicht länger als drei Sekunden dauert, sie innerlich zu wiederholen. Darum kann

Das Bild ist doppeldeutig – ungefähr alle drei Sekunden schlägt um, was wir darin sehen. In diesem Takt zerhacken höhere Funktionen des Gehirns die Zeit. Eine englische Werbung aus dem Jahr 1890 betitelte die Graphik übrigens mit »Meine Frau und Schwiegermutter«.

man sich die Nummer eines Freundes im Ortsnetz der Stadt relativ leicht einprägen, seine viel längere Handynummer dagegen kaum je. (Chinesen haben es leichter: Weil sie ihre Silben wesentlich schneller aussprechen als Europäer, können sie sich auch längere Telefonnummern merken.[11])

Die magische Grenze von drei Sekunden entdeckte schon der Tübinger Physiologe Karl von Vierordt. In seinen bereits beschriebenen Selbstversuchen mit dem Gong fand er heraus, dass er Zeitspannen bis zu drei Sekunden ungefähr richtig wahrnahm, längere Dauern aber regelmäßig unterschätzte. Daraus schloss er: Wir empfinden eine Periode von drei Sekunden gerade noch als Gegenwart und können sie unmittelbar wiedergeben. Ausgedehntere Zeitabschnitte hingegen zerfallen. Wenn wir etwas länger im Gedächtnis behalten wollen, müssen wir es uns immer wieder neu vergegenwärtigen – wie eine Telefonnummer, die wir uns vorsagen, oder ein Bild, das wir uns stets von neuem in Erinnerung rufen, sobald es verblasst.

Wie das Arbeitsgedächtnis die Zeit zersplittert, können Sie spüren, wenn sie das Kippbild auf Seite 138 betrachten. Auf Anhieb erkennen Sie entweder eine alte Frau im Profil oder ein Mädchen, das vom Betrachter wegblickt. Sobald Sie diese beiden Figuren entdeckt haben, wird das, was Sie sehen, immer wieder hin und her springen. Wenn Sie dabei auf den

Sekundenzeiger Ihrer Uhr schielen, werden Sie feststellen, dass dies im Rhythmus von ungefähr zwei bis drei Sekunden geschieht.

Wie lange das Jetzt dauert, hängt also von unserer Perspektive ab. Nehmen wir die Warte der Physik ein, dann messen die Atome der Zeit unvorstellbar kurze 10^{-43} Sekunden. In der belebten Natur hingegen dauert der kleinste denkbare Augenblick länger. Eine Zehntausendstelsekunde kann das Gehör zwar auflösen, doch nur, um die Quelle eines Geräusches im Raum zu verorten. Wir erleben diese Spanne aber nicht als Zeit. Der kürzeste Augenblick, den wir bewusst wahrnehmen können, vergeht vielmehr zwischen zwei Tönen im Abstand von einer Hundertstelsekunde. Der Sehsinn wiederum ist zehnmal träger. Gewöhnlich fasst das Gehirn Einheiten von einer halben bis zu einer ganzen Sekunde zusammen: So lange dauern die meisten Augenblicke, die wir erleben. Innerhalb dieser Zeitspanne datiert das Gehirn Ereignisse vor oder zurück, ohne dass wir es merken. Vermutlich ist es kein Zufall, dass unsere Zeitmessung gerade auf dem Takt der Sekunde beruht, in dem auch unsere Wahrnehmung tickt.

Spätestens nach drei Sekunden wird das Bewusstsein für die nächsten Eindrücke freigeräumt. So lange also kann ein Augenblick höchstens dauern. »Das Gegenwart ist keine Messerschneide«, schrieb William James, der Pionier der amerikanischen

Psychologie. »Sie ist ein Sattelrücken mit einer gewissen ihm eigenen Breite, auf den wir uns gesetzt finden und von dem aus wir nach zwei Seiten in die Zeit hineinblicken.«[12]

6

»Twinkies, Granola«

Wie wir das Jetzt verpassen

Nur wer für den Augenblick lebt, lebt für die Zukunft.
Heinrich von Kleist

Weise in West und Ost legen uns ans Herz, die Aufmerksamkeit ganz auf den Augenblick zu richten. »Wandelt in der Gegenwart Gottes« riet Benedikt von Nursia seinen Mönchen. Der Weg zum Seelenheil liege darin, sich mit allen Sinnen und ungeteilt auf das einzulassen, was man gerade hört, sieht oder tut, schrieb Benedikt in seiner Ordensregel, der ältesten des Abendlands. In der östlichen Tradition heißt diese Empfehlung »Leben in Achtsamkeit«. Schon vor mehr als 2500 Jahren hat sich der Buddha dafür ausgesprochen. Sich ganz der Gegenwart zuzuwenden nannte er sogar den vorletzten Schritt auf dem edlen achtfachen Pfad zur Erleuchtung.

Die Weisen wussten, wie leicht gesagt und wie schwer getan das ist. Der vietnamesische Dichter und Mönch Thich Nhat Hanh etwa schildert eine kleine Begebenheit: Als er einmal mit einem Freund unter einem Baum sitzt und Mandarinen isst, erzählt dieser von Zukunftsplänen und stopft sich währenddessen achtlos die Obststücke in den Mund. Ins Reden vertieft, schiebt er schon den nächsten Bissen nach, noch bevor er mit dem Kauen des vorigen begonnen hat: »Es war so, als ob er überhaupt keine Mandarine gegessen hatte. Wenn er irgendetwas gegessen hatte, dann vielleicht seine Zukunftspläne.«

Beobachten Sie selbst einmal, was Ihnen im Lauf einer ganz normalen Stunde durch den Kopf geht. Sie werden allem Möglichen begegnen – nur nicht der Gegenwart. Vielmehr werden Sie sich an Versäumtes erinnern (die TÜV-Plakette an Ihrem Auto läuft ab), sich auf Kommendes freuen und sich zugleich davor sorgen (Herzklopfen vor dem Rendezvous morgen Abend) und sich über Gewesenes ärgern (weil Ihr Chef wieder einmal seine despotische Seite herausgekehrt hat). Was sich aber unterdessen vor Ihren Augen abspielt, blitzt nur ab und an zwischen all diesen Gefühlen und Gedanken auf. So verrinnt die Zeit, ohne dass wir dabei sind. Das Jetzt, das wir mit den Sinnen aufnehmen, bleibt uns fremd. Viel leichter erleben wir Vergangenheit und Zukunft, die wir uns im Kopf konstruieren. Warum fällt es uns so schwer, einfach nur ein paar Minuten lang auf das Rauschen des Regens zu hören – oder eine Mandarine zu schmecken?

Mit dem Kopf in den Wolken

Goethes Faust erschien die Gegenwart zu glanzlos, um in ihr glücklich zu sein. Bekanntlich verwettete er seine Seele für einen einzigen Augenblick, wenn es dieser nur wert wäre, darin zu verweilen. Der Gelehrte versäumte es allerdings, eine Alternative zu prüfen, welche ihn günstiger gekommen wäre: Möglicherweise liegt das Problem ja in uns selbst – die Augenblicke können noch so bemerkenswert sein, doch wir bemerken sie nicht. Wir sind nicht auf Empfang.

Selbst in den schönsten Momenten des Lebens schweift die Aufmerksamkeit allzu oft ab. Jeder hat dies schon einmal erlebt – im Konzertsaal zum Beispiel, wenn wir bei beinahe überirdischer Musik an die nächste Steuererklärung denken. (Faust hätte sich wohl kaum mit so etwas Profanem abgegeben, sondern über die Schwierigkeiten seiner Bibelübersetzung gebrütet. Doch das Ergebnis wäre dasselbe: Die Musik hätte sein Bewusstsein nicht erreicht.)

Und auch wenn wir weit weg sind von den kleinen Sorgen des Alltags, holen sie uns ein: Sie sitzen am Strand, könnten genießen, wie eine Brise sanft Ihre Haut streichelt, und das Dasein auskosten. Stattdessen aber malen Sie sich aus, wie der nette Kollege, dem Sie während Ihrer Abwesenheit Ihr Projekt anvertraut haben, gerade versucht, Ihnen den Posten streitig zu machen. Oder Sie überlegen einfach nur, was Sie in ein paar Stunden zum Abendessen bestellen.

Meist fällt es uns nicht einmal auf, wie die Aufmerksamkeit abgetaucht ist. Der amerikanische Psychologe Leonard Giambra aber hat unsere Zerstreutheit dokumentiert. Er ließ seine Versuchspersonen ein Puzzle lösen; dabei erinnerte sie ein Piepton in unregelmäßigen Abständen immer wieder an die Aufgabe. Wenn die Teilnehmer dann bemerkten, dass sie gerade an etwas anderes dachten oder nur vor sich hin träumten, sollten sie einen Knopf drücken. Das taten sie im Lauf von nur einer halben Stunde, die das Experiment dauerte, im Schnitt mehr als 40-mal. Dass ein Proband *nicht* drückte, weil er sich gerade wirklich dem Puzzle zugewandt hatte, war die Ausnahme.[1] Das Ergebnis dürfte die Teilnehmer selbst erstaunt haben – schließlich hatten sie nach einer Vorrunde ohne Piepton angegeben, sie seien ganz bei der Sache gewesen.

Zum selben Resultat kamen Versuche, bei denen die Probanden ein Kapitel aus Tolstois »Krieg und Frieden« lesen sollten.[2] Ihre Augen folgten den Zeilen, sogar die Wörter klangen im Kopf, doch in ihren Gedanken waren die Versuchspersonen schon lange nicht mehr bei dem Text. Erst der Piepton machte ihnen immer wieder bewusst, dass sich ihr Verstand inzwischen zu ganz anderen Ufern aufgemacht hatte –

was niemanden davon abhielt, im nächsten Moment wieder abzuschweifen. Irritiert nahmen die Tagträumer später die Ergebnisse des Verständnistests zur Kenntnis: Die Handlung des Romans war an ihnen vorübergegangen. Nur ihre Augen, nicht ihre grauen Zellen hatten gelesen.

Stiller Small-Talk

Schön wäre es immerhin, wenn wir uns während der vielen kleinen Fluchten aus der Gegenwart mit angenehmen Vorstellungen beschäftigen oder wenigstens die Probleme unseres Alltags lösen würden. Doch davon kann keine Rede sein.

Denn das Gehirn verhält sich so ähnlich wie Angestellte einer Firma, die sich bei schwacher Auftragslage auch keine schöne Zeit machen können. Statt entspannte Tage zu genießen, fangen sie an, sich mit sich selbst zu befassen: Beliebt als Ablenkung vom Leerlauf sind Bildschirmspiele, eine kleine Umorganisation oder Intrigen.

Wenn das Gehirn zu wenig gefordert ist, so erleben wir seine Aktivität als Tagträume, innere Monologe und Sorgen. Dass sich die Aufmerksamkeit automatisch nach innen wendet, sobald wenig anderes zu tun ist, kann man im Experiment sogar beobachten. Legen Forscher ihre Versuchspersonen in die Röhre eines Tomographen, ohne sie mit einer Aufgabe zu beschäftigen, so zeigt sich trotzdem Arbeitseifer im Kopf: Auf dem Monitor blinken Hirnareale auf, die dem Beobachten der eigenen inneren Zustände dienen – der Selbstbespiegelung also.[3]

Wir können niemals nichts tun. Wie das Wasser in eine leere Flasche strömt, die man in den See wirft, so füllt sich auch ein leerer Verstand sofort mit Gedanken.

Aber was für Gedanken? Einen einzigartigen Einblick in die ganze Banalität unseres alltäglichen Grübelns verdanken wir dem Psychologen Russell Hurlburt, der in Las Vegas forscht. Mit Hilfe der Piepton-Methode hat Hurlburt das Innenleben von fast 2000 Menschen in den letzten Jahren durchleuchtet: Die Teilnehmer trugen ein kleines Gerät in der Hosentasche mit sich herum; wenn es ein Signal von sich gab, sollten sie notieren, was ihnen gerade durch den Kopf ging.[4]

Man kann annehmen, dass die Einträge einigermaßen ehrlich ausfielen. Denn die Versuchspersonen waren anonym, und sie durften jederzeit die Aussage verweigern. Davon aber machte so gut wie niemand Gebrauch – weil offenbar keine Veranlassung bestand. Wer nämlich meint, Liebe, Sex, Macht und andere zügellose Phantasien spukten unseren Mitmenschen die längste Zeit des Tages in den Köpfen herum, der täuscht sich. Auch innere Monologe, Bewusstseinsströme, wie sie die Dichter James Joyce und Virginia Woolf zur Literatur erhoben, beschäftigen uns höchst selten.

Die Wirklichkeit ist viel trivialer. Verglichen mit den Aufzeichnungen von Hurlburts Versuchspersonen erscheinen selbst die Denkblasen eines Comic-Strips wie tiefsinnige Lektüre. Die innere Stimme der Studentin Sonja zum Beispiel sang den ganzen Tag die Namen zweier Schokoriegel vor sich hin: »Twinkies, Granola«. Im Übrigen verlor sich Sonja in Tagträumen, die sie aber – wie die meisten Teilnehmer – nicht einmal beschreiben konnte: »Da war etwas, aber ich bekam es nicht zu fassen.« Eine junge Frau namens Nancy wälzte tagelang die Frage, in welchen Farben sie ihre Wohnung für das Weihnachtsfest schmücken sollte, und malte sich, wo immer sie war, dekorierte Christbäume aus.

Am häufigsten aber begegneten die Versuchsteilnehmer einer inneren Stimme, die jedes noch so belanglose Tun kommentierte. »Nur schnell sauber machen«, plapperte es etwa unablässig in der 25-jährigen Ärztin Helen, während sie ihr Katzenklo auswischte. So erstickt die Gegenwart in Banalität.

Der Autopilot des Bewusstseins

Die Natur folgt den Gesetzen der Sparsamkeit. Das erklärt nicht zuletzt, warum es uns so schwer fällt, mit der Aufmerksamkeit im Hier und Jetzt zu bleiben. Gehirne entstanden nicht, damit ihre Besitzer möglichst bewusst ihre Umwelt wahrnehmen, sondern als Werkzeuge im Überlebenskampf. Deshalb erlahmt die bewusste Aufmerksamkeit sofort, sobald sich in unserer Umgebung wenig tut: In der Außenwelt liegt keine neue Information vor, die zu verarbeiten lebensnotwendig oder auch nur nützlich wäre. Also schaltet die Wahrnehmung ab: Erst wenn es knallt, blitzt oder sich zumindest etwas Überraschendes ereignet, sind wir wieder ganz da. Die Aufmerksamkeit lässt sich demnach mit einem Computerbildschirm vergleichen, der so lange in den Ruhezustand abtaucht und fliegende Toaster zeigt, bis von außen neue Signale kommen.

Dieser Mechanismus kann nur automatisch geregelt sein. Er wäre nutzlos, hätten wir willentlich allzu viel Einfluss darauf, wohin sich die Aufmerksamkeit richtet. Sonst wäre das Risiko zu groß, ein Gefahrensignal am Rande des Gesichtsfeldes zu übersehen, während wir uns mit etwas Erfreulicherem befassen. Damit eine wichtige Information sofort volle Beachtung findet, muss eine Art Suchstrahl unabhängig von unserem Bewusstsein und unseren Wünschen fortwährend die Umgebung abtasten und bei Bedarf die bewusste Wahrnehmung lenken. So zucken wir zusammen, wenn neben uns ein Schuss fällt – ob wir es wollen oder nicht.[5]

Auch in weniger aufregenden Momenten findet die Wahrnehmung ihre Ziele von selbst. Hören Sie im Gedränge eines Empfangs Ihren Namen, merken Sie auf, auch wenn Sie gar nicht angesprochen sind. Genauso selbsttätig aber wendet sich das Bewusstsein von der Außenwelt ab und Tagträumen zu, sobald die Reize verebben. Zu unserem eigenen Schutz ist die Aufmerksamkeit ein störrischer Hengst.

Was wir mit dem einen Wort »Aufmerksamkeit« zusammenfassen, ist eigentlich ein Vorgang mit drei Stufen:

- Erst werden Sie etwas wacher, wenn unerwartet Ihr Name fällt. Sie reagieren und denken schneller, werden empfänglicher für weitere Information: Die Wachsamkeit (Vigilanz) ist gestiegen.
- Dann hören Sie fortan die Stimme, die Ihren Namen aussprach, besonders deutlich aus dem Gewirr der Geräusche heraus. Auch mag sich Ihr Blick dorthin wenden. Das verdanken Sie der Orientierungsfunktion der Aufmerksamkeit.
- Und schließlich werden zumindest ein paar Sekunden lang alle anderen Gedanken in Ihrem Kopf unterdrückt. Sie achten jetzt nur darauf, was man da möglicherweise über Sie redet. Dafür

sorgt die Auswahlfunktion der Aufmerksamkeit, die so genannte selektive Aufmerksamkeit.

Normalerweise werden die drei Funktionen der Aufmerksamkeit – Vigilanz, Orientierung und Auswahl – so schnell nacheinander aktiv, dass wir sie einzeln gar nicht bemerken. Doch in Experimenten kann man sie genau voneinander trennen. Auch ist für jede der drei Funktionen der Aufmerksamkeit eine andere Hirnschaltung zuständig.[6]

Besonders interessant ist die Auswahlfunktion, die bestimmt, was uns gerade beschäftigt – und welche Information herausgefiltert wird. Die Auswahlfunktion bestimmt also den Inhalt unseres Bewusstseins. Wie sie das tut, hat die Londoner Kognitionspsychologin Nilli Lavie erforscht. Die Teilnehmer ihrer Versuche sollten sich mit Wörtern auf einem Bildschirm befassen. Währenddessen bekamen sie im Hintergrund ein bewegtes Muster von Punkten zu sehen, die sie aber nicht beachten sollten. Doch die Störung entging nur dann ihrer Aufmerksamkeit, wenn die Aufgabe mit den Wörtern kniffelig war. In diesem Fall fanden die Punkte keinen Eingang in die Hirnzentren für die bewusste Wahrnehmung, wie die Forscherin mit dem Tomographen nachweisen konnte.[7] (Lavie nutzte aus, dass die bewegten Muster und Wörter in unterschiedlichen Hirnzentren verarbeitet werden. So konnte sie beobachten, welche Signale das Bewusstsein erreichten: Wenn das Gehirn etwa die Punkte ausblendete, zeigte der Computertomograph in den für Muster zuständigen Regionen keine Aktivität.) Das Gehirn hatte die belanglosen Bilder also einfach herausgefiltert, weil es Besseres zu tun hatte. Die Probanden waren ganz bei der Sache.

Galt es hingegen lediglich zu erkennen, ob die Wörter groß oder klein geschrieben waren, konnte sich niemand der Hintergrundbilder erwehren. Die Aufgabe war so einfach, dass sie niemanden fesselte. Mochte die Wissenschaftlerin noch so oft mahnen, die vorbeiziehenden Punkte zu ignorieren – die Versuchsteilnehmer beachteten sie doch. (Und die entsprechenden Signale waren auch in den Teilen des Großhirns festzustellen, die für das bewusste Sehen zuständig sind.) So ist das Gehirn programmiert: Bevor das Bewusstsein zu wenig Beschäftigung erträgt, befasst es sich lieber mit Unsinn.

Drei Minuten Ewigkeit

Worin liegt nun das Geheimnis jener seltenen Augenblicke, in denen wir vollkommen präsent sind? Das Experiment von der Psychologin Nilli Lavie gibt einen Hinweis: Waren die Versuchspersonen von ihrer Aufgabe ausreichend gefordert, ließen sie sich weniger leicht ablenken. Ähnlich wenden wir uns häufig dann ganz der Gegenwart zu, wenn ein Eindruck uns auf so vielfältige Weise anspricht und so viel in uns auslöst, dass wir alles andere schlicht vergessen. Eine engagierte Unterhaltung kann unsere gesamte bewusste Aufmerksamkeit bannen, wenn wir nur den Gesprächspartner und das, was er sagt, interessant genug finden.

Der Schlüssel ist auch hier die optimale Auslastung des Gehirns. Der Psychologe Mihaly Csikszentmihalyi hat sich damit einen Namen gemacht, dass er minutiös dokumentierte, unter welchen Umständen Menschen auch in alltäglichen Situationen ganz gegenwärtig sind. Dazu führte der Forscher ungarisch-amerikanischer Herkunft Interviews, in denen Hunderte von Männern und Frauen von solchen Erfahrungen berichteten, für die Csikszentmihalyi die Metapher »Flow«, Fließen, geprägt hat. Überraschend oft hatten die Befragten dieses Hochgefühl bei der Arbeit. Dabei kommt es nicht auf die Tätigkeit an: Ein Dreher an der Werkbank kann ebenso restlos in dem, was er tut, aufgehen wie ein Dirigent vor seinem Orchester. Viel entscheidender ist, dass die Aufgabe genau die richtige Schwierigkeit hat. Ist sie zu leicht, schweift die Aufmerksamkeit ab. Fordert sie uns zu sehr, werden wir uns ebenfalls anderem zuwenden – sofern Sie nicht gerade Teilchenphysiker sind, können Sie einen Fachvortrag über die neusten Entwicklungen der Quantenchromodynamik kaum spannend finden. Bei Überforderung kann zudem die Angst vor dem Versagen eine Stressreaktion auslösen, welche uns ebenfalls daran hindert, bei der Sache zu bleiben.

Nur wenn einerseits Wahrnehmung und Verstand ausgelastet sind und wir andererseits den Eindruck gewinnen, über das Geschehen die volle Kontrolle zu haben, sind wir zu völliger und doch müheloser Konzentration imstande. Die automatische Steuerung der Aufmerksamkeit sorgt dann von selber dafür, dass wir beim Wahrnehmen der Gegenwart bleiben; Gedanken an Vergangenheit und Zukunft blendet sie aus.

Das griffige Wort »Flow« hat es in der populärwissenschaftlichen Literatur, in Seminaren und Ratgebern aller Art zu großer Beliebtheit gebracht, seit Csikszentmihalyi im Jahr 1975 seine ersten Interviews veröffentlichte. Dadurch kam es zu Missverständnissen; einige davon mögen auch darauf zurückzuführen sein, dass Csikszentmihalyi seine hoch interessante Beobachtung niemals erklärt hat – es auch nicht konnte, weil über die neuropsychologischen Grundlagen der Aufmerksamkeit seinerzeit noch viel zu wenig bekannt war. So wurde die »Flow« genannte Erfahrung oft fälschlich zum Urgrund aller Glücksgefühle erklärt. Auch vernachlässigten manche, dass sich das von Csikszentmihalyi beschriebene Erlebnis beileibe nicht nur bei der Arbeit einstellen kann. Weil es nicht auf das Umfeld, sondern letztlich auf die optimale Informationsdichte im Gehirn ankommt, ist die Erfahrung, ganz gegenwärtig zu sein, in jeder beliebigen Situation möglich: Auch beim Sport, Kochen, Lesen und selbst beim bloßen Schauen können wir in einen Zustand höchster Präsenz geraten. Doch in jedem Fall ist Geistesgegenwart nicht einfach da. Sie ergibt sich als Folge einer Tätigkeit.

Eine ganz ähnliche Wirkung haben mitunter Erlebnisse, die wir als Symbol für etwas Anderes, Größeres deuten. Sie können so mächtige Gedanken und Gefühle auslösen, dass ebenfalls alle anderen Bewusstseinsinhalte unwichtig werden. Paradoxerweise erleben wir in solchen Momenten den Augenblick, den kleinsten denkbaren Zeitraum, gerade dadurch so intensiv, dass wir in unserem Fühlen die Grenzen von Raum und Zeit überwinden.

Diese Erfahrung kann zum Beispiel die Musik, die Kunst oder auch eine Begegnung mit der Geschichte vermitteln. Eine Freundin berichtete mir von einem Moment, in dem sie vor einem U-Bahn-Eingang in Manhattan einen Geschmack der Ewigkeit spürte. Aus dem Schacht eilten Menschen aller Hautfarben und Gesichtsschnitte nach Hause. Ein indischer Eiswagen versuchte, mit Musik noch ein paar Kunden anzulocken, und die Sonne goss die letzten Strahlen dieses Herbsttages über das Bild. In dem rotgoldenen, schon langsam verblassenden Licht strömten die Menschen aus dem Schacht und über die Straße wie Figuren aus einem großen Traum, der schon Jahrhunderte dauerte und Millionen bewegte: Sie alle oder ihre Vorfahren führte einst dieselbe Sehnsucht hierher – die Hoffnung auf Freiheit und ein besseres Leben, die Bürger aus aller Welt nach Amerika zog. So war es, als würde sich in dieser alltäglichen Heimkehr von der Arbeit die ganze Geschichte der Einwanderung und mit ihr ungezählte Schicksale verdichten: Zeiträume und Begebenheiten so groß, dass sie unsere Vorstellungskraft bis an ihr Äußerstes fordern, zwingen uns, den Moment mit wacheren Augen zu sehen.

PS.

Leider erleben wir solche magischen Momente im Alltag spärlich. Wir stehen auf, tauschen Abschiedsküsse aus, eilen zur Arbeit und wieder nach Hause, essen, legen uns schlafen: Das Leben besteht aus Wiederholungen. Es ist uns so vertraut, dass wir nur das Nötigste wahrnehmen. Ansonsten geben wir uns unseren Sorgen, Plänen und inneren Selbstgesprächen hin. Ist es also aussichtslos, in der täglichen Routine auf Augenblicke intensivster Wahrnehmung zu hoffen?

Nicht ganz. Denn wie präsent ein Mensch ist,

hängt zwar nicht von seinem bewussten Wollen, sehr wohl aber von seinem Interesse an seiner Umgebung ab. Eine Fußballfreundin kann keinen Moment lang ihren Blick vom Fernseher abwenden, auf dem ein Spiel ihrer Mannschaft läuft; ihrem unsportlichen Gatten dagegen gelingt es trotz bester Vorsätze nicht, dem Match auch nur drei Minuten lang zu folgen.

Setzt man allerdings der Aufmerksamkeit ein Ziel, erwacht sie von selbst. Indem ein zerstreuter Zeitgenosse Interesse entwickelt an dem, was um ihn herum geschieht, kann er also seine innere Gegenwart steigern. Schon mancher Verächter der Bundesliga ist an der Seite eines Fans zum Experten für Abseitsfallen geworden, um Freude am gemeinsamen Ritual Sportschau zu finden. Und wenn Ihnen jemand glaubhaft versichert, dass die Liebe Ihres Lebens morgen Ihren Weg zur Arbeit kreuzen wird, dürften Sie gespannt die fremden Gesichter in der Bahn mustern, statt wie gewohnt vor sich hin zu brüten.

Auf einem ähnlichen Prinzip beruhen alle Methoden der Meditation, ob östlich, ob westlich. Stets empfehlen die Meister, sich einen Fokus der Wahrnehmung zu suchen. Manchen Lehrmeinungen zufolge soll man im Geiste immer wieder ein Wort klingen lassen, andere verordnen, die Aufmerksamkeit auf die Innensinne zu richten. In der aus dem Buddhismus stammenden Vipassana-Meditation beispielsweise achtet man darauf, wie sich der Körper von selbst seine Atemluft holt, wie sich Nasenflügel und Zwerchfell im Rhythmus der vorbeiziehenden Luft heben und senken. Auf den Ankerpunkt kommt es letztlich aber gar nicht an; entscheidend ist, dass die Wahrnehmung beschäftigt bleibt und einen Reiz immer genauer zu erfassen versucht. Denn nur so kann das Bewusstsein in der Gegenwart bleiben.

Dieses Rezept lohnt es sich, auch im Alltag, in der gewohnten Umgebung zu erproben. Jeder Blick aus dem Fenster, erst recht jeder Mensch, dem wir begegnen, bietet schließlich mehr als genug Eindrücke, um die Wahrnehmung zu schulen. Für einen kleinen Selbstversuch reicht eine Illustrierte. Überfliegen Sie einmal nicht nur die Seiten und blättern schnell weiter, sondern versuchen Sie einmal, ein Foto in all seinen Einzelheiten zu erfassen: Wie stehen die Personen zueinander? Welcher Ausdruck ist auf ihren Gesichtern zu lesen? Welche Details zeigt der Hintergrund?

Egal, was Sie in der Illustrierten erblicken (es muss ja nicht gerade der US-Präsident beim Handshake sein) – es wird unvermutet Ihre Aufmerksamkeit gefangen nehmen. Die optischen Reize werden Ihr Gehirn beschäftigen und Tagträumen eine Weile lang keine Chance lassen. Und Sie werden Neues entdecken, das Ihnen beim flüchtigen Durchblättern entgangen wäre. Denn normalerweise nehmen wir bei solchen Gelegenheiten nur wahr, was uns ohnehin schon bekannt ist.

Auf diese einfache Weise befragen Forscher die größten Kunstwerke der Menschheit. Wenn sie einen Rembrandt oder einen Cézanne analysieren, beginnen ihre Berichte fast immer mit einer Aufzählung dessen, was der Meister gemalt hat. Obwohl sich auf einem Farbdruck jeder das Bild selbst anschauen kann, ist eine solche Beschreibung alles andere als überflüssig. Denn selbst ein geübter Kunstkenner bemerkt nur einen Bruchteil all dessen, was er sehen könnte.

Wie wenig uns von dem, was uns umgibt, wirklich auffällt, zeigt ein kleiner Erinnerungstest: Klappen Sie die Zeitschrift wieder zu. Was ist Ihnen von den Fotos in Erinnerung geblieben? Wie viele Figuren waren zum Beispiel auf dem großen Aufmacherfoto nach dem Inhaltsverzeichnis zu sehen? Welche Krawattenfarbe trug der Minister im Politikteil? Bei den meisten Fragen werden Sie passen müssen. Dabei ist die gesuchte Information sehr wohl in Ihrem Gehirn angekommen – nur Ihre Aufmerksamkeit hat sie nicht registriert. Genauso geht es uns bei einem Spaziergang durch das Viertel, wenn wir Musik hören, bei einem Gespräch: Wir blenden den Reichtum der Welt aus und wenden uns so von der Gegenwart ab.

»Wir glauben, das Leben sei ein Brunnen, der sich niemals erschöpft«, schrieb der alternde amerikanische Schriftsteller Paul Bowles. »Und doch geschieht alles nur einige wenige – eigentlich sehr wenige – Mal. Wie oft noch werden Sie sich an einen bestimmten Nachmittag Ihrer Kindheit erinnern, der Ihnen so sehr ein Teil Ihres Lebens geworden ist, dass Sie sich Ihr Dasein ohne diesen Nachmittag nicht vorstellen können? Vielleicht noch vier oder fünf Mal. Vielleicht nicht einmal so oft. Wie oft noch werden Sie den Vollmond aufgehen sehen? Vielleicht noch zwanzig Mal.«

Wer jedoch seine Wahrnehmung trainiert und lernt, mehr von der Gegenwart mitzubekommen, wird gleich zwei Nebenwirkungen bemerken: Zum einen verändert sich das Zeitempfinden. Je mehr Sinneseindrücke man von jedem Augenblick aufnimmt, desto reicher und ausgedehnter erscheint die Zeit in der Rückschau. Eine Stunde voll angeregter Unterhaltung erscheint im Nachhinein unendlich viel länger als eine, in der man geistesabwesend vor sich hingeträumt hat. Indem wir unserer Zeit mehr Leben geben, geben wir auch dem Leben mehr Zeit. Das hängt mit den Gesetzen der Erinnerung zusammen; von ihnen handeln die folgenden beiden Kapitel.

Und schließlich hebt eine schärfere Wahrnehmung die Stimmung. Denn das Gehirn ist so eingerichtet, dass wir den Zustand der wachen Aufmerksamkeit als freudvoll erleben.[8] Wer in der Gegenwart präsent ist, nimmt die Augenblicke, aus denen das Leben besteht, deshalb nicht nur genauer wahr – er kann sie auch besser genießen.

7
Geronnene Zeit
Wir sind Architekten unserer Erinnerung

Das Bewusstsein streicht wie ein Scheinwerfer über die Zeit. Plötzlich steht uns das Haus der Großmutter, auf dessen Dach wir als Zehnjährige verbotenerweise herumgeturnt sind, wieder vor Augen, als hätte man ihm gerade erst den Rücken gekehrt. Im nächsten Moment sehen wir die erste eigene Wohnung vor uns, mit der Matratze auf dem Boden und der vom Vormieter übernommenen Ikeaküche. Und dann drängt sich unvermittelt der Gedanke auf, dass für den Geburtstag eines Freundes in der nächsten Woche noch kein Geschenk besorgt ist.

Das Gehirn ist eine Zeitmaschine. Die meisten Reisen in Vergangenheit und Zukunft unternehmen wir so schnell, dass wir den Sprung aus dem Jetzt dorthin gar nicht bemerken. Zwar reißt der Kontakt mit der Gegenwart fortwährend ab, doch dafür können wir in die Vergangenheit eintauchen.

Wie wäre es, wenn uns diese Fähigkeit fehlte? Ein enger Lichtkegel des Bewusstseins würde nur den jetzigen Augenblick anstrahlen. Alles davor und danach läge im Dunkeln. Könnten wir in solch ewiger Gegenwart überhaupt leben? Mit dieser Frage begann William James seine klassische Untersuchung über das Zeitempfinden. Würde die Vergangenheit nicht mehr nachklingen, so drückte er es aus, wäre »unser Bewusstsein wie ein Glühwürmchenfunke, der den Punkt beleuchtet, an dem er sich unmittelbar befindet, aber alles darüber hinaus in völliger Finsternis lässt.« Bilder und Empfindungen wären dann »gleich Perlen auf einer Kette getrennt voneinander aufgereiht«. Jeder Eindruck wäre in dem Augenblick, in dem er erlischt, für immer verloren. Zwischen dem, was gerade war, und dem, was jetzt ist, würden wir keine Verbindung erkennen: »Jeder von diesen flüchtigen Zuständen würde unser ganzes Sein ausmachen.«

James hielt es für denkbar, dass wir selbst dann noch angemessen handelten. Wir könnten ja jetzt das Richtige tun, ohne zu wissen, was uns vorhin dazu bewegte. Tiere entscheiden wahrscheinlich so – durch Instinkt, oder weil sie es sich eingeprägt haben, dass unter bestimmten Umständen diese oder jene Reaktion vorteilhaft ist. Eines aber würde uns sicherlich abgehen, wenn das Bewusstsein ganz in der Gegenwart gefangen wäre: das Empfinden der Zeit. Die Frage ist also, wie wir die Augenblicke miteinander verketten.

Leben ohne Vergangenheit und Zukunft

James meinte, sein Gedankenspiel sei reine Fiktion; das Gedächtnis erscheint schließlich so selbstverständlich, dass man sich ein Leben ohne Erinnerung kaum auszumalen vermag. Eher kann man sich vorstellen, wie es wäre, zu erblinden. Doch anders als der Psychologe glaubte, ist ein Leben in ständiger Gegenwart möglich.

Der wohl berühmteste Mensch ohne Gedächtnis ist ein alter Mann mit den Initialen H.M., der in einem Altersheim in Connecticut an der amerikanischen Ostküste wohnt. Mehr als 100 Wissenschaftler haben ihn untersucht, sogar seine Biographie ist erschienen.[1]

Wer H.M. begegnet, stellt überrascht fest, dass der Mann ohne Erinnerung ein guter Gesellschafter ist. Er plaudert, ist galant zu Damen, hat Humor und perfekte Manieren – sieht man darüber hinweg, dass er sofort alles vergisst, was man ihm erzählt. Aber H.M. weiß um seine Behinderung und macht sich selbst lustig darüber. Als eine Forscherin ihn einmal fragte, wie er seinem Gedächtnis auf die Sprünge zu helfen versuche, antwortete er: »Keine Ahnung. Ich weiß ja nicht, was ich schon alles ausprobiert habe.«

Wenn man den Raum verlässt und ein paar Minuten später zurückkehrt, benimmt H.M. sich, als sehe er den Besucher zum ersten Mal. Auch Wörter, die er gehört oder auch selbst gesagt hat, sind in weniger als einer Minute aus seinem Gedächtnis verschwunden. So lebt H. M. also ausschließlich in der Gegenwart; Vergangenheit und Zukunft sind für ihn ohne Bedeutung. Während man sein Leben gewöhnlich wie einen Film wahrnimmt, in dem sich die Dinge fließend verändern, mag es für H. M. sein, als würde er ständig neue Fotos erblicken. Und genau so, wie William James es sich ausgemalt hat, erkennt H. M. zwischen der einen und der nächsten Momentaufnahme nicht den geringsten Zusammenhang. Er erlebt jeden neuen Augenblick, als »ob man aus einem Traum aufwachen würde«, wie er es selbst einmal formuliert hat.[2]

Gibt es für ihn überhaupt so etwas wie Zeit? Bittet man den alten Herrn, vorgegebene Zeitspannen zu reproduzieren, gelingt ihm die Aufgabe bis zu einer Dauer von 20 Sekunden – so lange, wie man gewöhnlich einen Eindruck im Arbeitsgedächtnis behält.[3] Jenseits dieser Grenze verschätzt H. M. sich gewaltig. Führt man ihm etwa ein Intervall von fünf Minuten vor, so gibt er kaum eine Minute wieder: Er hat offenbar nicht das geringste Gefühl für Zeitspannen, die länger als ein paar Augenblicke währen.[4] Wenn Zeit für ihn überhaupt existiert, so besteht sie aus winzigen Schnipseln von wenigen Sekunden. Vermag man Früher und Später, Vorhin und Jetzt nicht mehr zu einer fortlaufenden Geschichte zu verknüpfen, verliert man also auch das Gespür für Minuten, Tage und Jahre. H. M. kann nicht einmal sagen, wie alt er ist.

Seine Geschichte, so tragisch sie ist, rührt an zwei unserer tiefsten Sehnsüchte: Einerseits möchten wir die Gegenwart ungestört von Gedanken an Vergangenheit und Zukunft auskosten. Ekstase heißt, die Welt so intensiv wahrzunehmen, als würden wir alles zum ersten Mal sehen. Andererseits aber wollen wir eben diese Augenblicke für immer festhalten, sie in der Erinnerung konservieren. Doch das eine ist nur auf Kosten des anderen zu haben. Denn wo Erinnerung ist, dort fordert sie ihren Raum.

H. M.s Schicksal war und ist für die Wissenschaft von unschätzbarem Wert. Denn seine Behinderung lieferte Aufschluss darüber, wie das Gedächtnis funktioniert – und damit auch, wie aus der Erinnerung Zeiterleben entsteht. Erst wenn wir dies verstehen, können wir begreifen, wie uns die Zeit, die wir durchleben, verwandelt. Vergangene Erfahrungen formen die Persönlichkeit; wir sind gewissermaßen aufgespulte Zeit. Doch welche Instanz entscheidet, ob ein Augenblick in unserer Erinnerung kristallisiert oder uns für immer entfällt? Was sind überhaupt Erinnerungen, und woraus bestehen sie?

Mehrerlei Gedächtnis

H. M. ist das Opfer einer Operation. Schon als Junge suchten ihn epileptische Anfälle heim, die mit dem Einsetzen der Pubertät immer häufiger und heftiger wurden und ihn ein Dutzend Mal pro Woche niederstreckten. Der junge Mann konnte das Haus nicht mehr verlassen, geschweige denn einer Arbeit nachgehen. So nahm der Neurochirurg William Scoville an seinem Patienten einen radikalen Eingriff vor, der dem hoch intelligenten H. M. wieder ein normales Leben ermöglichen sollte: Der Arzt entfernte große Teile des Gehirns. Aus den Schläfenlappen, von denen seiner Meinung nach elektrische Störimpulse ausgingen, schnitt er links und rechts je ein pflaumengroßes Stück heraus.

Dabei musste Scoville eine Struktur zerstören, die Hippocampus, zu Deutsch »Seepferdchen« heißt. Tatsächlich windet sich dieses Geflecht von Neuronen wie ein Seepferdchen in doppeltem Bogen unter den Schläfenlappen. Der Chirurg wusste nicht, was er anrichtete, denn bis dahin war unbekannt, wozu der Hippocampus dient: Ohne ihn können wir keine Erinnerungen anlegen. Doch das hat erst H. M. die Forscher gelehrt.

Zwar kamen die epileptischen Anfälle nie wieder, doch als der junge Mann aus der Narkose erwachte, war er für immer verändert. Sein Gedächtnis konnte keine einzige neue Information mehr aufnehmen. Dabei wusste er sehr wohl noch, wer er war, und konnte auch lebendig aus seiner Kindheit und Jugend erzählen. Auch seine hohe Intelligenz ist H. M. erhalten geblieben, und zur anfänglichen Überraschung seiner Ärzte kann er sich sogar bestimmte neue Fähigkeiten aneignen – Kartentricks etwa oder Schrift im Spiegel zu lesen. Derlei Kunststücke gelingen ihm perfekt, auch wenn er bei jeder Wiederholung glaubt, dass er seine Vorstellung zum ersten Mal präsentiert.

So beweist H. M., dass es nicht ein Gedächtnis gibt, sondern mehrere. Offenbar sind spezielle Teile des Gehirns dafür zuständig, dass wir Fähigkeiten wie Radfahren oder das Ausführen von Zauberkunststücken erlernen. Dieses unbewusste, so genannte implizite Gedächtnis war H. M. erhalten geblieben. Zum Erleben von Zeit aber scheint es wenig beizutragen. Dafür brauchen wir das explizite Gedächtnis, in dem wir Informationen und Erlebnisse speichern.

Das explizite Gedächtnis besteht wiederum aus zwei Stufen, wie H. M.s Schicksal zeigt. Die erste Stufe ist das Arbeitsgedächtnis. Es enthält, wie wir gesehen haben, die Information, die wir aktuell für unser jeweiliges Vorhaben brauchen – etwa eine soeben nachgeschlagene Telefonnummer. Für diese Leistung ist vor allem das Stirnhirn zuständig, der präfrontale Cortex, der bei H. M. intakt ist. Daten im Arbeitsgedächtnis sind blitzschnell verfügbar, doch sein Fassungsvermögen ist gering. Wer mehr als sieben verschiedene Informationen im Kopf behalten will, muss sich gewöhnlich einer Eselsbrücke bedienen. Und vor allem ist die Erinnerung im Arbeitsgedächtnis flüchtig. Wird sie in einer Art innerem Gemurmel nicht ständig wiederholt, hat sie sich nach spätestens ein paar Minuten aufgelöst.

Die zweite Stufe des Gedächtnisses passiert eine Information nur dann, wenn sie so wichtig erscheint, dass sie uns sehr intensiv, länger oder wiederholt beschäftigt. Nur in diesem Fall kann sie ins Langzeitgedächtnis gelangen. Alles andere wird für immer gelöscht, damit sich im Kopf nicht zu viel unnützes Wissen ansammelt. (Wollen Sie sich an jeden Werbespot erinnern, den Sie irgendwann im Radio gehört haben?) Dieser Eingang ins Langzeitgedächtnis aber ist bei H. M. blockiert.

Auch wenn ein Ereignis seinen Weg ins Langzeitgedächtnis findet, unterliegt es im Gehirn noch einmal einer Auswahl. Längst nicht alle Einzelheiten werden gespeichert, sondern wir merken uns nur das, was im Moment des Erlebens wesentlich scheint. Vermutlich wissen Sie, wie das Wetter war, als Sie gestern früh die Straße betraten, nicht aber, welche Farbe das Auto hatte, das vor der Haustür parkte. Sie haben diese Information nicht etwa vergessen; sie ist nie in Ihr Langzeitgedächtnis vorgedrungen. Deshalb kann die Erinnerung kein fotografisches Abbild der

Wirklichkeit sein. Vielmehr ähnelt sie einer Landkarte unseres vergangenen Lebens mit ein paar Eintragungen, aber vor allem voller weißer Flecken.

Wie Gegenwart Erinnerung wird – und umgekehrt

Obwohl das Gehirn beim Übergang vom Arbeits- ins Langzeitgedächtnis rigide aussiebt, sammeln sich in unseren Köpfen riesige Datenmengen. Seit den ersten Stunden nach der Geburt hamstern wir Informationen. Dass es keineswegs selbstverständlich ist, sich in diesem Wust zurechtzufinden, merken wir dann, wenn uns eine bestimmte Information nicht einfallen will: »Es liegt mir auf der Zunge …«[5]

Doch gemessen daran, was im Kopf alles gespeichert ist, geschieht dies bemerkenswert selten. Das Gedächtnis ist ein Wunder an Organisation. In Zehntelsekunden finden wir darin die Popsongs, die wir als Jugendliche gehört haben, aber auch die Telefonnummer des Taxistands um die Ecke oder den Namen unserer Lieblingszahnpasta. Das ist nur möglich, weil das Gehirn ein Erlebnis in seine Bestandteile zerlegt und die einzelnen Informationen an verschiedenen Orten speichert. Wenn Sie sich beispielsweise eine Szene merken, in der ein Freund Ihnen gegenübersitzt und redet, gelangt jede Einzelheit in verschiedene Bereiche Ihres Kopfes. Für das Wissen darüber, wo sich etwas oder jemand befand, sind andere Zentren zuständig als für Gesichter, und in wieder anderen Regionen ist gespeichert, was Sie gehört haben. So erscheint später jedes Detail in einem bestimmten Zusammenhang – wie im Schlagwortkatalog einer Bibliothek. Das Erlebnis zerfällt in seine einzelnen Fakten; Fachleute sprechen von der »Kodierung«.[6]

Erinnerung ist also nicht gespeicherte Gegenwart. Wenn eine Erfahrung Erinnerung wird, verwandelt sie sich. Sie wird zertrümmert. Das Gehirn merkt sich aber nicht nur die einzelnen Bruchstücke, sondern auch, wie sie zusammenhängen. So können wir uns von einem Sachverhalt zum nächsten hangeln, wenn wir nach einer Information suchen. Wie nützlich das ist, zeigt sich etwa, wenn Sie die Brieftasche verlegt haben. Dann fragen Sie sich vergeblich, wo das verdammte Ding ist – Sie haben keinen direkten Zugriff auf diese Information. Doch wenn Sie sich vergegenwärtigen, was Sie am Vortag bezahlen mussten, wann Sie die Brieftasche zuletzt bewusst in der Hand gehalten haben und welchen Mantel Sie trugen, ist die Chance groß, dass Ihnen plötzlich ein Licht aufgeht. Sie haben die Kodierung im Gedächtnis genutzt. Erst recht tun Sie dies, wenn Sie eine weite Reise in die Vergangenheit unternehmen und auf Erinnerungen stoßen, »in denen sich noch weiter zurückreichende Dinge verbergen, gerade so wie in einem labyrinthischen Gewölbe«, wie es der Dichter W. G. Sebald beschrieb.[7]

Der Hippocampus dient offensichtlich dazu, diese Kodierung herzustellen. In jenem Teil des Gehirns, den H. M. verloren hat, werden die Daten zum Speichern neu geordnet. Wie dies genau geschieht, ist noch nicht verstanden. (Offen bleibt bisher, ob der Hippocampus eine Art Zwischenspeicher für Erinnerungen ist, bevor sie endgültig ins Langzeitgedächtnis wandern, oder ob es sich nur um ein Stellwerk handelt, das die Daten sofort in die endgültigen Speicher verschiebt.) Jedenfalls sorgt der Hippocampus dafür, dass ein Erlebnis so in seine Einzelheiten zerlegt wird, dass das Gedächtnis sie ablegen und wiederfinden kann.[8]

Um die Erinnerung zurück ins Bewusstsein zu rufen, wird die in der ganzen Großhirnrinde verteilte Information wieder gesammelt. Das erledigen Regionen in der Gegend von Schläfen und Scheitel, die der amerikanische Neurologe Antonio Damasio »Konvergenzzonen« nennt.[9] Soll eine Unterhaltung auf einer Party letztes Jahr wieder lebendig werden, sprechen die Konvergenzzonen alle Hirnbereiche an, in denen die Einzelheiten dieses Gesprächs gespeichert sind – was wir damals sahen, hörten und taten. Dann fügen sich die verstreuten Fakten wie Puzzleteile zu einem Bild zusammen.

Auch so etwas wie eine zeitliche Reihenfolge wird wieder hergestellt, jedenfalls dann, wenn die Erinnerung noch nicht zu alt ist. Das erledigt ein Zentrum tief in der Großhirnrinde, das basale Vorderhirn. Es ordnet die einzelnen Bilder nach früher und später, so dass wieder eine sinnvolle Handlung entsteht. Menschen, die etwa durch einen Schlaganfall einen Schaden am basalen Vorderhirn erlitten haben, gerät das Gedächtnis durcheinander. Auch wenn sie jede einzelne Szene aus der Vergangenheit richtig erinnern, verwechseln sie vorher und nachher. Wenn sie aus ihrem Leben erzählen, fehlt jede Logik.[10]

Stets aber speichert das Gedächtnis nur das, was seinerzeit wichtig erschien. Darum ist auch im intakten Gehirn die Erinnerung voller Lücken. Die meisten Puzzleteile fehlen, weil es sie nie gegeben hat. Trotzdem glauben wir, ein einigermaßen vollständiges Bild der Vergangenheit vor Augen zu haben. Das Gehirn ergänzt nämlich ungeniert die fehlenden Daten, und wenn plausible Hinweise fehlen, erfindet es sie einfach.

Juristen können ein Lied davon singen: Sollen bei einem Gerichtsverfahren drei Passanten die Farbe des Unfallautos bezeugen, müssen sich die Richter oft mit drei verschiedenen Aussagen herumschlagen. Und jeder Zeuge schwört, sich seiner Sache absolut sicher zu sein. Der amerikanische Kognitionspsychologe Ulric Neisser hat dies einmal so ausgedrückt: »Aus ein paar eingespeicherten Knochenstücken erinnern wir einen Dinosaurier.«[11]

Erinnerung verwandelt uns

Woraus besteht eine Erinnerung? Information fließt im Gehirn als Signal zwischen Nervenzellen. Dabei werden die Neuronen jedes Mal auf charakteristische Weise aktiv. Wenn wir über das letzte Desaster der Nationalmannschaft bei einem Länderspiel nachdenken, feuern andere graue Zellen, als wenn wir dem Geschmack einer Erdbeere auf der Zunge nachspüren. So entspricht jeder Erfahrung im Gehirn ein ganz bestimmtes – und natürlich sehr kompliziertes – Muster der Neuronenerregung. Wenn wir uns etwas merken, wird genau dieses Muster gespeichert. Das ist eine Erinnerung. So kann uns die Vergangenheit wieder ins Bewusstsein treten, indem der alte Zustand wieder hergestellt wird.

Das Muster kommt zustande, weil die Neuronen über kabelartige Ausleger, die Dendriten, miteinander verbunden sind. Dadurch können sie Signale austauschen; die Aktivität einer grauen Zelle regt die nächste zur Tätigkeit an – oder blockiert sie. Was genau geschieht, entscheidet sich am Ende der Dendriten, wo das Signal vom einen Neuron ins andere fließt. Dort sitzen Schleusen, die Ionenkanäle heißen, weil die Signale in Form elektrisch geladener Atome, also Ionen, ausgetauscht werden.

Im Arbeitsgedächtnis wird eine Erinnerung aufbewahrt, indem sich das Verhalten dieser Schleusen vorübergehend verändert. Etwas vereinfacht gesagt, verharren die Ionenkanäle in dem Zustand, der dem Bild aus der Vergangenheit entspricht, statt sich auf neue Information einzustellen. So bleibt das Muster erhalten, das zu diesem Erlebnis gehört, und was man sich merken will, ist weiter präsent. Bald allerdings fallen die Kanäle in ihr normales Verhalten zurück, die Information ist vergessen.

Damit sich eine Erinnerung im Langzeitgedächtnis festsetzen kann, muss mehr geschehen. Forscher haben im Labor an einzelnen Zellen nachgewiesen, wie die Verfestigung des Erlebten funktioniert. Zuerst bilden sich in den grauen Zellen bestimmte Eiweißstoffe, Proteine, die über mehrere Zwischenschritte die Ionenkanäle blockieren – wie ein Keil in der Tür.[12] So bleibt das Muster eine Weile erhalten.

Doch Proteine zerfallen, und auf Dauer wäre es zu aufwendig und störanfällig, ständig neue nachzubauen, um die Erinnerung im Gedächtnis zu halten. Darum setzt für Informationen, die sich weiter als wichtig erweisen, bald die endgültige Speicherung ein: Die Neuronen verändern ihre Form, ihnen wachsen neue Dendriten. Durch diese Ausleger fließen die Signale fortan verstärkt von der einen grauen Zelle zur nächsten. Statt also nur die Ionenkanäle, die Schleusen für Information, zu blockieren, wird nun ein ganz neuer Weg für die Signale geschaffen. So lässt sich das Erregungsmuster der vergangenen Erfahrung jederzeit wieder auslösen. Die Erinnerung hat sich im Kopf eingeprägt und kann bis zum Tod erhalten bleiben. Langzeitgedächtnis bedeutet also, dass sich die Struktur des Gehirns verändert. Diesen Vorgang kann man mit geeigneten Mikroskopen sogar beobachten.[13]

Das Gehirn funktioniert also ganz anders als ein Computer. In der Maschine gibt es Software und Hardware – einerseits Programme, andererseits das Gerät, auf dem sie laufen. Lädt man auf den PC die Digitalfotos vom vergangenen Wochenende, ändert sich an der Maschine gar nichts, nur ein paar winzige Bereiche auf der Festplatte werden neu magnetisiert. Im Gehirn hingegen sind Hard- und Software ein und dasselbe. Wenn wir uns Bilder merken, verwandelt sich die Struktur der Neuronen. Und wie die Neuronen miteinander verflochten sind, bestimmt wiederum unsere Gefühle und unser Verhalten.

So formt Erinnerung die Persönlichkeit, als würde die vergangene Zeit im Kopf auskristallisieren. Der Schriftsteller Marcel Proust hat diese Verwandlung so genau, so bildhaft und ausführlich beschrieben wie kein anderer. Am Ende seines Romans »Auf der Suche nach der verlorenen Zeit« erinnert sich der Erzähler an den Klang eines Glöckchens, das er einst als Kind in seinem Elternhaus hörte. Dann fällt ihm auf, dass er dieses Läuten »noch im Ohr hatte, diese Geräusche selbst, obwohl sie doch so weit in der Vergangenheit lagen. (…) Um diese Stimme möglichst aus größerer Nähe zu hören, war ich gezwungen, tiefer in mich selbst hinabzusteigen. Also lag dieses Klingen noch immer in mir und zudem zwischen ihm und dem gegenwärtigen Augenblick die ganze, unendlich breit entfaltete Vergangenheit, von der ich gar nicht wusste, dass ich sie in mir trug.« Mit Recht spricht Proust von den »vorübergegangenen und von uns doch nicht getrennten Jahren«.

Die eigene Geschichte

Weiteren Aufschluss über das Wesen von Erinnerung und Zeitempfinden gibt das Schicksal eines Kanadiers mit den Initialen K. C., der 1981 bei einem Motorradunfall große Teile seines Gehirns und mit ihnen sein Gedächtnis verlor.[14] Wie sein Leidensgenosse H. M. kann er seitdem nicht mehr behalten, was in seinem Leben geschieht. So vergisst er sofort, was er gerade getan hat. Abstrakte Informationen aber kann sich K. C., wenngleich eingeschränkt, nach wie vor einprägen; virtuos beherrscht er das komplizierte Kartenspiel Bridge.

Doch anders als H. M. hat er auch Erinnerung an die Zeit *vor* dem Unfall verloren – aber nur zum Teil. Die Fakten kennt K. C. noch. Er schnurrt die Namen seiner alten Freunde herunter, doch ohne zu wissen, was er mit ihnen erlebt hat. Auf Fotos erkennt er seine Eltern, ohne dass ihm auch nur eine einzige Kindheitserinnerung einfiele. Er weiß noch die Namen der Orte, an denen er einmal war, und der Menschen, die er traf, aber sie sagen ihm nichts mehr. Er lebt in einer Welt aus kaltem, unpersönlichem Wissen; sein Gedächtnis gleicht einer Datenbank. Was er aus seinem Leben erinnert, gibt er so wieder, als ob es einen Fremden beträfe.

Auch alles Empfinden der Zeit hat er verloren. Die Vergangenheit ist für ihn tot, Pläne für die Zukunft schmiedet er nicht. Fragt man ihn, was in einer Viertelstunde sein wird, reagiert er verlegen. Soll er die vergangene Viertelstunde beschreiben, antwortet er, es herrsche »Leere« in ihm. Im Gegensatz zu H. M. allerdings ist ihm völlig bewusst, dass andere Menschen in der Zeit leben. Er kennt Uhren und Kalender, nur haben sie für ihn so wenig mit seinem Leben zu tun wie das Telefonbuch von Shanghai. Stunden und Tage sind für ihn abstrakt. K. C. weiß von der Zeit, aber er spürt sie nicht.

K. C. kennt nur noch blanke Informationen, aber

nicht mehr die Umstände, unter denen er sie aufgeschnappt hat. Ihm fehlt das Quellengedächtnis – ein Schicksal vieler Patienten mit einer Schädigung des Stirnhirns. Damit hat K.C. auch den Blick auf seine eigene Geschichte verloren: Lebendig wird die Vergangenheit nur für den, der sich selbst als Akteur darin sieht. Die Autobiographie eines Menschen entsteht dadurch, dass ihm bewusst ist, unter welchen Umständen er diese oder jene Erfahrung gemacht hat. Weiß ich, dass der Künstler Giotto die Kapelle der Scrovegni in Padua ausgemalt hat, ist dies bloßes Tatsachenwissen, wie es sich aus einem Buch wiedergeben ließe. Erst wenn ich mir eine bestimmte Reise nach Oberitalien vergegenwärtige, mich an die Irrfahrten durch die Einbahnstraßen der Stadt erinnere und an die seltsame Luftschleuse, durch die man zum Schutz der empfindlichen Fresken die Kapelle betritt, wird aus dem Wissen ein Stück meiner Biographie.

Vor allem aber liefert das Quellengedächtnis Hinweise auf die Zeit. Mein erster Besuch in Padua muss im Winter und zur späten Mittagszeit stattgefunden haben, denn die Kapelle erschien in fahlem, hartem Licht, und mich quälte ein leerer Magen. Wir können uns höchstens 15 Minuten in dem Gebäude aufgehalten haben, denn noch bevor ich mir einen Überblick über die Fresken verschafft hatte, warf uns ein Wärter mit dem Hinweis hinaus, dass er die Kunstwerke vor der Feuchtigkeit unseres Atems zu bewahren habe. An solchen Kleinigkeiten, die das Quellengedächtnis speichert, orientieren wir uns in der Zeit. Nur anhand der eigenen Geschichte können wir spüren, wie die Stunden, Tage und Jahre vergehen.

Keine Uhr, kein Kalender

Und doch bereitet es uns größte Mühe, die Zeit zu erschließen, wenn wir uns auf Spurensuche in der eigenen Vergangenheit machen. Was aufsteigt, bleibt Stückwerk: Ein paar Szenen hier, ein paar Eindrücke da. Aber in welcher Reihenfolge haben sich die Ereignisse abgespielt? Nur Indizien verweisen auf vorher und nachher; Daten bleiben völlig im Dunklen. Wie das Empfinden der verstreichenden Zeit selbst ist auch die Erinnerung an Dauern und Daten labil; wiederum benötigt das Gehirn Krücken, um sich einigermaßen zu orientieren.

Vorstellbar wäre es zwar, dass alles, was ins Gedächtnis Eingang findet, eine Art Datumsstempel trägt – so, wie eine Digitalkamera automatisch Tag und Stunde der Aufnahme speichert. Aber wenig spricht dafür, dass das Gehirn so arbeitet. Denken Sie an Ihren Sommerurlaub im vorigen Jahr. Sofort wird Ihnen einfallen, wohin und mit wem Sie verreisten. Bilder, möglicherweise auch Töne und Gefühle ziehen herauf. Doch können Sie ohne langes Nachdenken und ohne Blick in den Kalender die Daten Ihrer Abreise und Rückkehr angeben?

Der holländische Psychologe Willem Wagenaar hat dieses Experiment systematisch durchgeführt.[15] Vom Jahr 1978 an schrieb er jeden Abend ein oder zwei Erlebnisse auf, die ihm als die interessanten des Tages erschienen. Zu jedem Ereignis füllte er vier Karteikärtchen aus. Auf dem ersten stand wo, auf dem zweiten wann, auf dem dritten was geschehen war. Auf dem vierten Kärtchen hielt Wagenaar fest, wer dabei war. Nach Ablauf von sechs Jahren prüfte er seine Erinnerung. Wahllos zog er ein Kärtchen – auf dem zum Beispiel stand, dass er irgendwann eine phänomenal gute Flasche Wein genossen hatte. Dann versuchte er aus dem Gedächtnis die übrigen Fragen zu diesem Ereignis zu beantworten: In diesem Fall, wann, wo und mit wem er den Wein geleert hatte. Gelang es ihm nicht, zog er eine weitere Karte zu diesem Ereignis, zur Not auch eine dritte und schließlich die vierte.

Die Gedächtnisstützen waren von höchst unterschiedlichem Wert. Fast immer gab die Antwort auf die Frage »Was?« den besten Anhaltspunkt. Das überrascht nicht; schließlich macht es für unser Erleben einen gewaltigen Unterschied, ob wir in einen Autounfall verwickelt sind oder auf Skiern einen

Tiefschneehang hinabsausen. »Wo?« und »Wer?« erwiesen sich als hilfreicher Fingerzeig; die Information »Wann?« aber stellte sich immer als nutzlos heraus.

Selbst wenn Sie den Hinweis bekommen, dass Sie am 21. September 2005 mit Ihrer Frau vor dem Haus einparkten, werden Sie sich also kaum daran erinnern, dass Sie dabei einen kleinen Blechschaden verursachten. Und wenn Sie umgekehrt alle Einzelheiten eines Zwischenfalls kennen, können Sie meist dennoch nicht genau sagen, wann er sich abspielte: Sie mögen sich der Begegnung Ihres linken Kotflügels mit einem Laternenpfahl entsinnen – aber wissen Sie auf Anhieb, in welchem Jahr es war? Wagenaar untersuchte auch, wie treffsicher wir das Datum einer Erinnerung einordnen können, wenn wir alle anderen Umstände kennen. Das Ergebnis war ernüchternd: Unsere Orientierung in der Zeit ist höchst unzuverlässig.[16]

Die Suche der Neuropsychologen nach einem Mechanismus im Hirn, der den Zeitpunkt eines Erlebnisses speichert, verlief denn auch bislang ohne Ergebnis.[17] Wenn das Gehirn eine Erfahrung zum Speichern in ihre Teilinformationen zerlegt, merkt es sich Orte, Farben, Formen, Gefühle, Töne, Düfte, Geschmack. Die Zeit aber wird nicht kodiert. Ebenso wenig wie eine Zentraluhr im Kopf existiert, führt das Gehirn einen Kalender.

Natürlich gibt es Daten, die einem jederzeit einfallen. Wissen Sie noch, was Sie am 11. September des Jahres 2001 gemacht haben? Vermutlich werden Sie sich genau an den Moment erinnern, als Sie von den Anschlägen auf die New Yorker Wolkenkratzer erfuhren: Wo Sie waren, wen Sie trafen, wo Sie die ersten Fernsehbilder sahen, selbst ob der Himmel über Ihrer Stadt bewölkt oder sonnig war.

»Blitzlichterinnerungen« nennt der Psychologe Neisser derart starke Eindrücke. Sie entstehen, weil das Gedächtnis mehr als sonst aufnahmebereit ist, wenn wir innerlich aufgewühlt sind. Dies scheint eine Wirkung des Hormons Adrenalin zu sein, das die Nebenniere in Momenten großer Erregung ausschüttet.[18] Zudem verfestigen sich solche Erinnerungen, weil wir dem auslösenden Ereignis immer wieder begegnen. Jeder Fernsehzuschauer hat hunderte Male gesehen, wie sich ein Flugzeug in das World Trade Center bohrte. So werden die Blitzlichterinnungen immer wieder aufgefrischt und können gar nicht verblassen. Und wir merken uns das Datum, denn an Tagen wie dem 11. September 2001 verbindet sich die Weltgeschichte untrennbar mit unserer ganz persönlichen Biographie.[19]

Die Retusche des Erlebten

Was wir erleben, wenn wir uns erinnern, ist viel mehr als nur ein Wiedersehen mit der verflossenen Zeit. Denn Erinnerungen sind nicht einfach da, wir erschaffen sie. Wir erzählen uns unsere Geschichte neu, und dabei geht die Vergangenheit eine Verbindung mit der Gegenwart ein.[20]

Besonders ausgeprägt ändert sich der Blick auf das Gewesene bei den Gefühlen, die wir mit unserer Geschichte verbinden. Wir sehen das Gestern meist so, wie es uns aus der heutigen Perspektive als logisch erscheint. Diesen Effekt hat der amerikanische Neuropsychologe Daniel Schacter in einem einfachen Versuch demonstriert.[21] Er zeigte Studenten Fotos von Menschen und spielte ihnen gleichzeitig vom Band Stimmen vor, die freundlich oder feindselig klangen. Später sahen die Studenten die Portraits noch einmal und sollten sich an den zugehörigen Tonfall erinnern. Doch ihre Antworten hatten nichts mit dem zu tun, was sie beim ersten Durchgang gehört hatten, umso mehr dafür mit dem Ausdruck der Bilder: Ein lächelndes Gesicht wurde mit einer angenehmen Stimmlage assoziiert, ein finsteres mit einem unfreundlichen Klang.

Zudem wählen wir das, was wir erinnern, passend zu unserer gegenwärtigen Stimmungslage aus. Wer guter Dinge ist, dem fallen etwa zu seiner Partnerschaft in erster Linie erfreuliche Begebenheiten ein. Fühlt man sich hingegen – aus welchem Grund auch immer – niedergeschlagen, denkt man eher an all den Streit und die Enttäuschungen der gemeinsam verlebten Jahre. Ursache und Wirkung verlaufen tatsächlich so und nicht etwa umgekehrt, wie psychologische Experimente immer wieder gezeigt haben. Wir sind selten deprimiert, weil uns die Vergangenheit belastet (schwere traumatische Erlebnisse oder kürzlich erlebte Schicksalsschläge ausgenommen). Vielmehr erinnern wir uns gerade der ärgerlichsten, traurigsten und peinlichsten Szenen unseres Lebens, weil wir deprimiert sind – was die Laune natürlich weiter sinken lässt. Dieser Effekt heißt Stimmungskongruenz.[22]

Und schließlich haben wir die Fähigkeit, die Vergangenheit in einem milden Licht erscheinen zu lassen. Unangenehme Erinnerungen können nicht nur verblassen – das ist das Geheimnis der guten alten Zeit –, sondern auch ihre Bedeutung verlieren oder eine neue Bedeutung bekommen. Selbst eine Maus kann sich mit ihrer Vergangenheit versöhnen. Setzt man das Nagetier in seinem Gehege leichten elektrischen Schlägen aus und lässt vorher zur Warnung ein Lämpchen aufblinken, zeigt es nach ein paar Durchgängen schon beim Lichtsignal alle Zeichen der Angst. Die Maus hat eine – selbstverständlich unbewusste – Erinnerung. Doch der Schrecken verliert seine Wirkung, wenn das Tier in ein anderes Gehege umziehen darf, wo auf das Blinken keine Schläge mehr folgen. Die Maus hat die üble Erinnerung in der neuen Umgebung aber keineswegs vergessen, sondern nur neu interpretiert. Das stellt sich heraus, wenn das Tier zurück in den ersten Käfig muss. Dann lebt schon beim ersten Blinken die Angst wieder auf.[23]

Menschen können sich anders als Mäuse bewusst dafür entscheiden, ihre Vergangenheit neu zu bewerten. Nichts anderes tun wir, wenn wir verzeihen. Die Erinnerung an das Gewesene ist zwar noch da, doch indem wir Verständnis für den aufbringen, der uns gekränkt hat, löst sie keine negativen Gefühle mehr aus. Eine solche veränderte Einstellung zur Vergangenheit ist auch ein Produkt unseres Willens. Wie in meinem Buch »Die Glücksformel« ausführlich beschrieben, werden negative Emotionen von einem evolutionär alten Zentrum des Zwischenhirns, der Amygdala, ausgelöst. Wenn wir uns entschließen, ein Erlebnis weniger tragisch zu nehmen, übernehmen Bereiche im Stirnhirn die Kontrolle über die Amygdala und hemmen die negative Gefühlsreaktion. Vor allem die linke Hälfte des Stirnhirns spielt dabei eine wichtige Rolle als Ausschalter für Angst, Trauer und Wut.

In neuen Experimenten, bei denen erstmals direkt die Gehirntätigkeit während solcher Gefühlskontrolle gemessen wurde, hat der New Yorker Neuropsychologe Kevin Ochsner diese Zusammenhänge eindrucksvoll bestätigt.[24] Dabei macht es erstaunlicherweise keinen Unterschied, ob wir eine Erfahrung zum ersten Mal durchmachen oder ob wir sie erinnern. Ganz gleich, ob die Eindrücke aus der Außenwelt oder aus dem Gedächtnis kommen – die Emotionen werden auf gleiche Weise ausgelöst und kontrolliert. Auch das konnte Ochsner zeigen: Es steht uns in gewissem Umfang frei, ein erinnertes Erlebnis mit einem neuen Gefühl zu verbinden. Zeit heilt Wunden – und wir können ihr dabei helfen.

Erinnerungen sind nicht einfach da wie Fotos in einer Kiste, die wir nur wieder hervorzuholen brauchen. In Wirklichkeit setzt das Gehirn sie aus den Bruchstücken im Gedächtnis und dem, was uns gegenwärtig umtreibt, immer wieder von neuem zusammen. Sich zu erinnern ist also ein aktiver Vorgang. Und wenn wir ein vergangenes Ereignis im Geiste wieder durchleben, beeinflussen wir damit auch die gespeicherte Information – die Gegenwart verwandelt die Vergangenheit.

Ein Gebäude aus Splittern und Scherben

Wie sich die Erinnerung selbst ohne bewusstes Zutun verwandelt, hat jeder schon einmal erlebt, der nach einer schweren Gehirnerschütterung mit Gedächtnisverlust im Krankenhaus lag: Die letzten Tage, Wochen, manchmal sogar Monate vor dem Unfall scheinen wie ausgelöscht. Doch das, was früher geschah, ist der Erinnerung problemlos zugänglich. Offensichtlich gibt es also ältere Erinnerungen, die schon verfestigt sind, und jüngere, die sich noch im Kopf verankern müssen; die Erschütterung hat diesen Vorgang gestört. Solche Neuorganisation geschieht ständig, nur bemerkt man sie normalerweise nicht. Kommen mit fortschreitender Genesung die Ordnungsarbeiten wieder in Gang, beginnt eine Aufholjagd: Von der verloren geglaubten Zeit dämmern erst die dem Unglück fernsten Ereignisse herauf, dann rückt der Horizont immer näher heran. Eine kleine Lücke bleibt allerdings fast immer.

Hat sich die Erinnerung nach ein paar Wochen im Kopf verfestigt, sind die Umbauten im Gedächtnis längst nicht beendet. Das haben Studien an Patienten gezeigt, denen nach einem schweren Unfall Jahre oder gar Jahrzehnte ihrer Vergangenheit fehlen, während sie an noch ältere Ereignisse ohne Mühe zurückdenken können. Offenbar gestaltet sich die Erinnerung über so lange Zeiträume hinweg immer wieder neu.[25]

Dabei bleibt viel auf der Strecke. Immer wieder siebt das Gedächtnis sein Wissen, vermutlich um unnötige Informationen dem Vergessen preiszugeben. Was wir hingegen am Ende dieses Vorgangs, nach Jahrzehnten, immer noch wissen, werden wir sehr wahrscheinlich für den Rest unseres Lebens behalten.

Bis dahin aber haben wir es in der Hand, was wir aus der Vergangenheit in die Zukunft mitnehmen. Der holländische Schriftsteller Cees Nooteboom irrte, als er schrieb: »Die Erinnerung ist wie ein Hund, der sich hinlegt, wo er will.«[26] Denn der Hund hört durchaus auf unseren Befehl: Das Gedächtnis verändert und verfestigt sich durch seinen Gebrauch.

So ist es möglich, dass Erinnerungen mit der Zeit nicht verblassen, sondern im Gegenteil stärker werden. Im Experiment lässt sich diese »Konsolidierung« beobachten, wenn man Menschen Bilder zum Einprägen vorlegt und dann immer wieder testet, wie viel sie behalten haben. Normalerweise würden immer mehr Verwechslungen und Erinnerungslücken auftreten, je mehr Zeit zwischen Lernen und Abruf vergeht. Müssen die Versuchspersonen aber zwischendurch oft auf ihr Gedächtnis zugreifen, indem sie sich einzelne der gespeicherten Erlebnisse vergegenwärtigen, wird die Erinnerung immer deutlicher – und das selbst bei Bildern, die nie zuvor abgefragt wurden. Vermutlich legt das Gehirn beim Erinnern neue und bessere Verknüpfungen zwischen den einzelnen Gedächtnissplittern an. So fällt es zunehmend leichter, auf Wunsch ein Bild oder auch ein

Vergangenheit, die sich verwandelt: das Marcello-Theater in Rom.

ganzes Erlebnis abzurufen. Auch daran könnte es liegen, dass älteren Menschen ihre Jugend oder die Erfahrungen des Krieges viel stärker vor Augen stehen als das, was sie in späteren Lebensjahren erlebten: Sie haben sich öfter daran erinnert, mehr davon erzählt.[27]

Unser Erleben der Vergangenheit ähnelt einer Besichtigung Roms, dessen alte Bauten aus noch älteren Steinen entstanden sind. Die Säulen, die einmal ein Tempeldach trugen, wurden zum Portal einer Kirche. Aus den Ruinen eines Stadions wuchs das barocke Halbrund der Piazza Navona empor. Und in den Tribünen des Marcello-Theaters, einer Kleinausgabe des Kolosseums, richteten sich Menschen nach dem Untergang des Römischen Reichs Wohnungen ein. Jede Zeit zog aus ihrer Vergangenheit Baumaterial, setzte es wieder zusammen und verwandelte es in neue Gebäude, die ihrerseits später um- und abgebaut wurden.

Wenn wir aber einen Rundgang durch das eigene Gedächtnis unternehmen, sind die Baumeister unserer Erinnerung wir selbst.

8
Sieben Jahre wie ein Augenblick
Warum das Leben immer schneller vergeht, je älter wir werden

Im Rückblick verändert sich die Zeit. Spannen, die uns einst endlos erschienen, haben sich bis ins fast Unkenntliche zusammengezogen. Und ein Erlebnis, das wie nichts vorüberging, bläht sich im Gedächtnis auf wie ein Ballon. Zu solchen Verzerrungen kann es nur kommen, weil die Erinnerung keinen Kalender führt.

Jeder Ortswechsel führt vor Augen, wie sich Langeweile und Kurzweil im Nachhinein geradezu in ihr Gegenteil verwandeln. Am ersten Tag nach der Ankunft vergehen die Stunden wie im Flug. Alle Eindrücke sind neu, in jedem Augenblick sind die Sinne damit beschäftigt aufzusaugen, was ringsum geschieht. So wird es Abend, und kaum bemerkt man, wie die Zeit vergeht. Doch denkt man beim Einschlafen zurück, erscheint der Morgen so unendlich fern, als würde man durch ein umgekehrtes Teleskop in die Vergangenheit blicken. Ist die Zeit in der Wahrnehmung nun schneller oder langsamer als gewöhnlich verronnen? In welchem Tempo sie fließt, hängt offenbar davon ab, in welche Richtung des Flusses wir schauen.

Ein Tag, den man krank im Bett zubringen musste, offenbart den umgekehrten Effekt. Die Stunden ziehen sich dahin, bis man endlich hinreichend müde wird und eindämmern kann. Doch fragt man sich am nächsten Morgen, wo der Vortag geblieben ist, hat sich die quälend langsam verstrichene Zeit geradezu aufgelöst: Man war krank. Weiter gibt es nichts zu erinnern.

Thomas Mann hat in seinem Zauberberg-Roman beide Motive, Reise und Ereignislosigkeit, miteinander verbunden. Hans Castorp, ein reicher junger Hamburger, fährt in ein Lungensanatorium in Davos, um dort einen Vetter zu besuchen. Schnell merkt er, dass die fremde Welt auf dem Berg, der Kurbetrieb mit seinen Ritualen, die im Speisesaal aus ganz Europa versammelten Kranken eine merkwürdige Faszination auf ihn ausüben. So lässt er sich nur zu bereitwillig darauf ein, als ein Arzt ihm wegen einer Erkältung rät, seinen Aufenthalt zu verlängern. Das Flachland und seine Verpflichtungen dort interessieren Castorp immer weniger; vor allem aber beginnt er das Zeitgefühl zu verlieren. In der Ereignislosigkeit des Zauberbergs zählen weder Vergangenheit noch Zukunft, sondern allein der immer gleiche Trott von »Fieber messen, Essen, Liegekuren, warten und Tee trinken«. Die Zeit scheint aufgehoben. Aus Castorps einst geplanten drei Wochen in Davos werden schließlich sieben Jahre.

Schon an den Seitenzahlen des Romans lässt sich ablesen, wie sich die Zeit in der Erinnerung des Helden verkürzt und verfestigt. Die ersten beiden Tage im Sanatorium, als eine neue Welt zu entdecken ist, füllen drei Kapitel. Thomas Mann, der selbst viel gereist ist, lässt seinen Helden erklären: »Komisch ist und bleibt es, wie die Zeit einem lang wird zu Anfang, an einem fremden Ort. Selbstverständlich kann keine Rede davon sein, dass ich mich langweile (...). Aber wenn ich mich umsehe, (...) kommt es mir vor, als ob ich schon wer weiß wie lange hier oben wäre.« Die nächsten zwei Kapitel beschreiben, was Castorp in den darauf folgenden sieben Monaten erlebt. Und wiederum nur zwei Kapitel sind den verbleibenden sechs Jahren gewidmet.

In einer berühmten Passage unter dem Titel »Exkurs über den Zeitsinn« heißt es: »Große Zeiträume schrumpfen bei ununterbrochener Gleichförmigkeit auf eine das Herz zu Tode erschreckende Weise zusammen; wenn ein Tag wie alle ist, so sind sie alle wie einer; und bei vollkommener Einförmigkeit würde das längste Leben als ganz kurz erlebt werden und unversehens verflogen sein.«

Warum der Rückweg immer kürzer ist

Mit seinem »Zauberberg«, veröffentlicht im Jahr 1924, nahm Thomas Mann das Bild der heutigen Forschung vorweg: Was wir als Zeit empfinden, ist eine Menge an Information. Doch in die Rechnung gehen nur solche Sinnesreize ein, die wir bewusst wahrnehmen. Je mehr Signale für das Verrinnen der Zeit wir wahrnehmen, desto länger schätzen wir eine Periode. Ist die Aufmerksamkeit hingegen von anderem gefangen genommen – etwa weil wir eine neue Umgebung erkunden –, nehmen wir den Zeitfluss nicht oder nur eingeschränkt wahr. Die Zeit scheint verkürzt, wir haben sie uns buchstäblich vertrieben.

Doch im Rückblick wird das Zeitgefühl indirekt aus der Menge an Information im Gedächtnis konstruiert. Und diese hängt ganz wesentlich davon ab, wie viel Neues und wie viel Abwechslung wir erlebt haben. So hat Hans Castorp während seiner ersten Tage auf dem Zauberberg, als alles noch unbekannt war, so viele Eindrücke gesammelt, wie die Erzählung an dieser Stelle ausführlich ist. Im Nachhinein erscheint darum eine abwechslungsreiche Zeit länger. Der umgekehrte Effekt stellt sich in Phasen der Langeweile ein, von denen wir automatisch so wenig Berichtenswertes abspeichern wie Castorp in seinen letzten sechs Jahren in Davos.

Die Theorie des Zeitempfindens als Maß von

wahrgenommener und gespeicherter Information, die auf den amerikanischen Psychologen Robert Ornstein zurückgeht, erklärt viele Merkwürdigkeiten des Alltags.[1] Steuert man etwa im Auto ein unbekanntes Ziel an, erscheint der Hinweg deswegen länger als der Rückweg, weil man sich beim ersten Mal die Bilder vom Straßenrand aufmerksam einprägt, während sie auf der Heimfahrt schon bekannt sind.[2]

Sie können diese Theorie im Selbstversuch nachvollziehen. Lassen Sie einen Freund die Graphik von Pieter Brueghel auf der nächsten Seite betrachten und bitten Sie ihn, sich alles zu merken, was ihm auffällt. Ihre Uhr muss ihm unsichtbar bleiben. Nach 15 Sekunden decken Sie das Bild wieder zu; nun zeigen Sie ihm genauso lange das schwarze Quadrat. Wenn Sie nun fragen, wie lange er beide Bilder gesehen hat, wird er in beiden Fällen mehr als 15 Sekunden angeben. So verschätzt sich fast jeder. Vor allem aber wird er bei der Brueghel-Szene eine längere Frist nennen als beim schwarzen Quadrat – in der Rückschau hat sich die Zeit beim Betrachten des detailreicheren Bildes gedehnt.

Bei einem zweiten Versuch geht es um das gegenwärtige Zeitempfinden. Wenn Sie auf »Los!« das Blatt wegziehen, soll Ihr Freund das Bild ansehen und ein Zeichen geben, wenn seiner Meinung nach 15 Sekunden vergangen sind; Sie sehen auf die Uhr. Nun wird er sehr wahrscheinlich beide Male zu früh aufgeben, das Bild von Brueghel jedoch unbewusst länger betrachten: Während seine Augen über das interessantere Bild schweiften, ist für ihn die Zeit schneller vergangen.

Lassen sich diese Experimente, die sich auf kurze Zeiträume beziehen, zwangsläufig auf die Stunden einer Party, die Wochen eines Urlaubs oder gar Hans Castorps Jahre auf dem Zauberberg übertragen? Ein wenig Vorsicht ist an dieser Stelle angebracht: Ob Sie die beiden Bilder betrachten, einer interessanten oder einer uninteressanten Filmszene zusehen, sich gut unterhalten oder gelangweilt warten – das Zeitempfinden reagiert in all diesen Situationen ohne Zweifel gleich. Betrachtet man jedoch Jahre oder Jahrzehnte vergangenen Lebens, so erscheint der Zusammenhang von erinnerter Zeit und gespeicherter Information zwar ebenfalls plausibel, lässt sich jedoch wissenschaftlich schwer belegen. Denn abgesehen davon, dass sich niemand so lange im Labor einsperren lässt: Kein Experiment kann auch nur ansatzweise den Reichtum an Erfahrungen bieten, den uns allein schon eine ganz gewöhnliche Woche verschafft. Und kein Forscher kann kontrollieren, wie wir mit diesen Erfahrungen umgehen – ob wir sie uns immer wieder in Erinnerung rufen oder nicht. Zeiträume, wie Thomas Manns »Zauberberg« sie beschreibt, erst recht eine ganze Lebensgeschichte, befinden sich jenseits der Grenzen des wissenschaft-

Die Gegenwart verkürzt sich, wenn wir das pralle Leben betrachten, wie es Pieter Brueghel auf seinem Kupferstich »Der Alchimist« dargestellt hat. In der Erinnerung jedoch kehrt sich der Effekt um: Dann scheint die Zeit, die wir mit dieser Graphik verbrachten, verlängert. Vom schwarzen Quadrat des russischen Malers Kasimir Malewitsch hingegen bleibt im Gedächtnis nur eine einzige Information haften. Dadurch schrumpft die Zeit im Rückblick zusammen.

lichen Experiments. Dass für das Erleben solcher Zeitspannen ähnliche Gesetzmäßigkeiten gelten wie beim Verstreichen der Sekunden und Minuten, ist

daher keine erhärtete Tatsache, sondern nur eine – wenngleich einleuchtende – Theorie. So weiß die Literatur über dieses Phänomen mehr zu sagen als die Wissenschaft.

Zeitvernichtungsmaschinen

Thomas Mann, aber auch der Theoretiker Ornstein stellten sich das Verhältnis von erlebter und erinnerter Zeit wie das Auf und Ab einer Wippe vor: Entweder die Gegenwart ist interessant und scheint schnell zu vergehen, dann werden wir mit reicher Erinnerung entschädigt. Oder aber die Gegenwart zieht sich wie Kaugummi, erscheint aber später im Gedächtnis verkürzt.

Heute allerdings haben wir fast perfekte Mittel, uns die Zeit in der Gegenwart *und* aus dem Gedächtnis zu vertreiben. Jeder Fernsehzuschauer kennt den Effekt. Während er in die Röhre schaut und zwischen den Programmen hin- und herzappt, sind seine Sinne vom Strom der schnell wechselnden Bilder gefangen. Der Abend geht wie im Fluge vorüber. Wenn er sich aber ein paar Tage später diese Stunden vergegenwärtigen will, scheinen sie spurlos verschwunden zu sein: Was im Fernsehen zu sehen war, bedeutete ihm so wenig, dass sein Gehirn sich nichts davon merkte. Die Bilder, mit denen es bombardiert wurde, haben die Zeit in der Gegenwart vertrieben; und deren Belanglosigkeit hat die Zeit in der Rückschau getilgt.

Das ist eine oft übersehene Wirkung von Fernsehen und anderen Medien: Sie kosten nicht nur Zeit, die sich vielleicht sinnvoller verleben ließe, sondern schaffen auch eine Zone ohne Erinnerung. Überspitzt gesagt, verkürzt elektronische Unterhaltung das Leben.

Noch dramatischer ist das »Fernsehparadoxon«, wie der Jenaer Soziologe Hartmut Rosa das Schrumpfen der Zeit nannte, zu spüren, wenn Sie sich mit einem Computerspiel vergnügen. Solche Spiele sind dafür gemacht, die Aufmerksamkeit völlig zu bannen. Wie rasend die Stunden verfließen, merken Sie allenfalls am Hunger – oder am Protest Ihres Partners. Doch außer an ein paar Animationen und vielleicht das eine oder andere Erfolgserlebnis werden Sie sich an nichts erinnern; es ist, als hätte ein schwarzes Loch dieses Stück Ihres Leben verschluckt.

Eine Stunde ist nicht nur eine Stunde

Etwas Schwund gibt es allerdings immer. Je länger eine Zeitspanne zurückliegt, umso kürzer schätzen wir sie ein. Wenn nichts Besonderes geschehen ist, nimmt die gerade vergangene Woche in unserem Gedächtnis mehr Raum ein als die vorletzte oder gar eine Woche vor einem Jahr. Wo ist die verlorene Zeit geblieben? Sie ist mit all den kleinen Begebenheiten, an die wir uns nicht mehr erinnern, untergegangen. Lässt sie sich wieder beleben?

Diese Frage war Ausgangspunkt eines der in jeder Hinsicht größten Experimente der Weltliteratur. Der Dichter Marcel Proust, der von 1871 bis 1922 in Paris lebte, war schon als junger Mann auf einen Gedanken des ebenfalls französischen Philosophen Henri Bergson gestoßen. Dieser meinte, dass es zwei Arten von

Zeit gebe, die kaum etwas miteinander zu tun hätten: eine Zeit der Uhren, streng genommen nichts als die Bewegung der Zeiger, und eine unseres Bewusstseins, die Bergson die »Dauer« nannte. Diese eigentliche Zeit sei nur intuitiv zu begreifen und Gegenstand unserer persönlichen Innenwelt.

Proust trieb Bergsons Ideen ein gutes Stück weiter; dabei gelang es ihm, die metaphysischen Spekulationen des Philosophen in der Wirklichkeit zu erden. Wenn Zeit für den Menschen aus dem Stoff der Erinnerung bestehe, überlegte der Schriftsteller, dann müsste es möglich sein, die im Lauf eines Lebens verflossenen Jahre wieder auferstehen zu lassen, indem man die Schätze der Erinnerung hebt. Das erprobte er an sich selbst. Im Jahr 1912 schloss sich der an Asthma leidende Proust in ein mit Korkplatten abgedichtetes und verdunkeltes Zimmer ein, das er bis zu seinem Tod kaum mehr verließ. In diesem Refugium machte er sich auf die Suche nach der verlorenen Zeit. So lautet der Titel seines Romans, in dem er auf fast 5000 Seiten sein Leben und seine Epoche Revue passieren lässt. Proust hat die letzten Jahre seines Lebens geopfert, um die früheren wieder zu entdecken.

Dabei entwickelte er eine ganz eigene Vorstellung vom Wert einer Erinnerung. Viel mehr als auf die Erlebnisse, die sich beim Zurückdenken sofort aufdrängen, kam es seiner Meinung nach auf die unzähligen kleinen Begebenheiten an, die man zwar wahrgenommen hat, ohne ihnen allerdings Bedeutung beizumessen. Jeder moderne Erforscher des Zeitempfindens würde dem Dichter hier zustimmen: Solche Fingerzeige wertet das Gehirn meist unbemerkt aus, um daraus eine Vorstellung von einem Zeitraum abzuleiten. Proust wollte diesen »unwillkürlichen Erinnerungen«, wie er sie nannte, in der Rückschau erstmals die volle Aufmerksamkeit schenken. So gelang es ihm, die Vergangenheit wieder zu beleben. Und weil jede verschüttet geglaubte Erinnerung an wiederum andere gekoppelt ist, kommen im Laufe der Suche immer neue Erlebnisse ans Licht. Das Ergebnis: Die für verloren gehaltene Zeit dehnt sich – und gewinnt in der Fülle ihrer Details eine vorher nie erkannte Schönheit.

Darum nimmt der Leser die Zeit bei Proust ganz anders als bei der Lektüre des »Zauberbergs« wahr. Thomas Mann beschreibt die Vorgänge im Schweizer Lungensanatorium ähnlich, wie der Held sie selbst aus dem Gedächtnis berichten würde. Folglich dehnt und staucht sich die Zeit so, wie man es aus der eigenen Erinnerung gewohnt ist. Die Vergangenheit ist auf dem Zauberberg für immer vorüber. Proust zu lesen ist hingegen wie einen Film in Zeitlupe zu sehen. Die Zeit unseres Bewusstseins sei eine reichhaltige Wirklichkeit voller Sinneswahrnehmung und voller Gefühle, schrieb er: »Eine Stunde ist nicht nur eine Stunde; sie ist ein mit Düften, Tönen, Plänen und Stimmungen angefülltes Gefäß ...«[3]

Die Schwelle des Augenblicks überschreiten

Wie aber entsteht die Fähigkeit, das Gewesene wieder abspulen zu können? Fast ein Jahrzehnt braucht der Mensch, um ein Gefühl für Zeit zu entwickeln. Neugeborenen sind Vergangenheit und Zukunft fremd – nicht nur, weil sie noch nichts von der Welt wissen. Dem Gehirn eines Babys fehlt auch die Ausstattung, um mit »früher« oder »später« etwas anfangen oder Zeitspannen erfassen zu können. Wenn ein Mensch auf die Welt kommt, ist jeder Moment für ihn Ewigkeit.

Dann beginnt sich der Schleier, der ihn von Zukunft und Vergangenheit trennt, allmählich zu heben. Anfangs öffnet er sich nur um einen winzigen Spalt. Bruchteile von einer Sekunde kann das Baby jetzt erfassen, während alles, was vorher und nachher war, weiter im Dunklen liegt. Und doch hat es einen riesigen Schritt getan: Das Kind ist kein Gefangener der Gegenwart mehr. Bis ein Mensch allerdings Minuten, Tage, Wochen zurückblicken und vorausplanen kann, ist schon mehr als seine halbe Kindheit verflossen. Noch später lernt er, diese Erfahrung zu nutzen – Zeit zu schätzen, sie einzuteilen, die Zukunft zu planen, sich zu erinnern. So kann man das Leben als Aufstieg auf einen Gipfel der Zeit begreifen, bei dem sich der Horizont zusehends weitet.

Marcel Proust lässt seinen Erzähler am Ende seines Romans sagen: »Es schwindelte mir, wenn ich unter mir und trotz allem in mir so viele Jahre erblickte.« Dem Helden erscheint die Vergangenheit, »als ob die Menschen alle auf lebendigen, unaufhörlich wachsenden, manchmal mehr als kirchturmhohen Stelzen hockten.«

Der Teddybären-Test

Die Eroberung der Zeit beginnt mit einem Gefühl für Rhythmus, wie sich in den letzten Jahren herausgestellt hat. Schon mit einem Monat können Säuglinge Töne wiedererkennen, die ihnen mehrmals vorgespielt wurden. Einigen Experimenten zufolge merken sie bereits auf, wenn die Länge zweier Laute um zwei Hundertstelsekunden voneinander abweicht.[4] Mit weniger als einem halben Jahr können sie bereits komplexe Takte auseinanderhalten. In Versuchen erkannten amerikanische Babys dieses Alters die vertrackten Rhythmen mazedonischer Volksmusik – eine Aufgabe, an der Erwachsene, wenn sie nicht selbst vom Balkan kommen, fast immer scheitern.[5] Und mit sieben Monaten können Kinder einen

Rhythmus auch ohne Töne lernen: Lassen Eltern ihr Baby im Takt von Marsch oder Walzer auf und ab hüpfen, reagiert es, wenn es den Rhythmus später in der Musik wieder hört.[6]

Offenbar bereitet diese geschärfte Wahrnehmung ein Kind darauf vor, Sprache verstehen zu lernen. Damit zeigt sich schon kurz nach der Geburt, wie der Umgang mit kurzen Zeiten den Hirnmechanismen für Bewegung und Sprache entspringt. Noch immer allerdings lebt ein Baby in diesem Alter in der unmittelbaren Gegenwart. Es hat weder bewusste Erinnerung, noch kann es Handlungen planen. Es tut sofort, was ihm in den Sinn kommt; scheitert das Vorhaben, ist es vergessen. Um sich etwas für die Zukunft vorzunehmen, müsste ein Baby seinen Impuls unterdrücken, damit er nicht gleich ausgeführt wird, und sich zudem die Absicht im Arbeitsgedächtnis merken. Beides, Impulskontrolle und Arbeitsgedächtnis, spielt sich in den Stirnlappen des Großhirns ab, die im ersten halben Lebensjahr noch nicht ausgereift sind. Und weil das Arbeitsgedächtnis, wie wir sahen, auch nötig ist, Zeitspannen von ein paar Sekunden Dauer wahrzunehmen, kann ein Kind in diesem Alter auch noch kein Zeitgefühl haben.

Erst mit neun Monaten erscheint die Zukunft erstmals am Horizont: Nun kann das Baby im Durchschnitt immerhin gute sechs Sekunden lang warten, bevor es einen Plan verwirklicht (oder zu schreien beginnt). Jetzt hat es den Bannkreis des Augenblicks überschritten. Mit zehn Monaten blickt es schon gute zehn Sekunden voraus.[7]

Ein erstes Verständnis von »früher« und »später« gewinnt der Mensch mit eineinhalb Jahren. Um diesen Fortschritt zu demonstrieren, benötigt man zwei Tücher und einen Teddybären. Wenn man vor den Augen eines Kindes den Teddy unter dem ersten Tuch versteckt, dann mit leerer Hand unter dem zweiten Tuch verschwindet und die immer noch leere Hand wieder hervorzieht, ist das Kind klug genug, unter dem ersten Tuch zu suchen. Zieht man dagegen deutlich sichtbar die Hand samt Stofftier unter dem ersten Tuch wieder hervor und versteckt man das Objekt unter dem zweiten Tuch, wird das Kind dort nachsehen. Um diese Aufgabe richtig zu lösen, muss in dem kleinen Kopf das Wissen über die Reihenfolge der Handlungen gespeichert sein.[8] Jüngere Kinder sehen unter dem falschen Tuch nach. Mit etwa eineinhalb Jahren legen Mädchen und Jungen zudem ihre ersten bewussten Erinnerungen an. Auch das ist nur möglich, weil die Stirnlappen weiter ausreifen.[9]

Pioniere auf einem leeren Kontinent

Mit vier Jahren können Kinder schon einen ganzen Tag überblicken. Sie ordnen Bildkärtchen, auf denen Leute aufstehen, Zähneputzen, das Haus verlassen, zu Abend essen und ins Bett gehen, in richtiger Reihenfolge.

Damit vermögen sie nun erstmals fortlaufende Erinnerungen anzulegen. Zu verdanken ist das der Entwicklung der Neuronen im Großhirn, deren Wachstum nun seinen Höhepunkt erreicht. Mit vier Jahren sind die grauen Zellen in den meisten Regionen so dicht gepackt und so vielfältig miteinander verbunden wie später nie mehr im Leben. Von nun an wird ausgejätet. Dadurch gewinnt das Gehirn an Struktur, verliert aber an Merkfähigkeit.

Vermutlich saugt sich das junge Gedächtnis auch deswegen so schnell mit Eindrücken voll, weil es noch leer ist. Darum kann das Tempo, in dem sich ein Kind Neues einprägt, viel höher sein als in späteren Jahren. Die frühesten bewussten Erinnerungen sind wie die ersten Siedler in einem bis dahin unbewohnten Land: Sie können es formen. Spätere Ankömmlinge müssen sich in das Netz der Zusammenhänge einfügen, das aus den schon vorhandenen Erinnerungen geknüpft ist. Das gelingt umso schwieriger, je mehr sich ein Mensch schon gemerkt hat, je dichter also dieses Netz ist. Der amerikanische Neurowissenschaftler James McClelland konnte mit Hilfe von Experimenten und auch Modellrechnungen zeigen, dass die Bereitschaft des Gehirns, sich neue Erlebnisse einzuprägen, im Lauf der Jahre zwangsläufig nachlassen muss.[10]

Mit welchen Koffern wir im Lauf der Jahrzehnte zur Arbeit und auf Reisen gingen, haben wir längst vergessen. Doch wir wissen noch sehr gut, welche Farbe unser erster Schulranzen hatte. Das ist der »Reminiszenzeffekt«: Fragt man Menschen, aus welchen Phasen ihres Lebens sie die meisten und stärksten Eindrücke behalten haben, so sind es fast immer die Jahre zwischen vier und zwanzig. Dies bestätigt sich, wenn man Versuchspersonen in kontrollierten Experimenten Stichworte anbietet und zählt, wie viele Erinnerungen ihnen dazu einfallen.[11] In Marcel Prousts Roman füllen die Kindheit und frühe Jugend denn auch mehr als ein Drittel der insgesamt über 4000 Seiten. Und nichts schildert der Dichter so anschaulich und dabei in einem solch verzauberten Licht wie die Umgebung, in der sein Erzähler aufwuchs: Die Weißdornbüsche, zwischen denen die Familie ihre Spaziergänge macht; den Kirchturm des kleinen Ortes Combray; die Mahlzeiten der Eltern mit Gästen, von denen der Junge fortgeschickt wird.

Doch obwohl das bewusste Gedächtnis in der Kindheit Höchstleistungen bringt, fehlt dem heranwachsenden Menschen noch lange jedes Gefühl für ein Maß der Zeit. Gibt man einem Kleinkind zwei Klopfzeichen im Abstand von ein paar Sekunden vor und bittet es, die Signalfolge zu wiederholen, kommt ein völlig zufälliges Ergebnis heraus. Ein Fünfjähriger kann zwar eine Dauer von einer Sekunde reproduzieren, versagt aber bei längeren Zeiten.[12] Und erst während ihrer Grundschulzeit, wenn sie schon längst das Lesen und Schreiben beherrschen, lernen Kinder, sich ungefähr einen Begriff davon zu machen, wie lange eine Minute dauert.[13]

Noch für Jahre bleibt die Gegenwart übermächtig. Was weiter als ein paar Minuten in der Zukunft oder auch in der Vergangenheit liegt, existiert für ein Grundschulkind zwar – aber an einem unbestimmten, unerreichbaren Ort. Wer auch nur einmal mit einem Mädchen oder Jungen dieses Alters eine längere Autofahrt unternommen hat, kennt die sich alle paar Augenblicke wiederholende Frage: »Wann sind wir endlich da?«

(Als Kinder haben mein Bruder und ich sogar einen Namen für dieses Phänomen gefunden. »Betrogene Gegend« nannten wir den Landstrich, den wir im Auto unterwegs zu den Großeltern in Innsbruck häufig durchquerten. Eigentlich hätte die »betrogene Gegend« eine »betrügende« heißen sollen: Das Gemeine an ihr war, dass sie hinter dem damals noch vorhandenen deutsch-österreichischen Grenzhäuschen lag, was Hoffnung auf ein baldiges Ende der Fahrt weckte: Das Land, in dem die Großmutter lebte, war erreicht. Und doch merkten wir jedes Mal wieder, dass Omas Haus für uns noch unvorstellbar lange Zeit weit weg war.)

So führt uns die eigene Kindheit vor Augen, welch ein kompliziertes Konstrukt unseres Verstandes das Gefühl für längere Zeiträume ist. Und noch später als die Fähigkeit, Dauern einzuschätzen, entwickelt sich eine abstrakte Vorstellung von der Zeit. Mit einem neunjährigen Jungen führte der Psychologe Jean Piaget, der angeregt von Albert Einstein als einer der Ersten die Entwicklung des Zeitbegriffs bei Kindern erforschte, dieses Gespräch:

»Wie lange brauchst du von der Schule nach Hause?« – »Zehn Minuten.« »Und wenn du läufst, geht das schneller oder langsamer?« – »Schneller.« »Also brauchst du dann mehr oder weniger Zeit?« – »Mehr Zeit.« – »Wie viel?« – »Mehr als zehn Minuten.«[14]

Erst im Alter von ungefähr 13 Jahren, mit Beginn der Pubertät, gehen Kinder laut Piaget völlig fehlerfrei mit den Begriffen »früher« und »später«, »längere und kürzere Dauer« um. Piaget wurde zwar von vielen späteren Forschern dafür kritisiert, dass er seine Schlüsse mehr aus Gesprächen als aus Experimenten zog. Doch niemand bestreitet, dass eine Vorstellung von der Zeit alles andere als angeboren ist. Sie wird mühsam erlernt.

Umbau im Kopf

Erst Pubertierende können die Zeitspanne eines ganzen Lebens erfassen. Im Blick nach vorn erscheint der Tod als abstrakte Möglichkeit, jedoch unendlich fern. Kaum vorstellbar, dass auch das eigene Leben einmal zu Ende gehen könnte. Der Umgang mit den Begriffen der Zeit bereitet dem Jugendlichen gleichwohl keine Schwierigkeit mehr. Er hat verinnerlicht, dass man Minuten und Monate weder sehen und anfassen kann, sie aber sehr wohl unser Leben bestimmen.

Doch diese Einsichten und Fähigkeiten sind nicht gerade ein Quell des Wohlgefühls. Oft scheint während der Pubertät die Zeit aus Beton zu bestehen. Eine vorher nie und nachher nie wieder so lähmend empfundene Langeweile erfasst mitunter das ganze Wesen. Die Gegenwart ist unerträglich; man will weg, ohne zu wissen wohin. Mitunter würde man die Zeit am liebsten totschlagen, indem man in einen andauernden Tiefschlaf fällt, um erst im verlockenden Erwachsenenalter zu erwachen.

An anderen Tagen ist es unbegreiflich, wie man so missmutig sein konnte. Die Unlust ist weggeblasen, das Leben erscheint als ein Rausch von Farben, Gefühlen und Entdeckungen. Und dann, mit der ersten Liebe, ist die Erstarrung durchbrochen. Fast scheint es, als hätte sich wieder das Zeiterleben eines Neugeborenen eingestellt, als zählte allein der Augenblick – wäre da nicht die Sehnsucht, wenn sie oder er abwesend ist.

Was die extremen Schwankungen im Zeitgefühl der Heranwachsenden auslöst, ist noch unzureichend erforscht. Mit Sicherheit wirbeln die Veränderungen im Hormonsystem Gefühle und das Erleben durcheinander; damit geraten auch die gewohnten Bezugsmaßstäbe für Zeit in Bewegung. Darüber hinaus ist es wahrscheinlich, dass das Zeiterleben in der Pubertät auch direkt von Umbauten im Gehirn betroffen ist. Zwischen dem zwölften und dem achtzehnten Jahr machen die grauen Zellen ihren zweiten Wachstumsschub durch. Zwar ist die Dichte der Verknüpfungen jetzt nicht mehr so groß wie in der Kindheit, doch da der Kopf und mit ihm das Hirnvolumen gewachsen sind, besitzen Jugendliche so viele Neuronen wie nie zuvor und nie wieder im Leben. Zudem reift in wichtigen Hirnregionen die so genannte weiße Substanz: Die grauen Zellen werden mit einer weiß erscheinenden, aus dem fettigen Myelin bestehenden Isolierschicht ummantelt. Dadurch beschleunigt sich der Austausch von Signalen im Kopf.

Die Auf- und Umbauarbeiten spielen sich vor allem in den Stirnlappen ab – in dem Teil des Gehirns also, der für Gefühlskontrolle, Arbeitsgedächtnis, Planung unserer Vorhaben und eben auch für das Zeitempfinden sorgt. Das mag mindestens teilweise erklären, weshalb Heranwachsende nicht nur impulsiv, reizbar und unbeherrscht sind, sondern warum auch ihr Zeitgefühl so wechselhaft ist. Eine andere Zone stürmischer Entwicklung ist das Kleinhirn, das für die Bewegungssteuerung zuständig ist. Es erreicht jetzt seine größte Ausdehnung; der amerikanische Hirnforscher Jay Giedd weist denn auch darauf hin, dass so gut wie jede Spitzensportlerkarriere mit intensivem Training in der Pubertät begann. Zugleich aber spielt das Kleinhirn, wie wir sahen, eine wichtige Rolle beim Zeitempfinden.[15]

Knappe Zeit

Wenige Jahre nach der Pubertät beginnt die gerade noch so zähflüssige Zeit zu eilen. Die Verpflichtungen werden mehr, aber die Tage nicht länger. So erscheint die nahe Zukunft stets wie ein Koffer, in den viel mehr hineinzustopfen ist, als er aufnehmen kann. Mit Uhren und Kalendern versucht der Erwachsene, die Zeit zu bändigen – und vor allem diejenigen, die seine Aufmerksamkeit beanspruchen.

Die Stunden, die in der Jugend als unerschöpflich erschienen, werden ein knappes Gut. Wir müssen auswählen; schließen seltener Freundschaften, weil wir zögern, unsere Abende einem Menschen zu schenken, der sich möglicherweise als Langweiler oder Nervensäge entpuppt. Zugleich hat sich der Horizont unseres Lebens noch einmal geweitet: In Richtung Vergangenheit, weil man auf immer mehr Jahre zurückblicken kann; und mit Blick auf die Zukunft ist uns bewusst geworden, dass unsere Möglichkeiten nicht mehr unbeschränkt sind. Fast immer ist es der Faktor Zeit, der uns davon abhält, unsere Sehnsüchte Wirklichkeit werden zu lassen. Ein 40-Jähriger, der als Wissenschaftler anerkannt ist, kann sehr wohl noch die Fähigkeiten und Kontakte erwerben, um ein erfolgreicher Theaterdirektor zu werden. Doch er wird zu rechnen beginnen: Ob die zehn Jahre, die er braucht, um in dem neuen Metier Fuß zu fassen, in seinem gewohnten Beruf nicht besser eingesetzt wären?

Wie im Rennwagen auf der Zielgeraden

Mit den Jahren machen Menschen gewöhnlich eine beunruhigende Entdeckung: Je älter sie werden, umso schneller scheint die Zeit zu vergehen. Der Abstand zwischen Weihnachten und dem eigenen Geburtstag zum Beispiel, der in der Kindheit so unendlich lange erschien, verfliegt heute im Nu. Und es liegt nicht nur daran, dass einem diese Feste nicht mehr so viel wie damals bedeuten: Alle Erlebnisse rücken näher zusammen – als säße man in einem

Rennwagen, der zum Ziel hin seine Fahrt immer weiter beschleunigt.

Psychologen haben dieses Phänomen damit zu begründen versucht, dass wir die erinnerte Zeit an der Länge unseres bisherigen Lebens messen. Die Jahre der Kindheit würden demnach überlang erscheinen, weil einem alles groß vorkommt, wenn man selbst klein ist. Leider gibt es für diese poetische Erklärung keine Belege. Wenig stichhaltig ist auch die oft gehörte Theorie, dass eine innere Uhr in Richtung Tod hin immer langsamer ticke.[16]

Viel wahrscheinlicher hängt die Beschleunigung der inneren Zeit im Lauf eines Lebens mit der Funktion des Gedächtnisses zusammen. Wie Hans Castorp die Zeit als umso kürzer vorkommt, je länger er schon auf dem Zauberberg weilt, so empfinden wir ja eine Periode unserer Vergangenheit als umso stärker gestaucht, je weniger Szenen wir aus dem Gedächtnis abrufen können.

Warum aber erinnern Menschen aus der Jugend oft mehr als aus der jüngeren Vergangenheit? Sollten die ältesten Erinnerungen nicht am stärksten verblasst, die neueren dagegen viel frischer und auch zahlreicher sein? Warum es sich genau umgekehrt verhält, erklärt der oben beschriebene und gut bestätigte Reminiszenzeffekt: In jüngeren Jahren prägt sich das Gehirn mehr Eindrücke ein. Und gerade diese frühesten Erinnerungen sind dem Vergessen später kaum mehr ausgesetzt. Ob eine Erfahrung die Zeit im Gedächtnis übersteht, entscheidet sich nämlich zu Beginn. Konnte sich die Erinnerung über die ersten Jahre halten, bleibt sie uns in der Regel für immer. Darum können selbst 80-Jährige aus ihrer Jugend erzählen, als wäre es gestern gewesen.

Wir haben ja auch allen Grund, uns die Erlebnisse der Jugend zu merken, als die Welt noch neu war, denn so viel Veränderung wie damals erfuhren wir später nie wieder. Aber die ersten Küsse gibt es nur einmal. Je mehr Weltwissen man aber gewinnt, umso weniger neue Erinnerungen halten sich im Gedächtnis – es wäre Verschwendung von Gehirnkapazität, sich längst Gewohntes in leichter Abwandlung noch einmal zu merken. Doch je weniger Erinnerungen man aus einer Periode behalten hat, umso kürzer erscheint sie uns in der Rückschau. So sind die mit dem Alter immer schneller vergehenden Jahre ein Preis dafür, dass wir lernen.

Später kommt hinzu, dass das Hirn altert. Im siebten Lebensjahrzehnt beginnt die Hirnmasse zu schrumpfen; sie verringert sich jedes Jahr um ein halbes bis ein ganzes Prozent. Auch wird das Gehirn zunehmend schlechter durchblutet und mit Sauerstoff versorgt. Am stärksten betroffen ist der Stirnlappen – und dort verfallen ausgerechnet die Teile des Gehirns, die für das Quellengedächtnis verantwortlich sind.[17] Deswegen fällt es alten Menschen erheblich schwerer, sich daran zu erinnern, wo sie eine Information aufgeschnappt haben. Doch wie im vorigen Kapitel beschrieben, ist gerade diese Fähigkeit nötig, um sich in der Zeit zu orientieren. Wenn das Quellengedächtnis unzuverlässig wird, lässt sich Erlebtes nicht mehr in die richtige Reihenfolge bringen; die Vergangenheit verliert ihre Ordnung. Besonders schwächelt im Alter die Quellenerinnerung für Ereignisse, die neu ins Gedächtnis aufgenommen werden sollen. Während sich Senioren meist sehr gut an die Erlebnisse ihrer Jugend erinnern, werden die Erinnerungsbilder aus den späten Jahren merkwürdig unscharf. Zunehmend verschwimmt der Maßstab der vergangenen Zeit.

Wehmütig schrieb der Psychologe William James: »In der Jugend machen wir zu jeder Stunde des Tages subjektiv oder objektiv eine neue Erfahrung. (...) Die Erinnerungen dieser Zeit sind verwickelt, unzählige und ausführlich. Doch während die Jahre vergehen, verwandeln sich diese Erfahrungen in Routine, die wir kaum mehr bemerken. Die Tage und Wochen verflachen (...) und die Jahre werden hohl und brechen in sich zusammen.«[18]

Wie man die Zeit im Alter aufhält

Man muss es nicht so schwarzsehen wie James, der als einer der Großen seines Fachs selbst von Depressionen geplagt war. Wenn die Erklärung des Reminiszenzeffekts zutrifft, haben wir durchaus Einfluss darauf, wie ausgedehnt wir die Zeit in der Rückschau erleben.

Denn zum einen steht die Erinnerung keineswegs fest, wir können sie pflegen. Das Gedächtnis kann sich auch noch im hohen Alter konsolidieren. Wer es bewusst auch für die Ereignisse der späteren Jahre in Anspruch nimmt, stärkt es.

Tagebücher und vor allem Fotos helfen dabei, die Tiefendimension der Zeit zu erhalten. Denn das alternde Gehirn braucht Gedächtnisstützen. Senioren tun sich besonders schwer in Tests, in denen sie erst eine Liste von Wörtern auswendig lernen und dann wiedergeben sollen – oder auch dabei, sich spontan daran zu erinnern, was gestern oder vor einer Woche geschah. Geht es hingegen ums Wiedererkennen, schneiden sie in Experimenten fast genauso gut ab wie jüngere Menschen. Auch wenn sie ein bestimmtes Wort nicht frei aus dem Gedächtnis abrufen können, so fällt ihnen der richtige Zusammenhang doch sofort wieder ein, wenn sie es sehen. Daher rät der Gedächtnisforscher Daniel Schacter von der Universität Harvard dazu, sich einen Teil seiner Erlebnisse mit Stift oder Kamera zu notieren. Anhand solcher Anhaltspunkte für das Quellengedächtnis fällt es viel leichter, die vergangene Zeit wieder aufleben zu lassen.

Zum anderen lässt sich viel dafür tun, um die Leistungsfähigkeit der grauen Zellen zu erhalten. Wie schnell das Gehirn altert, hängt in hohem Maß davon ab, wie sehr wir es fordern. Training verbessert die Funktionsfähigkeit der Neuronen und damit auch den Verstand bis ins hohe Alter; das haben große Untersuchungen in den letzten Jahren gezeigt.[19] Senioren, die etwa regelmäßig an Kursen teilnehmen, schneiden in Gedächtnistests erheblich besser ab als ihre weniger aktiven Altergenossen; schon das Lösen von Kreuzworträtseln hat eine messbare Wirkung.[20] Bei sehr betagten Menschen hält geistige Aktivität sogar das Einsetzen der Alzheimerschen Krankheit auf.

Bis zu einem gewissen Grad kann Anregung den Verfall im Kopf sogar rückgängig machen. Besser ist es allerdings, es gar nicht so weit kommen zu lassen. Denn ein unterfordertes Gehirn beginnt schon um die 40 abzubauen; die Folgen zeigen sich erst später.[21] Wer hingegen seinen Verstand sein Leben lang in Anspruch nimmt, hat gute Chancen, mit intaktem Gedächtnis alt zu werden. Er wird auch weniger als andere darunter leiden, dass die Zeit im Alter zu rasen beginnt. Die späten Jahre vergehen langsamer für die, die geistig aktiv sind.

Und schließlich ist es kein Naturgesetz, dass wir allein in der Jugend Neues erfahren. Wenn sich für Thomas Manns Helden Castorp Jahre zu kaum mehr als einem Augenblick verkürzen, weil sie so ereignisarm waren, dann stimmt auch das Umgekehrte: Je bunter und abwechslungsreicher die Jahre, umso ausgedehnter sind sie.

Wer auf eine einschneidende Veränderung in seinem Leben zurückschaut, empfindet die Periode davor und danach verlängert – als hätte die Zeit eine Serpentine gemacht. Die Geburt eines Kindes etwa zieht das eigene Leben im Gedächtnis seiner Eltern beinahe ins Unendliche: Es scheint, als lägen die Tage, in denen der oder die Kleine noch nicht da war, in einer kaum vorstellbar fernen Epoche.

Abwechslung lässt sich bis ins hohe Alter erfahren. Konrad Adenauer wurde Bundeskanzler mit 73; der schon zitierte Nelson Mandela gar mit 76 südafrikanischer Staatspräsident. In jenem Maß aber, in dem wir uns auch als Erwachsene immer wieder in Neuland wagen, legen wir zwangsläufig neue Erinnerungen an – und bereichern die Zeit, auf die wir zurückschauen. Der Erzähler im »Zauberberg« drückt es so aus: »Wir wissen wohl, dass die Einschaltung von Um- und Neugewöhnungen das einzige Mittel ist, unserer Leben zu halten, unseren Zeitsinn aufzufrischen …«

Wo die Jahre nicht zählen

So leben wir in zwei Arten von Zeit, die zwar in dieselbe Richtung, doch mit ganz verschiedener Geschwindigkeit fließen: Das äußere Alter wird nach Kalenderjahren gezählt. Die Masse an Zeit aber, auf die wir zurückblicken, ergibt sich allein aus unserer Geschichte. Wenn zwei Menschen ihren 50. Geburtstag feiern, kann der eine ohne weiteres doppelt so viel Erfahrungen erinnern wie der andere. Sein bisheriges Leben wird ihm nicht nur reicher, sondern auch zweimal so lange erscheinen.

Unter Rekruten ist es Brauch, sich ein Maßband in die Stube zu hängen und es jeden Tag, den die Entlassung näher rückt, um einen Zentimeter zu kürzen. Genauso stur zählen wir in der westlichen Welt unsere Jahre. Ganz gleich, was gewesen ist, feiern wir mit Erreichen des 51. Jahres ein riesiges Fest. Nach zehn oder spätestens 15 weiteren Jahren gehen wir in den Ruhestand, selbst wenn es die Gesundheit problemlos gestatten würde, weiter tätig zu sein. So sorgt auch die Gesellschaft dafür, dass das Leben seinem Ende zurast, indem sie ihre Mitglieder nach Programm auf das Altenteil schickt. Wer heute aus dem Beruf ausscheidet, hat im Schnitt noch zwei Jahrzehnte vor sich. Millionenfach geraten diese Menschen in eine Situation, mit der verglichen ein Aufenthalt auf dem Zauberberg geradezu kurzweilig ist – die mehr als 7000 Tage im Ruhestand müssen am Ende wie einer erscheinen.

Wie Gesellschaften mit dem Lebensalter radikal anders umgehen können, hat der britische Anthropologe Meyer Fortes dokumentiert. Beim westafrikanischen Volk der Ashanti etwa spielen die Jahre kaum eine Rolle – was sich daran zeigt, wer welche Rolle in der Gemeinschaft einnimmt. Die Menschen leben in größeren Gruppen in Langhäusern zusammen; eine herausgehobene Position hat der Haushaltsvorstand, der alle zusammenhält und nach außen vertritt. Unter diesen Anführern ist die Altersgruppe von 20 bis 30 Jahren unter den Haushaltsvorständen ebenso stark vertreten wie die (für Ashanti-Verhältnisse) betagten Frauen und Männer zwischen 40 und 50. Die Stellung hängt also nicht vom Geburtsdatum, sondern allein davon ab, welche Verdienste um die Gemeinschaft und welchen Wohlstand sich jeder erwarb.[22]

In Europa messen wir das Alter daran, wie oft die Erde seit unserer Geburt die Sonne umrundete. Kulturen hingegen, die Alter mit Weisheit gleichsetzen, lassen sich vom Verständnis einer inneren Zeit leiten: Nicht hinter sich gebrachte Jahre, allein Erfahrungen machen die weise Frau und den weisen Mann aus.

TEIL 2

ZEIT NUTZEN

9

Droge Geschwindigkeit

Wie viel Tempo halten wir aus?

»Alles ist jetzt ultra. (…) Niemand kennt sich mehr, niemand begreift das Element, worin er schwebt und wirkt. (…) Junge Leute werden (…) im Zeitstrudel fortgerissen; Reichtum und Schnelligkeit ist es, was die Welt bewundert und wonach jeder strebt. Alle möglichen Erleichterungen der Kommunikation sind es, worauf die gebildete Welt ausgeht, sich zu überbieten …«

Anscheinend leidet der Autor dieser Zeilen unter dem Dauerbombardement durch E-Mails; vielleicht wird er auch von einer jener entsetzlichen Telefonanlagen traktiert, die mitten im Gespräch mit Piepen bereits den nächsten Anruf ankündigen. Oder schwirrt ihm der Kopf, weil seine Kinder ihn vor den Fernseher gezerrt haben und er ein paar der aberwitzigen Clips auf MTV ansehen musste? Nichts dergleichen: Der Schreiber ist Johann Wolfgang von Goethe. In einem Brief an seinen Freund, den Komponisten Zelter, beklagt er sich außerdem über »Eisenbahnen, Schnellposten und Dampfschiffe«. Das war 1825.[1]

Seitdem ist das Reisen hundert Mal und die Kommunikation zehn Millionen Mal schneller geworden. Der Brief, der zu Zelter nach Berlin mehr als eine Woche brauchte, wäre heute als E-Mail in Sekunden am Ziel. Nach Italien zu reisen, ist eine Angelegenheit von ein paar Stunden. Und selbst in Weimar hält der ICE.

Wenn schon Goethe sich über das Tempo seiner Zeit beklagte – haben wir dann nicht erst recht allen Grund dazu? Jedenfalls spricht der Dichter den meisten Deutschen aus der Seele: 67 Prozent der Mitbürger empfinden die »ständige Hektik und Unruhe« als den größten Auslöser von Stress.[2] Wie sehr sich das Lebenstempo gerade in den letzten Jahren beschleunigt hat, lässt sich am besten an den vermeintlich kleinen Dingen des Alltags ablesen: Fotokopierer mit einem Ausstoß von 30 Blatt pro Minute; Internetprovider, die ihre Kunden mit Anschlüssen locken, bei denen sich die Seiten um ein paar Zehntelsekunden schneller aufbauen als bei der Konkurrenz; Selbstbedienungscafés, die ihre Heißgetränke »To Go« anbieten. Die Tasse Kaffee, für Generationen von Europäern eine Gelegenheit zum Gespräch und der Muße, wird unzeitgemäß; stattdessen gewöhnen wir uns daran, Aufputschmittel aus dem Pappbecher im Gehen herunterzuschütten.

Aus den Tiefen des Ozeans steigt das Raumschiff Orion empor zu seinem Patrouillendienst am Rande der Unendlichkeit. In der gleichnamigen Fernsehserie aus dem Jahr 1966 dauerte diese Szene an die zwei Minuten. Als »Orion« 2003 in die Kinos kam, hielten die Produzenten solch ein Erzähltempo für nicht mehr erträglich. Der Start der Orion wurde um fast das Doppelte beschleunigt: Nicht nur unser Leben, auch die Wahrnehmung ist schneller geworden.

Jeder etwas ältere Film im Fernsehen führt uns vor Augen, in welchem Maße nicht nur unser Lebenswandel, sondern selbst die Wahrnehmung einen

Zahn zugelegt hat. Die kühnen Schnitte von Stanley Kubricks Science-Fiction-Klassiker »2001 – Odyssee im Weltraum« beanspruchten bei seinem Erscheinen im Jahr 1968 die Sehgewohnheiten der Kinogänger bis an ihre Grenzen. Heute verlieren wir bei denselben Einstellungen, in denen die Raumschiffe zu klassischer Musik durchs Weltall gleiten, fast die Geduld. Die Handlung geht viel zu schleppend voran. Als 2003 einige Folgen des vor drei Jahrzehnten gedrehten Fernsehklassikers »Raumpatrouille Orion« neu für das Kino zusammengeschnitten wurden, beschleunigten die Produzenten denn auch die Geschwindigkeit, mit der die Orion von ihrer Heimatbasis abhebt, um fast das Doppelte. Kaum einem alten Fan der Kultserie fiel es auf: Wir finden inzwischen ein höheres Tempo normal.

Die drei Zeiträuber

Das Gefühl, außer Atem zu sein, greift um sich. Ein paar Zahlen über die Zeit, in der wir leben: Auf die Frage, ob sie sich im Beruf und im Privatleben oft in Eile fühlten, antworteten bei einer Erhebung in Deutschland 1991 25 Prozent der Befragten mit »ja«. Bei einer ähnlichen Umfrage im Jahr 2001 stimmten fast 35 Prozent der repräsentativ ausgewählten Deutschen zu. Dieser Zahlenvergleich ist zwar mit etwas

Vorsicht zu lesen, da sich die beiden Untersuchungen in ihrer Methode ein wenig unterschieden, doch der Trend ist unstrittig.[3] Ähnliche Verhältnisse zeigen sich auch in den Vereinigten Staaten, wo der Anteil derer, die sich oft gehetzt fühlen, zwischen 1982 und 1996 von 21 auf 30 Prozent anwuchs.[4]

In nur zehn Jahren stieg der Anteil der Angestellten in Europa, die sich über ein hohes Arbeitstempo beschwerten, von 47 auf 56 Prozent. Eng gesetzten Terminen sahen sich 1990 49 Prozent aller Befragten ausgesetzt; im Jahr 2000 waren es mehr als 60 Prozent.[5] Und die Interviewten waren sich einig darüber, dass diese Hektik krank macht. Von den Gehetzten klagten fast doppelt so viele über Rückenschmerzen, Verspannungen an Schultern und Nacken, Verletzungen und ganz allgemein Stress als Beschäftigte, die ihre Arbeit gemächlich genug fanden.

Besonders die Frauen sind betroffen. Von ihnen fühlen sich in Deutschland nur 22 Prozent selten oder nie gehetzt, unter den Männern erfreuen sich immerhin 27 Prozent eines ruhigen Lebens.[6] Auch als eine Marktforschungsfirma in einer großen Untersuchung auf die Suche nach den zeitarmen Kunden ging, fanden sich in dieser Gruppe zu 58 Prozent Frauen. Von diesen wiederum hatten 60 Prozent Kinder. Und 83 Prozent gingen einem Beruf nach.[7] So fällt die Antwort »keine Zeit« auch in dem Maß immer öfter, in dem mehr und mehr Frauen darum kämpfen, zwischen Kindern und Karriere eine Balance zu finden. Das Gesicht der Zeitnot ist weiblich.

Paradoxerweise haben wir heute mehr Zeit als Menschen je hatten. Arbeitstage von zwölf Stunden und mehr sind für die meisten Deutschen Vergangenheit; auch ein Haushalt ist leichter zu führen, seit Spülmaschinen und Mikrowellenherde in beinahe jeder Küchenzeile stehen. Vor allem dadurch aber, dass wir viel länger leben, sind wir gegenüber früheren Generationen Krösusse an Zeit geworden. Während der letzten 100 Jahre hat sich die Lebenserwartung beinahe verdoppelt. Mädchen, die 1905 auf die Welt kamen, wurden durchschnittlich 49 Jahre alt; für weibliche Säuglinge heute erwartet das Statistische Bundesamt eine Lebenszeit von über 91 Jahren.

Inzwischen erreicht die Mehrheit der Europäer ihr siebentes Jahrzehnt bei guter Gesundheit; wir hätten Grund, uns zu entspannen. Stattdessen fühlen wir uns gejagt. Offenbar hat die Lebenszeit, die zur Verfügung steht, wenig damit zu tun, ob wir uns arm oder reich an Zeit fühlen. Wo bleibt all die gewonnene Zeit?

Die Frage, womit wir die Spanne eines Lebens ausfüllen möchten, stellt sich oft gar nicht mehr. Sie tritt in den Hintergrund, während wir uns Tag für Tag in mehr Verpflichtungen verstrickt sehen, als wir meinen bewältigen zu können. So leben wir auf immer kürzere Sicht, haben nur noch die Ziele im Auge, die wir heute oder nächste Woche erreichen müssen – oder verfehlen könnten.

Wie aber entsteht dieses beklemmende Gefühl der Zeitnot? Was genau bedeutet es, »keine Zeit« zu haben? Wie lässt sich ein immer schnelleres Lebenstempo bewältigen? Dieser zweite Teil des Buchs soll untersuchen, wie wir mit der knappen Zeit umgehen. Er geht der Frage nach, ob wirklich ein Mangel an Zeit entscheidend für das Gefühl der Hetze ist, das so viele Menschen quält – und kommt zu dem Schluss, dass sich das Unwohlsein vielmehr aus drei anderen Quellen speist. Nicht zu wenig Zeit und ein von außen aufgezwungener zu schneller Takt sind die Wurzeln des Problems, sondern drei Faktoren, die unserem eigenen Innenleben entspringen: Unkonzentriertheit, Stress und Unlust. Jedem dieser drei Zeiträuber – und den Wegen, mit ihnen fertig zu werden – ist eines der folgenden Kapitel gewidmet; dieses Kapitel betrachtet als Grundlage die Geschichte und Symptome der Beschleunigung, der wir uns ausgesetzt sehen.

Goethe kam mit der von ihm selbst bemängelten Schnelligkeit seiner Epoche übrigens bestens zurecht. In »Dichtung und Wahrheit« bekennt er: »Da man immer Zeit genug hat, wenn man sie gut anwenden will, so gelang mir mitunter das Doppelte und Dreifache.« Denn: »Die Zeit ist unendlich lang und ein jeder Tag ein Gefäß, in das sich sehr viel eingießen lässt, wenn man es wirklich ausfüllen will.«

Eine Geißel in der Hosentasche

Für unsere Vorfahren in den meisten Epochen der Geschichte war Zeitmangel kein Problem. Man folgte ohne zu fragen dem Rhythmus, den die Sonne, das Klima und die Religion vorgaben; die Menschen lebten nach dem, was Sozialpsychologen die »Ereigniszeit« nennen. In Stunden oder gar Minuten zu denken, war ihnen fremd.[8] Allenfalls für die Astronomen hatten solche Einheiten Bedeutung.

Ein Umbruch kündigte sich an, als auf den Kirchtürmen der Städte im 14. Jahrhundert die ersten Uhren installiert wurden. Bald verkündete eine Glocke das Öffnen und Schließen der Stadttore, gab den Beginn und das Ende des Marktes an; in Basel gab es außerdem eine Musglocke, damit alle Armen zur selben Zeit im Almosenhaus ihr Mus abholen kamen.[9] Zunächst waren die Uhren kein Grund zur Beunruhigung: Zu den natürlichen und den nach Ansicht der Gläubigen übernatürlichen Zeitzeichen waren eben von Menschen gemachte hinzugekommen.

Doch die Uhren wurden genauer, und damit wuchs auch die Faszination, die von ihnen ausging. Zu Beginn des 18. Jahrhunderts waren manche Zeitgenossen offenbar schon so von ihren Chronometern besessen, dass Jonathan Swift Anlass zu ätzendem Spott fand. In seinem Roman »Gullivers Reisen« beschrieb er, mit welchem Erstaunen die Winzlinge im Land Liliput auf die Uhr des Helden reagieren. Diese »merkwürdige Maschine«, die den Liliputanern völlig unbekannt war, »erweckte des Kaisers höchstes Interesse, und lange beobachtete er aufmerksam das Kreisen des Minutenzeigers, das ihm ebenso unerklärlich erschien, wie das unablässige Geräusch im Innern. Zwei der stärksten Gardemänner schoben eine Stange durch den Ring der Uhr und trugen sie auf den Schultern fort, wie bei uns daheim ein Fass mit Bier von Brauknechten transportiert wird.« Das merkwürdige Gerät wird untersucht; die Meinungen der Gelehrten gehen »weit auseinander«. Schließlich gibt ein Höfling Bericht: »Wie wir vermuten, ist dasselbe entweder ein unbekanntes Tier oder der Gott, den er verehrt. Wir sind aber zu der letzteren Meinung geneigter, denn er versicherte, (...) er tue selten etwas, ohne jenes Ding um Rat zu fragen.«

Vor allem die Kaufleute und die ersten Industriellen fanden an dem neuen Instrument Gefallen. Schon 1335 hatte der Gouverneur des nordfranzösischen Artois den Bau eines Stadtturms mit besonderer Glocke genehmigt, um die Arbeitszeit der Textilarbeiter ein- und auszuläuten – ein Vorläufer der Fabriksirenen. Und im Brief einer Kaufmannsgattin aus dem italienischen Prato an ihren Mann, datiert 1399, findet sich eine Formulierung, wie sie in jedem modernen Managementratgeber stehen könnte: »Angesichts all der Aufgaben, die Du zu bewältigen hast, erscheint mir jede Stunde, die Du verschenkst, wie tausend.«[10]

Von da ist es nicht mehr weit zu den galligen Predigten des englischen Puritaners Richard Baxter, der im 17. Jahrhundert Zeitverschwendung als die schwerste aller Sünden anprangerte.[11] Seine Zeit durch Geselligkeit, »faules Gerede« und selbst durch mehr als sechs, höchstens acht Stunden Schlaf zu vergeuden, sei absolut verwerflich. Die Uhr verwandelt sich vom Messgerät zur Geißel.

Drill zur Pünktlichkeit

Eben weil Zeit der Stoff sei, aus dem das Leben bestehe, empfahl Benjamin Franklin, keine Zeit zu verlieren. Seine Aufforderung ist tief in die westliche Kultur eingesickert. Wir haben sie noch stärker verinnerlicht als die ebenfalls von dem amerikanischen Erfinder stammende Formel »Zeit ist Geld«. Diese beiden Behauptungen sind uns so selbstverständlich geworden, dass sie uns fast wie Naturgesetze vorkommen. Aber gelten sie zwangsläufig? Wenn Zeit der Stoff des Lebens ist, ließe sich daraus genauso gut folgern, dass man möglichst freigiebig damit umgehen soll.

Die Fischer und Bauern auf der Malaysischen Halbinsel Kentalan etwa, deren Sitten der amerikanische Anthropologe Douglas Raybeck studiert hat, dürften Franklins Sätze mindestens so sonderbar finden wie die Liliputaner Gullivers zwanghaften Blick auf die Uhr. Für sie ist nicht Tempo, sondern Langsamkeit wertvoll. »Die Sprache des Charakters« heißt der Verhaltenskodex dieser Kultur, der verlangt, dass jeder sich viel Zeit für soziale Verpflichtungen nimmt. Wer hastet, ist ein Flegel, denn er erweist damit der Gemeinschaft Respektlosigkeit.[12]

Uns sind solche Skrupel ausgetrieben. Zum einen beruht die Industriegesellschaft darauf, dass Angestellte ihre Zeit an ein Unternehmen verkaufen. Zum anderen verlangt die Arbeitsteilung einen verbindlichen Rhythmus des Lebens für alle – wann Züge fahren, wann man zu erreichen ist. Ohne die Herrschaft der Uhren könnte ein solches System nicht funktionieren. »Die Uhr, nicht die Dampfmaschine war die maßgebende Maschine für das moderne Industriezeitalter«, schrieb der amerikanische Technikhistoriker Lewis Mumford.

Dass wir es so weit gebracht haben, war nicht nur eine technische Leistung, sondern vor allem eine der Kultur. Denn der Takt der Uhren entspricht, wie im ersten Teil dieses Buches ausgeführt, der menschlichen Natur überhaupt nicht. So wurde die Gesellschaft an der Wende vom 19. zum 20. Jahrhundert regelrecht umerzogen. Schulbücher begannen auf den Wert der Zeit hinzuweisen.[13] (Der »Bildungsplan« für Grundschulen des Landes Baden-Württemberg nennt noch heute das folgende Unterrichtsziel: »der verantwortliche Umgang des Kindes mit seiner Zeit«.[14])

Im Katalog einer amerikanischen Uhrenfirma der Jahrhundertwende hieß es: »Ordnung, Pünktlichkeit und Regelmäßigkeit sind die Kardinalprinzipien, um das Denken junger Menschen zu prägen. Diese Prinzipien kann man in der Schule durch nichts anschaulicher vermitteln als durch eine Uhr.« Ein Konkurrenzunternehmen warb mit der Behauptung, dass ihr Spitzenmodell mit dem sinnigen Namen »Autokrat« »militärische Präzision liefert und Tatkraft, Pünktlichkeit und Genauigkeit lehrt, wo immer sie eingesetzt wird«.[15] Und der Ingenieur Frederick Taylor untersuchte die Bewegungen der Arbeiter bis in jede Muskelregung, damit die Handgriffe am Fließband möglichst schnell ablaufen konnten.

Die Propaganda hatte Erfolg. Nach der Uhr zu leben wurde gleichbedeutend mit Aufstieg, Taschenuhren wurden zum Statussymbol. Arme im Amerika dieser Epoche gründeten Uhrenclubs, um mit vereinten Ersparnissen ein solches Gerät anschaffen zu können. Schon im Jahr 1881 warnte jedoch der Neurologe George Beard in seinem Buch »American Nervousness« seine Landsleute davor, dass die zunehmende Bedeutung der Pünktlichkeit bei vielen Menschen die Befürchtung auslöse, eine Verspätung von einigen Augenblicken könne die Hoffnungen eines ganzes Lebens zerstören. Und die illustrierten Zeitschriften Europas widmeten sich einem neuen Krankheitsbild: Der »Neurasthenie«, welche lange Artikel als Erschöpfung durch ein zu hohes Arbeitstempo beschrieben. Die Menschen begannen, ihre Aufmerksamkeit auf immer kürzere Zeitabschnitte zu richten. »Fünf Minuten Gespräche, Telefonate von einer Minute, Wortwechsel von nur fünf Sekunden auf dem Fahrrad«, seien üblich geworden, bemerkte der deutsche Zeitgeschichtler Karl Lamprecht.[16]

Schneller!

Die Beschleunigung vollzog sich nicht überall gleich schnell. In den Nachkriegsjahren des Wirtschaftswunders, als in westdeutschen Großstädten längst die Minuten zählten, orientierte man sich auf den Dörfern noch immer am Schlag der Kirchturmuhr.

Auch ist diese Entwicklung keine westliche Spezialität. Japan zum Beispiel erlebte die Pünktlichkeitskampagne, die über Europa und Amerika während

»Nicht so langsam! Schon mehr als 5 Sekunden!« Der Geschäftsmann Nakawaga, Held eines in Japan berühmten Comics, bewegt sich nur im Düsenjet und im Hubschrauber fort. Er bleibt nie länger als fünf Minuten an einem Ort. Wenn sich ein Gesprächspartner um mehr als fünf Sekunden verspätet, lässt Nakawaga die Verhandlungen platzen.[17]

der Gründerzeit hinwegrollte, mit seiner großen Industrialisierung in den 1950er Jahren. In den Zeitungen erschienen Fotos von Menschen, die pflichteifrig auf die Uhr sehen und darunter die Aufforderung: »Um das Leben besser zu machen, wollen wir alle Zeit sparen.«[18] Heute gilt Tokio als die schnellste Stadt der Welt. Das öffentliche Leben funktioniert mit beispielloser Genauigkeit. Man verabredet sich nicht gegen acht Uhr, sondern um 19h50 und erscheint auch zu dieser Zeit. Stoff für die Abendnachrichten ist es, wenn sich der Superschnellzug Shinkansen um ein paar Minuten verspätet hat.

In anderen Ländern hingegen nimmt die Zeit noch einen gemächlicheren Lauf. Angeregt von seinen Erfahrungen als Gastdozent in Brasilien, wo sich die Studenten frühestens eine halbe Stunde nach dem angesetzten Beginn zu seinen Vorlesungen bequemten, hat der amerikanische Sozialpsychologe Robert Levine das Lebenstempo in verschiedenen Kulturen verglichen.[19] Dazu wählte er drei Anhaltspunkte: die Geschwindigkeit, mit der Menschen auf der Straße gehen; die Zeit, die es dauert, um auf dem Postamt eine Briefmarke zu bekommen; und die Genauigkeit öffentlicher Uhren.

Natürlich sind die Kriterien einigermaßen beliebig: Warum die Bahnhofsuhren und nicht die Pünktlichkeit der Züge, warum gerade das Postamt? Man kann darüber streiten, ob Levines Geographie der

Zeit, die er in einem Buch dieses Titels beschrieb, allen wissenschaftlichen Standards entspricht. Eine amüsante Demonstration, wie verschieden schnell Menschen leben, bietet das Werk allemal: Deutschland belegt nach der Schweiz, wo die Uhren mit eindrucksvollem Abstand am genauesten ticken, einen zweiten Platz, Irland hält erstaunlicherweise Platz drei. (Unsere Postler hält Levine sogar für die flinksten der Welt.) Wenig überraschend dagegen landen Länder wie Kenia, Indonesien oder Mexiko auf den hinteren Rängen. Je stärker ein Land industrialisiert ist und je individualistischer die Menschen dort eingestellt sind, umso höher ist Levine zufolge das Tempo.

Doch in dem Maß, in dem die Welt zusammenwächst, wird die Gemächlichkeit selbst aus ihren letzten Winkeln verschwinden. MTV über Satellit bringt den Beat der Popmusik bis in laotische Dörfer, und Arbeit in Echtzeit über Ozeane hinweg ist längst Wirklichkeit. Deutsche Unternehmensberatungen schicken Stichwortzettel über das Internet abends nach Neuseeland, wo gerade der Tag anbricht; am nächsten deutschen Morgen kommen fertige Präsentationen zurück. Amerikanische Kunden werden, ohne dass sie es merken, von Call-Centern in Indien bedient – in amerikanischem Tempo, versteht sich. Das Virus Geschwindigkeit hat die ganze Welt infiziert.

Das große Rennen

Wenn sich einmal ein bestimmtes Tempo in einer Gemeinschaft durchgesetzt hat, lässt es sich kaum noch drosseln. Der Grund sind weniger äußere Zwänge wie etwa der Umstand, dass unsere Wirtschaft nun einmal schnelles Reagieren erfordern würde. Die eigentliche Ursache liegt vielmehr in uns selbst: Sobald Menschen sich nämlich an eine gewisse Geschwindigkeit gewöhnt haben, lassen sie sich kaum mehr davon abbringen – und erwarten, dass auch alle anderen mitziehen. Tempo wird zur Norm.

Wie sehr die Mitglieder einer Gesellschaft einander hochputschen und dabei in eine schier ausweglose Spirale immer größeren Zeitdrucks geraten, hat die amerikanische Sozialpsychologin Janice Kelly in ihren Versuchen gezeigt. Dieser »Effekt des Mitreißens«, wie Kelly es erweitert, zeigt sich schon bei Paaren und in Gruppen von drei oder vier. Beispielsweise hat die Wissenschaftlerin ihre Versuchspersonen gebeten, zuerst alleine Buchstabenrätsel zu lösen; dabei machte sie unterschiedliche Zeitvorgaben. War die Zeitnot groß, stöhnten die Probanden zwar anfangs, gewöhnten sich aber schnell daran, so dass sie Langeweile empfanden, wenn die Wissenschaftlerin später wieder ein normales Tempo von ihnen verlangte. Dieser Effekt war noch ausgeprägter, wenn Teilnehmer die Rätsel nicht alleine, sondern in Paaren oder in Teams bearbeiten sollten. Je größer die Gruppe, desto mehr bestärkten sich die Mitglieder in einer einmal erreichten Geschwindigkeit.[20] Wer davon abzuweichen versucht, gilt als Außenseiter. Wenn ein Schrittmacher ein immer höheres Tempo vorgibt, passen die anderen sich an. Die allgemeine Beschleunigung endet erst dann, wenn so viele Versuchspersonen heillos überfordert sind, dass ein großer Teil der Arbeit liegen bleibt.

Das Leben ähnelt einem Marathonlauf: Wo jeder einzelne Läufer längst aufgeben oder zumindest einen gemächlicheren Gang einlegen würde, beißt er im Pulk die Zähne zusammen und rennt weiter, weil keiner gegenüber den anderen zurückfallen will. So wird die Hetze zur Epidemie – bis die Ersten zusammenbrechen.

Eine Zeitreise nach Weimar

Wir leben heute in einer nie da gewesenen Dichte von Reizen. In welchem Tempo sie auf uns einprasseln, nehmen wir meist gar nicht mehr wahr, weil wir uns auch daran längst angepasst haben.

Stellen Sie sich einmal eine kleine Zeitreise ins Weimar jener Epoche vor, die Goethe so hektisch vorkam: Die Menschen auf der Straße bewegen sich mit geradezu aufreizender Langsamkeit – in ungefähr dem halben Tempo, das Sie gewohnt sind. Wenn Sie das noch nicht ungeduldig macht, dann genügt ein Besuch beim Bäcker: Bis Sie Ihre Brötchen bekommen, sind eine Viertelstunde und zwei Schwätzchen mit anderen Kunden vergangen. Sie wären tagelang mit öden Aufgaben beschäftigt, etwa mit der Hand Texte abzuschreiben, Rechnungen auf dem Papier anzustellen, Wäsche zu waschen. Die Abende bei Kerzenlicht und ohne Zerstreuung erscheinen Ihnen unendlich. Und wenn Sie eine kleine Unterbrechung von so viel Einförmigkeit suchen, hätten Sie schon bald nach den ersten Ausläufern des Thüringer Waldes Ihren Aktionsradius erreicht. Die Gelegenheit, darüber hinaus zu blicken, bekommen Sie selbst als wohl situierter Bürger höchstens ein- oder zweimal im Jahr. So sehen Sie nichts als tagaus, tagein dieselben Mauern, dieselben Gesichter.

Wollen Sie schon mit der Zeitmaschine die Rückreise in Ihren hektischen Alltag antreten? Widerstehen Sie dieser Versuchung, dann werden Sie nach einer Weile subtile Veränderungen Ihrer Wahrnehmung bemerken. Die Gerüche verschiedener Phasen des Frühlings im Wald werden Ihnen vertraut. Sie nehmen wahr, wie sich die Gesichtszüge Ihrer Mitmenschen verändern und lernen die hohe Kunst der geistreichen Konversation. Während sich Ihr Ausdruckswille in Ihrem früheren Leben in kaum mehr als ein paar E-Mail-Kürzeln erschöpfte ;-), beginnen Sie nun, in wohl formulierten Briefen und in gestochener Handschrift über Ihre Gefühle Rechenschaft abzulegen – keiner ist darüber mehr erstaunt als Sie selbst. Einige Gedichte Goethes haben Sie so oft gelesen, dass Sie die Verse ganz von allein auswendig lernten. Sogar die Lebensgeschichte Ihres Bäckers wird Ihnen geläufig. Und seine von Hand gefertigten Brötchen verströmen einen intensiven Duft, von dem Ihre Lieben daheim im 21. Jahrhundert noch nicht einmal träumen.

In der Vergangenheit, in der Sie sich herumtreiben, ist Abwechslung kostbar. Weil Sie nicht viel erleben, beschäftigen Sie sich umso intensiver mit den Reizen, die Sie wahrnehmen. Ausgehungert nach Zerstreuung, empfinden Sie selbst einen Jahrmarkt als ein Ereignis, das eine weite Anreise lohnt.

Uns heutige Menschen dagegen erreicht so viel Stimulation, wie wir wollen. Der Jahrmarkt findet jeden Abend im Fernsehen statt; in einer einzigen Stunde vor dem Bildschirm bekommen wir mehr als 1000 Einstellungen zu sehen. Menschen vom anderen Ende der Welt können uns jederzeit auf dem Handy erreichen. Selbst eine Reise nach Australien ist im Internet in Sekundenschnelle zu buchen. In einem einzigen Jahr sammeln wir mehr Eindrücke als Goethes Zeitgenossen in einem ganzen Leben. Soziologen nennen dies die »Ereignisgesellschaft«[21]: Sinnesreize gibt es in beliebiger Menge sofort. Nur fehlt uns die Zeit, sie zu genießen.

Denn das Gehirn kann neue Information nicht beliebig schnell verarbeiten. Aus diesem Dilemma gibt es nur zwei Auswege: Entweder wir widmen jedem Reiz weniger Zeit und wenden uns sofort der nächsten Information zu, die eintrifft. So wird die Aufmerksamkeit sprunghaft. Die Konzentration lässt nach, wir werden unfähig, uns länger und eingehender mit einer Angelegenheit zu befassen. Oder aber wir wählen aus. Dann vernachlässigen wir die neu einströmende Information, um die alte etwas länger verarbeiten zu können – der Datenberg im Kopf soll nicht noch größer werden. In beiden Fällen nutzen wir das Angebot nicht aus: Wenn wir vom einen Reiz zum nächsten springen, entgeht uns der Gehalt eines großen Teils der empfangenen Information. Wenn wir auswählen, erreichen die meisten Signale der Außenwelt noch nicht einmal das Bewusstsein.

Die Sucht nach Stimulation

Aufmerksamkeit ist ein knappes Gut. Jede Information, mit der wir uns befassen, kostet Zeit, die dann anderswo fehlt. Das wäre nicht weiter schlimm, wenn es uns sinnvoll auszuwählen gelänge. Fatalerweise aber funktionieren die nötigen Filter schlecht – zu schlecht für unsere moderne Umgebung.

Versuchen Sie einmal, *nicht* auf einen der Monitore zu achten, über die neuerdings in Bahnen und Bussen Werbung flimmert. Noch schwerer fällt es, sich vom laufenden Fernseher oder gar von einem spannenden Computerspiel loszureißen. Als ginge von den Bildschirmen eine bannende Kraft aus, gelingt es uns nicht, einfach den Ausknopf zu drücken, obwohl wir es eigentlich wollen.

Ein Gegenstück im Büro sind übrigens die ständig hereintröpfelnden E-Mails. Natürlich ist jedem klar, dass erstens Outlook und Co. Zeiträuber sind, die uns unablässig daran hindern, eine Sache ungestört zu Ende zu führen, und dass zweitens nur die wenigsten Mails einer umgehenden Antwort bedürfen. Und doch kostet es größte Überwindung, das E-Mail-Programm einfach zu beenden und dann auch abgeschaltet zu lassen. Einer Untersuchung der Internetfirma AOL zufolge ist der moderne Mensch längst süchtig nach diesem Medium. Drei Viertel aller Amerikaner verbringen täglich mehr als eine Stunde mit ihrer elektronischen Post. 41 Prozent der Befragten rufen morgens noch vor dem Zähneputzen zum ersten Mal ihre Mails ab, ebenso viele gaben zu, sogar nachts schon einmal extra aufgestanden zu sein, nur um am Computer das Postfach zu prüfen. Vier Prozent tun es selbst dann, wenn sie, mit Laptop ausgerüstet, auf der Toilette sitzen.[22]

Liegt es daran, dass der Mensch unbegabt ist für Entsagung von ständiger Kommunikation? Die genetische Programmierung unseres Gehirns entstand in einer Zeit, in der neue Reize rar waren und, wenn sie doch auftraten, eine möglicherweise lebenswichtige Bedeutung hatten. Was sich in unserer Umgebung verändert, weckt die Aufmerksamkeit, ob wir es wollen oder nicht. Automatisch wird der Blick dorthin gezogen. So mögen wir heute vor dem Computer noch so genau wissen, wie belanglos die meisten per E-Mail eintreffenden Botschaften sind – wir stürzen uns dennoch mit derselben Intensität darauf, mit der ein Savannenbewohner beim Rascheln im Laubwerk die Ohren spitzte.

Das Leben als Schlacht

Aufmerksamkeit funktioniert in drei Stufen, wie im sechsten Kapitel beschrieben: Wenn wir etwas Interessantes sehen oder hören, steigt zunächst die Wachsamkeit. Dann orientiert sich die Wahrnehmung zu dem Reiz hin. Und schließlich rückt der neue Eindruck ganz ins Zentrum des Bewusstseins; andere Signale blendet das Gehirn aus.

Dass man in Fahrt kommt, wenn in der Umgebung etwas passiert, ist einem eigenen Netzwerk von Nervenzellen zu verdanken. Es geht von einem bläulichen Kern namens Locus coeruleus im Hirnstamm aus (coeruleus ist lateinisch für »Blau«). Von dort zieht sich das Geflecht von Neuronen nach unten und oben – einerseits ins Rückenmark, andererseits ins Stirnhirn und in tiefere Hirnzentren wie die Mandelkerne, welche Emotionen auslösen.

Sobald ein bemerkenswerter Reiz eintrifft, setzt der blaue Kern den Botenstoff Noradrenalin frei. Diese Substanz ist eng verwandt mit dem besser bekannten Stresshormon Adrenalin. Noradrenalin sorgt dafür, dass der Blutdruck steigt und der Pulsschlag etwas schneller wird – plötzlich fühlen Sie sich lebendig. In den höher gelegenen Zentren des Gehirns beschleunigen sich Wahrnehmung und Denken. Der Körper bereitet sich darauf vor zu reagieren. Auch das Gefühlsleben gerät in Gang. Wenn der Reiz nicht bedrohlich ist, gelangt nur relativ wenig Noradrenalin in die Nervenbahnen – wohlige Anregung breitet sich aus, auch ein leichtes Kribbeln der Spannung. Sie wollen wissen, wie es weitergeht. Nur wenn die Neuigkeit gefährlich erscheint, wird eine große Dosis Noradrenalin freigesetzt, so dass die Reaktion in Stress und Furcht umschlägt.

Doch die wenigsten Anlässe im geordneten Alltag von heute geben Anlass zu Angst. Wir werden mit Reizen bombardiert, die ein bisschen aufregend, doch alles andere als beängstigend sind. Vielmehr liegt in den meisten Ablenkungen sogar ein kleines Versprechen: Das Klingeln des Handys könnte den Anruf eines Freundes bedeuten; die E-Mail eine Einladung auf eine Party; und selbst die Bilder auf dem Werbemonitor in der U-Bahn verheißen ein etwas besseres Leben.

Da die Aufmerksamkeit sich selbst steuert, ist es schwer, solche Signale willentlich zu missachten. Aber vielleicht würden wir es auch gar nicht wollen. Ob ein unbekanntes Gesicht oder auch nur eine gerade eintreffende E-Mail – eine neue Information, die das Bewusstsein erreicht, bedeutet Anregung, bewirkt einen kleinen Flash. Der Effekt ist tatsächlich mit dem einer Droge vergleichbar; Substanzen wie Nikotin und vor allem Kokain wirken auf dieselben Nervenbahnen ein.

Darum löst die Intensität, mit der die Sinne Tag für Tag beschossen werden, nicht nur Stress aus – sie verschafft uns auch gute Gefühle. Zudem steigt mit jedem Reiz, der Aufmerksamkeit fordert, das allgemeine Erregungsniveau: Jeder schnelle Bildwechsel im Fernsehen, jedes Klingeln Ihres Handys wirkt leicht elektrisierend. »Sie leben Ihr Leben in einer Aufregung, die Ihre Vorfahren nur in der Schlacht kannten«, schreibt der amerikanische Autor Mark Helprin.[23] Die tägliche Hast, die Flut der Eindrücke bringt uns in einen Zustand ständiger Stimulation; sie bewirkt, dass wir uns lebendig fühlen. Wir haben also guten Grund, das verfluchte Tempo, in dem wir leben, zu lieben.

Doch wir zahlen einen Preis: Je mehr die Erregung zunimmt, umso schlechter können wir uns konzentrieren. Das vom blauen Kern ausgehende Neuronen-Netzwerk, das uns rege macht, kann nämlich die höheren Funktionen der Aufmerksamkeit hemmen.[24] Es verhindert, dass wir Störungen ausblenden. Dann ist es kaum mehr möglich, zwischen wichtig und unwichtig zu unterscheiden; wahllos fliegt das Bewusstsein auf jeden neuen Reiz.

In der Vergangenheit war eine solche Blockade höchst sinnvoll. Wer in der Steppe ein bedrohliches Geräusch hört, das unbekannt erscheint, für den wäre ein Filter der Wahrnehmung ein lebensgefährlicher Luxus. Er ist darauf angewiesen, dass jede neue Entwicklung im Gebüsch sofort sein Bewusstsein erreicht.

Doch in der heutigen Umgebung wirkt sich die Selbstabschaltung der Filter fatal aus. Gerade diese Funktion der Aufmerksamkeit, die wir angesichts der Schwemme an Reizen dringend brauchten, bricht als erste zusammen. Die Filter der Wahrnehmung beginnen durchlässig zu werden, immer mehr neue Reize erreichen das Bewusstsein, immer häufiger springt die Aufmerksamkeit zum nächsten Reiz. Dies erhöht nun erst recht die Erregung und schwächt die Filter – eine Abwärtsspirale kommt in Gang.

Die ganz normalen Folgen der Überflutung hat die kalifornische Arbeitswissenschaftlerin Gloria Mark dokumentiert. Sie untersuchte das Verhalten von Angestellten in Softwarefirmen; dabei notierte sie jedes Mal, wenn eine Person von einer Tätigkeit zur nächsten wechselte, sich also beispielsweise von der Lektüre eines Schriftstücks abwandte, um nach einer neuen E-Mail zu sehen.[25] Dies war in der Regel zwanzig Mal pro Stunde und öfter der Fall: Den Mitarbeitern gelang es nicht, sich länger als durchschnittlich drei Minuten mit einer Angelegenheit zu befassen!

Wenn die Filter der Aufmerksamkeit löchrig werden, verlieren wir die Fähigkeit, den selbst gewählten Vorhaben zu folgen. Darum fällt es in einer Welt voller Reize so schwer, nach dem eigenen Rhythmus zu leben. Was ringsum geschieht, nötigt uns seinen Takt auf. Wir folgen den Ereignissen der Außenwelt wie ein dressiertes Hündchen der Glocke.

Das muss nicht unangenehm sein. Solange wir auf diese Weise alle Aufgaben halbwegs bewältigen, fühlen wir uns gut: Die schalen Gefühle kommen erst später. Man ist den ganzen Tag lang von einem Termin zum nächsten gesaust, hat einen Kick nach dem anderen erlebt. Doch fragt man sich am Abend, was eigentlich die Stunden von früh bis spät so sehr ausgefüllt hat, bleibt die Antwort aus. Wir haben nicht Eindrücke von nennenswerter Bedeutung erlebt, sondern vor allem die Geschwindigkeit selbst.

Auch der Nachgeschmack ähnelt dem einer Droge. Rauschmittel versetzen das Gehirn auf chemischem Weg in einen Ausnahmezustand. Was genau ringsum geschieht, wird uninterressant; es zählt nur noch die starke Empfindung. Ein Hochgeschwindigkeitstag wirkt so ähnlich. Tempo macht süchtig.

PS.

Was sollte uns eigentlich lieber sein: Zeit zu haben oder keine zu haben?

Überlegen Sie einen Moment, die Antwort ist weniger offensichtlich, als sie scheint. Je mehr sich der Terminkalender füllt, desto übermächtiger wird die Sehnsucht nach einer Atempause. Doch hat der Druck der Aufgaben erst einmal nachgelassen, ist die Untätigkeit nicht minder schwer zu ertragen. Neurologen und geplagte Patienten berichten vom häufigen Symptom der Wochenendmigräne: Sobald der Stress abflaut, folgt keineswegs die Erlösung, sondern der Schmerz.[26] Weniger bewusst, dafür weit verbreitet, sind andere Empfindungen der Leere: Angst, Trägheit und eine Art Schuldgefühl, mit sich selbst nichts anzufangen zu wissen. Wir werden missmutig, fühlen uns einsam, beginnen zu grübeln.

So ist die viel beklagte Hetze die Kehrseite des noch weniger angenehmen Leeregefühles: Oft stopft man seine Tage mit Terminen voll, damit die Zeit bloß nicht zu lang wird. Mehr oder minder bewusst streben wir nicht nach einem Überfluss, sondern nach einem Mangel an Zeit.

Unsere Kultur macht es nicht eben leicht, einen Ausweg aus diesem Dilemma zu finden. Bis in die letzte Hirnwindung haben wir verinnerlicht, dass nur ausgefüllte Zeit gute Zeit ist. In unserer von Arbeitseifer geprägten Gesellschaft gilt Zeitvergeudung als die schlimmste aller Sünden, wie der Soziologe Max Weber angemerkt hat.[27]

In jede kleine Unterbrechung des Tagesablaufs pressen wir noch eine Aktivität hinein und sei es auch nur die SMS, die wir in der Schlange am Postschalter tippen, weil wir das Warten und Nichtstun als unser nicht so recht würdig empfinden.

Anderswo scheinen die Menschen mit der Langeweile weniger Schwierigkeiten zu haben. Im Gegenteil, das Untätigsein erscheint ihnen wertvoll. Der Sozialpsychologe Levine weist auf die besondere Bedeutung hin, die fernöstliche Kulturen dem Zwischenraum zwischen Gegenständen und Tätigkeiten zumessen.[28] Wo ein Westler nur sinnlose Leere empfindet, sehen Japaner »ma« – einen Raum »voll von Nichts«, von dem eine produktive Kraft ausgeht. Die spirituellen Schulen aller östlichen Kulturen haben aus solchen Konzepten praktische Empfehlungen abgeleitet. Der aus Vietnam stammende Zen-Meister Thich Nath Hanh formuliert es so: »Statt zu sagen: ›Sitz nicht einfach nur da; tu irgend etwas‹, sollten wir das Gegenteil fordern: ›Tu nicht einfach irgend etwas; sitz nur da.‹«

Dieser Vorschlag lohnt einen Versuch: Überlassen Sie sich einmal dem Nichtstun. Eine halbe Stunde genügt. Stellen Sie sich einen Wecker, schalten Sie Radio oder Fernseher ab und setzen Sie sich aufrecht in einen Sessel. Sie können die Augen offen lassen oder schließen, ganz wie Sie wollen. Beobachten Sie, was nun geschieht. Einzig Ihr Atem regt sich. Gedanken stellen sich ein; Sie nehmen sie wahr, doch verfolgen den Faden nicht weiter. Pflichten fallen Ihnen ein, aber auch die schieben Sie einfach beiseite. Sie bemerken Ärger darüber, dass Sie sich auf dieses Experiment eingelassen haben, und Ungeduld. Wie viele Minuten wohl schon herum sind? Das Bedürfnis, nach der Uhr zu sehen, wird immer dringender. Doch ein Blick auf den Wecker ist tabu und außerdem nutzlos – die Zeit verrinnt ohnehin langsamer, als Sie denken. Sie haben noch viel vor sich. Nach einer Weile spüren Sie Entspannung, möglicherweise sogar Befriedigung darüber, dass Sie einmal nichts tun müssen. Mit den Atemzügen gehen auch die Minuten vorüber: Sie können der Leere ins Auge sehen. Der Wecker wird Sie irgendwann schon in den Alltag zurückholen.

So viel Zeit können Sie erleben, wenn Sie nur einmal darauf achten. Der französische Dichter Hervé Bazin schreibt:

»Nicht der Fluss strömt, sondern das Wasser.
Nicht die Jahre vergehen, sondern wir.«

10

Des Lebens Überfülle

Warum es so schwer ist, bei der Sache zu bleiben, und wie man es lernt

Zeit ist immer zu wenig. Von früh bis spät rennen die Minuten davon und wir ihnen hinterher, stets ein wenig verspätet. Schon beim Aufstehen keimt die bange Ahnung, dass man auch heute nicht annähernd all das erledigen wird, was zu erledigen wäre. Und morgen wird der Berg der Aufgaben noch etwas höher sein.

Hilfe verspricht Ihre Buchhandlung. Dort stehen ganze Regale von Bänden bereit, die Tipps zum Zeitmanagement geben. »Die Hamster-Strategie« oder »Das Eisbären-Prinzip« steht auf den Umschlägen; wundern Sie sich nicht über die Titel. Auch sollten Sie nicht Ihre Zeit mit der Frage verschwenden, wieso derlei Bücher noch vor wenigen Jahren so gut wie unbekannt waren.

Die Rückseiten, erst recht die Klappentexte all dieser Werke versprechen dasselbe – gleich nach der Lektüre wird Hetze für Sie Vergangenheit sein. Wenn Sie das Buch aufschlagen, erfahren Sie, wie es geht:

Sie brauchen einen Stift, einen Kalender und den guten Vorsatz, in Ihrem Leben Ordnung zu halten. Nun fertigen Sie sich gleich eine Liste mit allen Ihren Vorhaben an:

- Blumen gießen
- Socken kaufen
- Müll runterbringen
- Schreibtisch aufräumen
- Kinokarten reservieren
- auf Gehaltserhöhung dringen

Hoffentlich haben Sie nichts vergessen. Sodann wird Ihnen empfohlen, neben jede Aufgabe einen geschätzten Bedarf an Minuten und einen Termin hinzuschreiben. Auch erinnert Sie Ihr Ratgeber daran, dass Sie Wichtiges gleich, Unwichtiges hingegen später oder gar nicht erledigen sollen. Jetzt müssen Sie sich nur noch einen Tagesplan machen – und planen Sie einen Zeitpuffer ein, falls etwas schiefgeht. Am Abend kontrollieren Sie, ob Sie ihr Pensum erledigt haben und machen neben allem, was weggeschafft ist, zufrieden ein Häkchen. Das war's.

Haben Sie in Ihrer Tagesplanung auch genug Zeit dafür vorgesehen, um Ihre Listen zu verwalten? Vielleicht hat Ihnen das Buch verschwiegen, wie lange das dauert.

Ansonsten sind die Vorschläge wirklich nicht schlecht. Der römische Stoiker Seneca legte sie schon im Jahr 62 nach Christi in seinen »Moralischen Briefen« seinem jüngeren Freund Lucilius ans Herz. »Nimm Deine Zeit peinlich genau zusammen«, mahnte Seneca. »Der größte Teil unseres Lebens geht dahin mit unwürdigem Tun, ein großer mit Nichtstun.« Und dann gab Seneca einen resignierten Rat: Es empfehle sich, über die Zeit Buch zu führen – dann wisse man hinterher wenigstens, womit man sie verplempert hat. Er selbst mache das so. »Es geht mir wie dem, der trotz allen Aufwandes doch sorgfältig nachrechnet. Gewiss kann ich nicht sagen, dass ich ohne Verluste davonkomme; aber ich kann angeben, was ich verliere, warum und wie.«

Warum Unternehmen in Deutschland Jahr für Jahr Millionen für Seminare ausgeben, in denen Rezepte erklärt werden, die schon Seneca kannte, gehört ebenfalls zu den Rätseln, für die Sie lieber keine Zeit einplanen sollten. Organisationspsychologen, die der Sache nachgingen, kamen zu einem vernichtenden Schluss: Das so genannte Zeitmanagement ist nutzlos. Jedenfalls taugt es nicht dazu, Zeit zu sparen.[1]

Die bisher ausführlichste Untersuchung hat die amerikanische Forscherin Therese Macan angestellt. Sie räumt ein, dass sich viele Teilnehmer unmittelbar nach einem Zeitmanagementseminar besser fühlen. Aber das sei nichts als Balsam für die Seele. Schon nach ein paar Wochen verpuffe die Wirkung: »Anders als erwartet berichteten die Teilnehmer von

Zeitmanagementkursen nach dem Training (…) weder von höherer Arbeitszufriedenheit noch von geringerer Anspannung als Befragte, die an keinem solchen Seminar teilgenommen hatten. Auch die Arbeitsleistung verbesserte sich keineswegs nach dem Training.«[2]

Die Tipps wirken wie eine Diät: In den ersten Tagen ist man voll Begeisterung. Doch bald erlahmt der Eifer, und man fängt an, sich bald die eine, bald die andere Ausnahme zu gestatten. Nach ein paar Wochen ist alles wie gehabt. Die Anstrengung war zu groß, die unmittelbar spürbare Wirkung zu klein, um bei der Stange zu bleiben. Die Vorsätze entsprachen einfach nicht der menschlichen Natur – was ebenfalls schon Seneca wusste.

Am eigentlichen Problem gehen die Empfehlungen zum »Zeitmanagement« ohnehin vorbei, meint Carol Kaufman-Scarborough von der amerikanischen Rutgers-Universität. Wer seine Tage penibel mit Filofax und Aufgabenlisten verwalte, ähnle jenen Frauen, die sich nur von Joghurts und Karotten ernähren, obwohl sie nicht den geringsten Hang zur Fettleibigkeit zeigen. Die Ratgeberbücher und Seminare bieten nämlich nur Anweisungen von der Art »Tu erst dies, dann das«. Aber hier liegt selten die Schwierigkeit, wie Kaufman-Scarborough zeigte. Personen, die über Zeitknappheit klagen, zeichnen sich keineswegs dadurch aus, dass sie sich nicht zu organisieren verstünden. Kalender führen und sich auch daran halten können die meisten Gehetzten recht gut.[3]

Tatsächlich hat die Empfindung ständiger Zeitnot tiefere Gründe. Verantwortlich sind unser Fühlen und Denken; auch das ergab Kaufman-Scarboroughs Untersuchung. Bei Menschen, die unter ständiger Hetze leiden, schweift die Aufmerksamkeit ab. Das hindert sie daran, bei dem zu bleiben, was sie sich vorgenommen haben. Am Ende des Tages hilft nicht einmal mehr die Abrechnung à la Seneca, um herauszufinden, wo die Zeit geblieben ist. Tausend kleine Fluchten aus der Wirklichkeit lassen sich in der Buchhaltung nicht erfassen.

So ist die Unfähigkeit, sich zu konzentrieren, eine der drei Quellen (neben Stress und Unlust, um die es in den nächsten beiden Kapiteln gehen wird) der gefühlten Zeitnot so vieler Menschen. Dieses Kapitel untersucht, warum es so schwierig ist, bei der Sache zu bleiben – und ob es bessere Rezepte als die Senecas gibt, seine Zeit effizient zu nutzen.

Der Manager unserer Absichten

Wenn der Termindruck unerträglich wird, heißt es: »Ich weiß nicht mehr, wo mir der Kopf steht.« Das ist eine gute Metapher. Wenn wir überlastet sind, gelingt es nicht, sich auf eine Sache zu konzentrieren. Immer schneller springen die Gedanken von einem Problem zum nächsten, das ebenfalls zur Lösung ansteht. Fortschritte macht man auf diese Weise an keiner Front. Stattdessen verliert man den Überblick.

Wer ein Gipsbein hat, lernt das Gehen zu schätzen; wenn wir »den Kopf verlieren«, hätten wir Gelegenheit zu bemerken, wie gut unsere Zeitplanung sonst funktioniert. Eigentlich ist es fast ein Wunder, mit wie viel Aufgaben wir Tag für Tag jonglieren – und wie wir sie bewältigen.

Denn schon mit den scheinbar einfachsten Erfordernissen des Alltags fertig zu werden, erfordert eine enorme geistige Beweglichkeit. Das menschliche Gehirn spielt dabei all seine Stärken aus. Computer können Schachgroßmeister besiegen. Doch in einer durchschnittlich chaotischen Küche würde selbst Deep Blue versagen, der Superrechner, der einst Weltmeister Kasparow matt gesetzt hat. Er könnte kaum die zum Einräumen der Spülmaschine nötigen Arbeitsschritte berechnen.

Die Schwierigkeit besteht darin, sich in einer teilweise unbekannten Umgebung – wohin zum Teufel hat die Putzfrau wieder die Topfdeckel verräumt? – die richtigen Ziele zu setzen und diese auch zu verfolgen. Dabei gilt es, nicht stur nach Programm vorzugehen, sondern ein Auge auf die sich ständig verändernde Außenwelt zu haben. Einfache Aufgabenlisten werden der Wirklichkeit nicht gerecht, denn niemals sind alle Situationen vorhersehbar, die eintreten können. (Überraschend steht womöglich ein alter Freund vor der Tür, während Sie versuchen, den Staubsauger zu reparieren, dessen Bedienungsanleitung sich nicht auftreiben lässt.) Nicht zuletzt darum muss ein Computer im Alltag versagen.

Die Filterfunktion der Aufmerksamkeit hingegen steuert uns reibungslos durch das Leben – normalerweise. Sie sorgt dafür, dass uns zu jeder Zeit die momentan wichtigste Aufgabe bewusst ist und dass Störungen unterdrückt werden. Dazu wird ständig blitzschnell überschlagen, was wir tun könnten und welche Belohnung winkt, wenn wir dieser oder jener Spur folgen. Diese kleine Kosten-Nutzen-Rechnung stellt das Gehirn meist unbewusst und naturgemäß ungenau an. Manchmal verschätzen wir uns. Die weitaus meisten Situationen aber meistern wir glanzvoll.

Der Fachbegriff für diese Fähigkeit, seine Absichten zu ordnen, heißt »Exekutivfunktion«. Sie beruht auf dem Arbeitsgedächtnis, welches wir im ersten Teil des Buchs schon als Zeitgeber für kurze Verzögerungen kennengelernt haben. Es hält alle wichtigen Informationen ständig verfügbar: Was wir gerade im Schilde führen, was wir zu diesem Zweck wissen müssen, und welche die nächsten Schritte sein sollen. Bei all ihrer Virtuosität hat die Exekutivfunktion jedoch einen Mangel: Das Arbeitsgedächtnis ist flüchtig und vor allem schnell voll. Es kann nicht mehr aufnehmen als sieben, maximal neun verschiedene Informationen. Was darüber hinausgeht, vergessen wir oder bringen es heillos durcheinander.

Versuchen Sie nur einmal die Formel »Topfdeckel, Mülleimer, Windeln, Klarspüler, Staubsauger-Kundendienst bestellen, Steuererklärung, Flüge buchen, Gasrechnung prüfen« ein paar Minuten lang vollständig und in der richtigen Reihenfolge im Kopf zu behalten. Es wird Ihnen schwerlich gelingen. Die Exekutivfunktion bricht zusammen. Obwohl jede Aufgabe für sich einfach und schnell zu erledigen wäre, entgleitet Ihnen die Kontrolle, wenn diese Liste Ihr Arbeitsgedächtnis blockiert – erst recht, wenn zwischendurch auch noch das Telefon klingelt. Sie hasten vom einen zum anderen. Und nach einer Stunde fragen Sie sich, warum die Küche noch immer ein Chaos ist.

Ein Gott mit sechs Händen

Zeit kostet nicht nur die Tätigkeit, die wir gerade erledigen, sondern auch das, was wir an Unerledigtem im Kopf mit uns herumschleppen. Denn jede

Aufgabe, die man abrufbereit hält, belastet das Arbeitsgedächtnis. Darum ist es so anstrengend, seine Tage zwischen verschiedenen Rollen aufzuteilen – etwa die Bedürfnisse seiner Kinder und einer Firma gleichermaßen im Blick zu behalten.

Weil die Exekutivfunktion alle Handlungen steuert, ist sie der Schlüssel zu unserem Umgang mit Zeit. Nie war dieser Manager im Kopf so sehr gefordert wie heute – schon deswegen, weil die meisten Menschen mehr Rollen spielen als noch in der Generation ihrer Eltern. Frauen tragen Verantwortung nicht mehr nur als Mutter, sondern auch in ihrem Beruf. Hinzu kommt die Fülle an Reizen, der wir ausgesetzt sind. Ständig gilt es zu entscheiden, worum man sich als Erstes kümmern muss – und ob eine Tätigkeit zugunsten einer dringenderen zu unterbrechen ist.

Aber muss man sich wirklich entscheiden? Kann man nicht zweierlei gleichzeitig tun? Multitasking heißt ein Zauberwort, das in Zeitmanagement-Kursen oft fällt: Wenn Zeit wertvoll ist, müssen eben mehrere Dinge gleichzeitig geschehen. Der Begriff stammt aus der Computersprache und bezeichnet eine Technik, mit der ein Prozessor seine Leistung auf verschiedene Vorgänge aufteilen kann. Während man in »Word« einen Text eingibt, kann der Rechner im Hintergrund aus dem Internet Musik herunterladen.

Jeder kennt die meist jüngeren Zeitgenossen, die in ihr Handy eine SMS tippen, während sie ein Gespräch führen, essen und zu all dem immer wieder ein Auge auf den Computer werfen, ob vielleicht eine E-Mail eingegangen sein könnte. (Im Hintergrund läuft der Fernseher, zumindest aber Musik.)

In etwas fortgeschrittenem Alter zelebrieren wir das Multitasking im Büro, wo Zeit bekanntlich Geld ist. Wir schlürfen Kaffee, während wir, den Telefonhörer zwischen Ohr und Schulter verkeilt, warten, dass der Gesprächspartner abnimmt. Dabei unterschreiben wir ein Schriftstück und geben der wartenden Sekretärin auch noch für irgendeine andere Sache durch Nicken ein okay – wieder in einer sonst völlig unproduktiven Wartezeit drei Vorgänge behandelt. Am liebsten hätte man den Körperbau eines indischen Gottes mit sechs Armen, dann wäre die Sache auch noch bequem.

Leider ist das so genannte Multitasking eine der wirksamsten Arten, seine Zeit zu vertrödeln. Die Leistungsfähigkeit geht nämlich schon dann dramatisch zurück, wenn man nur zwei einfache Aufgaben gleichzeitig zu bewältigen versucht. Ein eindrucksvolles Experiment dazu hat die Psychologin Yuhong Jiang von der amerikanischen Harvard-Universität angestellt. Sie bat Studenten, in einem Arbeitsgang gleichzeitig farbige Kreuze und geschlossene Formen wie Dreiecke oder Kreise zu identifizieren. Erst erschien dieser Auftrag den jungen Akademikern der Elitehochschule lächerlich simpel. Doch sie änderten bald ihre Meinung, als ihnen auffiel, wie langsam sie waren und wie viele Missgriffe ihnen unterliefen. Tatsächlich brauchten die Teilnehmer fast eine Sekunde Reaktionszeit, um auf einen Knopf zu drücken, wenn sie farbige Kreuze und Formen gleichzeitig sahen. Sollten die Studenten dagegen nacheinander erst die Kreuze, dann die Formen erkennen, ging es fast doppelt so schnell.[4] Andere Versuchsreihen zeigten, dass sich durch die Gleichzeitigkeit überdies mehr Fehler einschleichen.[5]

Wie erklärt sich dieses so schwache Abschneiden? Dass wir die Kunst des Multitaskings beherrschen, ist nur eine der vielen schönen Illusionen, die das Gehirn uns zurechtzimmert. In Wirklichkeit wird erst eine Angelegenheit (farbige Kreuze) entweder erledigt oder abgebrochen, bevor die nächste (Formen) beginnt. Die Exekutivfunktion muss also Höchstleistungen vollbringen. Denn die Aufmerksamkeit gleicht einem Scheinwerfer, mit dem das Bewusstsein beleuchtet, was gerade wichtig ist. Wie aber in den Kapiteln über die Gegenwart erläutert, verfügen wir nur über einen solchen Lichtkegel. Darum können wir immer nur einen einzigen Vorgang bewusst steuern. Geteilte Aufmerksamkeit für zwei bewusste Tätigkeiten kann es nicht geben. (Selbstverständlich ist es möglich, ein Auto zu lenken und dabei zu reden.

Doch dies gelingt nur, weil wir das Fahren in vielen Jahren der Praxis automatisiert haben. Sprechen Sie hingegen einen Fahrschüler an, der für jedes Kuppeln und Schalten noch seine bewusste Aufmerksamkeit braucht, sollten Sie sich vorher angeschnallt haben.[6])

Wenn es uns so erscheint, als würden wir mehrere Handlungsstränge gleichzeitig verfolgen, springt die Aufmerksamkeit in Wirklichkeit hin und her. Übrigens beherrscht noch nicht einmal der Computer Multitasking, er tut nur so. Dazu wird die Zeit in winzige Abschnitte zerhackt, die Fachleute als »Zeitscheiben« für die verschiedenen Programme bezeichnen. Zwischen diesen Aufträgen wechselt der Rechner viele Tausend Mal pro Sekunde hin und her; so bekommt der Benutzer den Eindruck, dass alles zugleich und in Echtzeit geschieht. Immerhin aber schafft der Computer dieses Umschalten so schnell, dass dabei so gut wie keine Zeit und Rechenleistung verlorengehen.

Unser Verstand hingegen bewältigt Unterbrechungen erbärmlich schlecht. Auch das hat mit dem Arbeitsgedächtnis zu tun. Weil sein Fassungsvermögen so klein ist, kann es nur die Informationen für die gerade aktuelle Aufgabe bereithalten. Wenn wir aber den Vorgang unterbrechen und uns etwas anderem zuwenden, sind diese Daten erst einmal verloren. Wollen wir den Faden wieder aufnehmen, müssen die Informationen von neuem aus der Langzeiterinnerung oder aus der Umwelt zusammengesucht werden – für alles, was wir tun möchten, hat das Arbeitsgedächtnis gewissermaßen erst das Bühnenbild einzurichten. Das dauert.

Aus gutem Grund fällt im Theater höchstens nach jedem Akt der Vorhang zu einem größeren Umbau. Kämen nach jeder Szene die Bühnenarbeiter, zöge sich die Vorstellung endlos hin. Dieser Gedanke erscheint uns absurd. Doch genauso verhalten wir uns, wenn wir zugleich E-Mails bearbeiten, telefonieren und dabei auch noch überlegen, was wohl als Nächstes zu tun wäre. Das so genannte Multitasking ist eine Falle. »Man verliert am meisten Zeit damit, dass man Zeit gewinnen will«, hat der amerikanische Literaturnobelpreisträger John Steinbeck einmal bemerkt.

Die Trägheit des Verstandes

Die Exekutivfunktion ist träge. Jedes Mal, wenn man sich einer anderen Tätigkeit zuwendet, kostet dies Zeit. Diese Einsicht erklärt auch die bekannte Erfahrung, dass wir für jede Aufgabe viel länger brauchen, wenn wir dabei gestört werden. Klingelt im Büro das Telefon, während Sie einen Bericht schreiben, fällt die eine Minute, während der Sie am Hörer eine kurze Auskunft erteilen, nicht ins Gewicht. Sehr viel mehr Zeit kostet es, dass Ihr Arbeitsgedächtnis durcheinandergerät, sobald Sie die Frage Ihres Anrufers überdenken. Schon 15 Sekunden, nachdem Sie sich einem neuen Problem zugewandt haben, sind nach Experimenten des amerikanischen Psychologen Gilles Einstein so viele neue Daten angefallen, dass Sie die vorigen Informationen vergessen haben.[7] Sobald Sie auflegen, müssen Sie die alten Daten wieder aus dem Langzeitspeicher abrufen.

Zudem braucht die Exekutivfunktion offenbar eine Weile, bis sie überhaupt zufriedenstellend arbeitet – wie ein Motor, der sich erst warmlaufen muss. Wenn wir etwas Neues beginnen, schweift die Aufmerksamkeit zunächst herum; nach Untersuchungen von Arbeitswissenschaftlern können sich die meisten Menschen frühestens nach 15 Minuten so konzentrieren, wie es viele Aufgaben verlangen.[8] Bis dahin sind sie für jede noch so kleine Ablenkung empfänglich.

Nur ein paar Anrufe also, und ein halber Tag ist dahin. Die Abhilfe ist offensichtlich: Viele Schriftsteller ziehen sich an entlegene Orte zurück, um ein Buch zu verfassen. Für Angestellte ist eine solche Flucht zwar fast immer unrealistisch. Doch oft hilft es schon, sich in seiner gewohnten Umgebung gelegentlich vorzustellen, an einem fernen Ort zu sein – und sich auch so zu verhalten. Ein früherer, viel gefragter Kollege von mir besaß ein Schild, das er in diesen Fällen an seine Bürotüre hängte: »Schalter geschlossen«.

Die Taube auf dem Dach

Türen und Rufumleitungen helfen nur gegen Störung von außen. Tückischer sind die Ablenkungen, die man sich selber bereitet. Sobald Sie versuchen, sich in eine Angelegenheit zu vertiefen, kommen Ihnen ganz andere Gedanken in den Sinn. Plötzlich fällt Ihnen ein, was außer dieser Sache auch und vielleicht viel dringender zu erledigen ansteht. Sie kehren zu Ihrer ursprünglichen Arbeit zurück, aber der innere Dämon kommt wieder, diesmal mit ein paar Verlockungen: Wie wäre es, sich erst mal eine Tasse Kaffee zu gönnen oder im Internet etwas Inspiration zu suchen? Sollte die Arbeit nicht besser auf morgen verschoben werden? Schließlich brauchen Sie noch eine Auskunft von einem Kollegen. Oder doch nicht? So spielen Sie mit Ihren Gedanken oder diese mit Ihnen. Der Kopf betreibt tückisches Multitasking. Und mit jedem Gedankensprung verlieren Sie Zeit und Information.

Bei einer Sache zu bleiben, ist ein fortwährender Kampf. Das ist der Preis, den wir für unsere geistige Beweglichkeit zahlen. Denn worauf sich die Aufmerksamkeit richtet, wird von der Exekutivfunktion in jedem Augenblick neu ausgehandelt. Nur so können wir unser Handeln einer sich ständig verändernden Welt anpassen. Aufmerksamkeit bedeutet Wettbewerb. Das Arbeitsgedächtnis hat gespeichert, was wir uns vorgenommen haben; dieses Anliegen geht nun gegen alle anderen Impulse und Sinneseindrücke ins Rennen. Gegen einen verlockenderen oder auch bedrohlicheren Einfall hat der ursprüngliche Plan einen schweren Stand.

Dass wir für eine Überweisung am Ende des Monats überhaupt eine langweilige Arbeit abschließen, statt beim ersten Sonnenschein sofort an den Badesee zu flüchten, ist eine hohe Leistung unseres Verstandes: Die Exekutivfunktion kann spontane Impulse durchaus niederringen und bei einem einmal gewählten Vorhaben bleiben.[9] Diese Fähigkeit verdanken wir bestimmten Zentren im Stirnhirn; allerdings ist dieser Teil des Gehirns am störanfälligsten und entwickelt sich auch am langsamsten. Kleinkinder folgen daher stets der momentan größten Verlockung. Erst wenn mit dem Ende der Pubertät die zuständigen Regionen im Kopf voll ausgereift sind, sind alle Voraussetzungen gegeben, um auf eine schnelle Befriedigung zugunsten einer späteren, größeren Belohnung zu verzichten.[10]

Drei Faktoren entscheiden nun darüber, wie wirkungsvoll die Exekutivfunktion arbeitet: erstens das persönliche Talent zur Konzentration, zweitens die Stressbelastung und drittens die Motivation. Diese Einflüsse sollen in diesem und den nächsten beiden Kapiteln näher betrachtet werden. Denn von ihnen hängt ab, ob ein Mensch mit seiner Zeit zu Rande kommt – oder sich ständig gehetzt fühlt.

Sushimeister und Zappelphilipp

Haben Sie einmal in einem japanischen Restaurant dem Sushimeister bei seiner Arbeit hinter der Theke zugesehen? Seine Augen sind einzig auf das rasierklingenscharfe Messer gerichtet, mit dem er den rohen Fisch in völlig ebenmäßige Teile zerlegt. All den Trubel um sich herum scheint er gar nicht zu bemerken. Und obwohl seine Finger den zerteilten Fisch rasend schnell zu wahren Kunstwerken arrangieren, ist von Hektik nicht das mindeste zu spüren. Auch wenn die Bestellungen im Minutentakt eintreffen, wird er der Situation mühelos Herr. Man kann es sich kaum vorstellen, dass ihn der Zeitdruck quält. Er ist restlos bei seiner Sache.

Worauf beruht ein so hohes Maß an Aufmerksamkeit? Zum einen muss das Gehirn schnell reagieren können, sonst geht das Hantieren mit dem Messer nicht lange gut. Verantwortlich für die Wachsamkeit ist eine eigene Schaltung im Kopf; wie beschrieben geht sie vom blauen Kern, dem Locus coeruleus im Hirnstamm aus und verwendet als Botenstoff Noradrenalin.

Vor allem aber zeigt sich die Exekutivfunktion des Sushimeisters in Bestform. Mit ihrer Hilfe kann der Mann alle Störungen ausblenden, so dass allein der Fisch im Zentrum seiner Aufmerksamkeit steht. Auch die Exekutivfunktion kommt durch eine spezielle Hirnschaltung zustande. Ihr wichtigster Botenstoff ist Dopamin. Dieses Hormon wird von einem schwärzlichen Zentrum, der Substantia nigra, im Mittelhirn ausgeschüttet. Von dort wird es über weite Teile des Stirnhirns verteilt.

So, wie eine Prise Backpulver ein ganzes Pfund Teig zum Aufgehen bringt, so ändert Dopamin die Art, wie die grauen Zellen in weiten Bereichen des Stirnhirns arbeiten: Die Aufmerksamkeit fokussiert sich, das Gedächtnis wird aufnahmefähiger. Zudem empfinden wir Vorfreude, oft sogar Lust. Wir fühlen uns motiviert, ein Ziel zu erreichen, Hindernisse zu bewältigen und andere Absichten zurückzustellen. Die Selbstkontrolle wird uns mit guten Gefühlen versüßt.[11]

Wie diese beiden Schaltungen die Konzentrationsfähigkeit bestimmen, können Sie leicht in einem Selbstversuch überprüfen – und zwar mit einer Tasse Kaffee. Koffein nämlich verstärkt im Gehirn die Wirkung des Noradrenalins und führt dazu, dass mehr

Dopamin freigesetzt wird. Damit regt Kaffeegenuss sowohl die Steuerung der Wachsamkeit als auch die Exekutivfunktion an. Die Wirkung spüren Sie nach ein oder zwei Tassen Espresso. Während Sie vorher über dies und das nachgrübelten, ohne zu irgendwelchen Schlüssen zu kommen, geht die Arbeit nun schnell von der Hand.

Zu den eifrigsten Kaffeetrinkern gehören Menschen, die, ob sie es wissen oder nicht, eine Aufmerksamkeitsstörung plagt. Denn die Ursache dieses Leidens ist eine zu schwache Exekutivfunktion, und diesem Mangel hilft Koffein vorübergehend ab. Menschen mit einer Aufmerksamkeitsstörung gelingt es nicht, die eigenen Absichten in eine passende Reihenfolge zu bringen. Vor allem dulden sie keinen Aufschub. Wie ein Kleinkind gehen sie jedem Impuls sofort nach, da sie den Wunsch nach einer sofortigen Annehmlichkeit nicht zugunsten einer späteren Belohnung unterdrücken können.[12] Die Zukunft scheint nichts, die Gegenwart alles wert.

Daher kämpfen die Betroffenen nicht nur damit, planvoll zu handeln, sondern es fällt ihnen auch schwer, ihre Zeit einzuteilen. Oft empfinden sie das Verrinnen der Minuten und Stunden nicht einmal. Fragt man sie, wie lange ein bestimmtes Ereignis gedauert hat, sind sie ratlos. Die Zeit rennt ihnen ständig davon.

Letztlich liegt der Dopaminstoffwechsel der Störung zugrunde. Hirnforscher und Genetiker haben mehrere Erbanlagen entdeckt, die sie begünstigen.[13] Ausgeprägte Aufmerksamkeitsstörungen sind fast immer erblich. Etwa fünf Prozent aller Menschen haben schon als Kinder mit der Konzentration erheblich mehr Not als ihre Altersgenossen; der Volksmund spricht vom »Zappelphilippsyndrom«. Das Handikap bleibt ihnen meistens ein Leben lang erhalten. Medikamente wie Ritalin, die im Kopf weit wirkungsvoller als Kaffee Dopamin freisetzen, können der Zerfahrenheit entgegenwirken. Dieses Mittel ist jedoch umstritten, da Ärzte es ziemlich großzügig Kindern verschreiben, damit sie in der Schule nicht zu sehr auffallen und im Stoff hinterherhinken. Zu verantworten ist das nur bei Jungen und Mädchen, die durch eine zweifelsfrei festgestellte Aufmerksamkeitsstörung ernsthaft behindert sind.

Wer aber hat noch eine gesunde, wer schon eine gestörte Exekutivfunktion? Die Grenze ist unscharf; Aufmerksamkeitsstörungen lassen sich nicht so eindeutig diagnostizieren wie ein entzündeter Blinddarm. Denn Schwierigkeiten, bei der Sache zu bleiben, hat jeder – nur gelingt es den einen öfter, den anderen seltener, einer Ablenkung Widerstand entgegenzusetzen. Menschen werden mit einer stärker oder schwächer ausgeprägten Begabung zur Selbstkontrolle geboren. Wie bei jedem Talent kommt es jedoch auch darauf an, was man daraus macht: Konzentrationsfähigkeit lässt sich in erstaunlichem Maße trainieren. Niemand wird als Sushimeister geboren.

Skat gegen Zerstreutheit

Die Spiele, mit denen sich Kinder in Michael Posners Labor im amerikanischen Bundesstaat Oregon vergnügen, muten wie gewöhnliche Computerunterhaltung für Erstklässler an: Eine Katze will durch ein Labyrinth geführt werden, das immer verwirrender wird. Und ein virtueller Schäfer braucht Hilfe bei seiner Arbeit. Wenn auf dem Bildschirm ein Schaf erscheint, gilt es, möglichst schnell eine Taste zu drücken, damit sich das Tor zur Koppel öffnet – aber bloß nicht, wenn der Wolf auftaucht.[14]

Der Neuropsychologe Posner und seine Kollegen haben die Spiele allerdings so ausgeklügelt, dass sie nicht allein der Unterhaltung dienen. Um Erfolg zu haben, muss sich der Spieler konzentrieren, und jede Aufgabe zielt darauf ab, eine genau bestimmte Funktion der Aufmerksamkeit zu verbessern.

Posner hat die Wirkung akribisch dokumentiert. Bevor sich vier- und sechsjährige Kinder zum ersten Mal mit Katze und Schäfer amüsieren durften, maßen Psychologen ihre Intelligenz und untersuchten, wie gut die kleinen Versuchspersonen ihre spontanen Impulse beherrschten – wie gut also ihre Exekutivfunktion arbeitet. Ihre Hirnströme wurden aufgezeichnet, und Molekularbiologen nahmen den Kindern sogar einen Abstrich der Wangenschleimhaut; eine Genanalyse erlaubte Rückschlüsse auf den Dopaminstoffwechsel. Die Ergebnisse der verschiedenen Tests hängen zusammen: Wer mit einer bestimmten Variante eines Dopamintransporter-Gens auf die Welt gekommen ist, hat meist mehr Schwierigkeiten mit seiner Exekutivfunktion.

Nach fünf Tagen Spielen am Computer traten die Kinder erneut zur Untersuchung an. Nun schnitten die Sechsjährigen in den Aufmerksamkeitstests deutlich besser ab. Ihre Hirnströme deuteten darauf hin, dass ihre Nervenzellen nach dem Training am Computer effektiver arbeiteten. Und selbst die Intelligenz der Kinder schien sich etwas verbessert zu haben. Große Fortschritte zeigen sich allerdings nur bei den Älteren – die Vierjährigen waren für die Aufgabenstellung offenbar noch zu jung.[15]

Besonders ermutigend an Posners Versuch ist, dass besonders die Kinder profitierten, die vor dem Training die größten Schwierigkeiten hatten, bei der Sache zu bleiben. Es handelte sich um eben die kleinen Unruhegeister, die auch schon bei der Erbgutanalyse aufgefallen waren. Offenbar kann bereits ein kurzes Training einen genetischen Nachteil teilweise ausgleichen, solange das Defizit nicht zu groß ist.

Dass solche Erfolge grundsätzlich ein Leben lang

möglich sind, hat der Stockholmer Neuropsychologe Torkel Klingberg gezeigt. Er forderte erwachsene Versuchspersonen mit schlichten Aufgaben für das Arbeitsgedächtnis heraus; sie mussten sich bestimmte Muster einprägen. Mit einem ähnlichen Programm hatte Klingberg erfolgreich Kinder mit Aufmerksamkeitsstörungen behandelt.[16] Nach fünf Wochen waren auch bei den erwachsenen Teilnehmern alle drei Grundpfeiler der Exekutivfunktion stärker geworden: Arbeitsgedächtnis, Aufmerksamkeit und Selbstkontrolle hatten sich wesentlich verbessert. Der Forscher konnte sogar sehen, wie das Training die Gehirne veränderte. Wenn die Versuchspersonen ihre Tests im Computertomographen absolvierten, hatte der Monitor zu Beginn des Experiments oft nur mit einem schwachen Glimmen angezeigt, wie manche Teile des Stirnhirns tätig wurden. Nach dem Training leuchteten diese Areale kräftig auf.[17]

Diese Ergebnisse waren eine große Überraschung. Sie zeigten, wie plastisch auch jene Schaltungen im Kopf sind, die für Zeitplanung sorgen. Ihre Leistungsfähigkeit lässt sich durch Übung steigern – ähnlich, wie ein Muskel bei regelmäßigem Sport kräftiger wird. Offenbar können wir die Fähigkeit trainieren, bei einer Sache zu bleiben und sie möglichst effizient zu erledigen. Und die Erfolge stellen sich erstaunlich schnell ein.

Vermutlich sind spezielle Programme wie in den

Forschungslabors noch nicht einmal nötig. Derselbe Effekt dürfte sich, wenngleich nicht so schnell, auch mit ganz alltäglichen Tätigkeiten einstellen, die das Arbeitsgedächtnis fordern. Beim Lösen von Sudokus etwa, den schier allgegenwärtigen japanischen Zahlenrätseln, müssen Kurzzeiterinnerung und Mustererkennung wahre Höchstleistungen bringen. Und selbst eine Runde Skat, bei der die Spieler ihr Blatt ausreizen, Strategien entwickeln und sich genauestens die Züge der Gegner einprägen, trainiert die grauen Zellen hinter der Stirn. Kartenspiel als Waffe gegen die Zerstreutheit? Durchaus denkbar: Solange die Exekutivfunktion auf Trab kommt, ist es gleichgültig, ob der Kreuzbube oder ein elektronischer Schäfer zur Konzentration anstachelt.

Natürlich kann ein solches Training nicht jedes Zeitproblem lösen. Doch die Studien machen denen Hoffnung, die Hilfe am dringendsten brauchen: Menschen mit angeborenen Schwierigkeiten, sich zu organisieren. Man muss nicht zu den Patienten mit einer krankhaften Aufmerksamkeitsstörung zählen, um unter einer unzuverlässigen Exekutivfunktion zu leiden. In Posners Versuchen zeigte kein einziges Kind eine ausgeprägte Aufmerksamkeitsstörung, doch taten sich einige mit der Konzentration schwerer als andere. Gerade diese Kinder aber profitierten von dem Training am meisten.

Mit gutem Grund finanziert die OECD, die Organisation der größten Industrienationen, die Entwicklung von Posners Fitnessprogrammen für die Exekutivfunktion: In einer von Technik geprägten Welt dürfte solches Kopftraining für immer mehr Menschen notwendig werden.

PS.

Obwohl dieses Kapitel zu Beginn die Unwirksamkeit von Zeitmanagement-Ratgebern gescholten hat, soll an seinem Ende eine Anleitung stehen, wie man im Alltag lernen kann, besser mit seiner Zeit umzugehen. Das Programm aus drei einfachen Schritten haben Wissenschaftler der amerikanischen Harvard-Universität entwickelt – unter Berücksichtigung der Abläufe im Gehirn und der Tücken unserer Exekutivfunktion.

- Der erste Schritt ist bekannt: Man legt eine Liste seiner Aufgaben an. Während übliche Weisheit aber an diesem Punkt endet, ist die Aufgabenliste im Harvard-Programm nur die Grundlage für den
- zweiten Schritt: Man überlegt sich kurz, in welche Etappen und Unteretappen jede Tätigkeit aufzuteilen wäre. So verschwindet der Schrecken vor einer riesigen Aufgabe. Die Vorstellung, ein ganzes Buch schreiben zu müssen, kann Furcht einjagen; zunächst nur ein Kapitel vor sich zu haben,

erscheint schon weniger ungeheuer. Und liegt das Augenmerk erst einmal darauf, einen Absatz nach dem anderen fertigzustellen, scheint diese Angelegenheit kaum mehr der Rede wert. Je schwerer es fällt, konzentriert bei einer Aufgabe zu verweilen, desto kürzer sollten die Abschnitte sein. Jede Etappe dauert nämlich nur so lang, wie man ohne Mühe bei der Sache bleiben kann – auch wenn es anfangs nur ein paar Minuten sind. Dies ist entscheidend.

Ab und zu wird man dennoch abschweifen. Dann folgt der

- dritte Schritt: Sobald man einen Einfall hat, der nichts mit der aktuellen Aufgabe zu tun hat, schreibt man ihn auf. Dann kehrt man sofort, ohne einen weiteren Gedanken an die neue Idee zu verschwenden, zu seiner ursprünglichen Aufgabe zurück. Für die spontane Eingebung ist immer noch Zeit, wenn man nach der nächsten Etappe eine Pause einlegt.

Dieser dritte Schritt – das Training der Selbstkontrolle – ist der wichtigste. Er nutzt aus, dass das Gehirn plastisch ist, und führt dazu, dass die Exekutivfunktion auf Dauer gestärkt wird. Wie überaus wirksam die Kontrolle der eigenen Gedanken sein kann, hat die Erfahrung mit depressiven Menschen gezeigt. Die wirksamste Strategie zur Bewältigung krankhafter Niedergeschlagenheit ist, sofort innerlich »Stopp!« zu rufen, wenn sich dem Bewusstsein wieder einmal düstere Gedanken aufdrängen. Das lernen Patienten in der so genannten kognitiven Verhaltenstherapie, die sich in Studien gegenüber allen anderen Behandlungsmethoden als überlegen erwiesen hat.[18] Ihr Effekt ist sogar sichtbar: Im Tomographen konnten Neurowissenschaftler beobachten, wie sich das Gehirn der Patienten umstrukturiert.[19]

Wie die kognitive Verhaltenstherapie bei Schwierigkeiten mit der Aufmerksamkeit wirkt, erforschen Wissenschaftler erst seit wenigen Jahren. Doch die Ergebnisse der ersten Studien sind ermutigend.[20] Wer die »Stopp!«-Methode ausprobiert, wird nicht nur sein geistiges Abschweifen schneller bemerken und besser kontrollieren können. Ihm wird auch auffallen, wie es allmählich ganz ohne bewusste Stopprufe gelingt, über immer längere Zeiträume bei der Sache zu bleiben: Die Selbstkontrolle wird Routine und funktioniert nun automatisch – so, wie ein routinierter Autofahrer beim Schalten nicht mehr daran denken muss, den Fuß vom Gas zu nehmen.

11
Die Uhr der anderen
Warum wenig Zeit kein Stress sein muss

Womit verbringen wir eigentlich unsere Tage? Acht Stunden und 18 Minuten verschläft der erwachsene Deutsche. Eine Stunde und 33 Minuten lang isst er. 47 Minuten am Tag weilt er hinter den geschlossenen Türen von Bad und Toilette. Frauen schlafen im Durchschnitt vier, essen drei und pflegen sich acht Minuten länger als Männer. Männer opfern zwei Stunden und neun Minuten, Frauen drei Stunden 49 Minuten des Tages dem Haushalt. Davon entfallen bei den Frauen 20 Minuten täglich auf Wäschepflege. Die entsprechende Zahl bei den Männern ist statistisch nicht nachweisbar.[1]

Um diese Erkenntnisse zu gewinnen, hat das Statistische Bundesamt großen Aufwand getrieben. Alle zehn Jahre bekommen mehr als 12 000 Menschen im ganzen Land ein Tagebuch in die Hand und müssen im Zehn-Minuten-Rhythmus notieren, was sie tun. Das Ergebnis präsentiert sich als ein wenig spektakulärer und gar nicht so unerfreulicher Alltag in Deutschland. Jede und jeder Bundesbürger verfügt im Schnitt über 42 Stunden Freizeit pro Woche – mehr als 2500 Minuten ohne Verpflichtungen. Mehr Muße haben in Europa einzig die Finnen. Und wir wissen durchaus mit diesem Gut umzugehen. Fast 15 Stunden pro Woche widmen die Deutschen Freunden und Vergnügungen wie Kino, Theater und Stadion. Vor dem Fernseher sitzen sie knapp zwei Stunden am Tag, viel Zeit, aber immerhin eine halbe Stunde weniger als die Bürger der meisten anderen europäischen Länder – was allerdings auch daran liegen mag, dass die Glotze anderswo wie ein Radio im Hintergrund läuft, während man sich hier selbst »Gute Zeiten, schlechte Zeiten« mit deutscher Gründlichkeit und ungeteilter Aufmerksamkeit widmet. Sogar für das Essen lassen wir uns heute 21 Minuten täglich mehr Zeit als noch vor zehn Jahren.

Man könnte fast glauben, die Deutschen seien am Ende gar auf dem Weg, das Genießen zu lernen – wären da nicht die Stimmen von immer mehr Menschen zu hören, die über Stress klagen. Eine Jury der Gesellschaft für deutsche Sprache hat »Stress« sogar in eine Liste der charakteristischsten Wörter des 20. Jahrhunderts gewählt. Viel Muße und zugleich viel Stress – wie erklärt sich dieser Widerspruch?

Was Stress ist

Sie sitzen im Taxi zum Flughafen, Ihre Maschine geht in 40 Minuten. Natürlich sind Sie zu spät dran. Und nichts bewegt sich. Ihr Wagen steht eingekeilt im morgendlichen Berufsverkehr vor einer Ampel. Durch Ihren Kopf rattert, was geschieht, wenn Sie den Flug und folglich Ihren Termin versäumen. Ihr Puls beschleunigt sich, Ihre Hände werden feucht. Grün. »Fahren Sie«, herrschen Sie den Taxichauffeur an. Dabei sehen Sie doch selbst, dass er nicht kann.

»Stress ist ein Syndrom unspezifischer Veränderungen, mit denen sich ein biologisches System an Veränderungen der Umwelt anpasst.« So lautet die einigermaßen abstrakte Definition des österreichisch-kanadischen Physiologen Hans Selye, der den Begriff »Stress« geprägt hat. Tatsächlich geschieht in Ihrem Körper eine Menge, während Sie im Taxi abwechselnd auf die Uhr und auf den Stau vor Ihnen starren: Im Mark der Nebenniere werden Hormone wie Adrenalin und Noradrenalin freigesetzt, die den Organismus auf körperliche Leistung einstellen. Sie wären jetzt bereit, aus dem Taxi zu springen und zu rennen. Der Blutdruck steigt, die Bronchien weiten sich. Außerdem schüttet die Nebennierenrinde Cortisol aus; in der Folge steigt der Blutzuckerspiegel. Zudem hat ihr Organismus ein paar Energiesparmaßnahmen getroffen: Die Verdauung ist heruntergeregelt, der Blutstrom in den Magen vermindert, und selbst der Speichelfluss versiegt, weshalb Ihnen der Mund austrocknet. Auch die Libido schwindet – an Sex würden Sie jetzt als Letztes denken. Sogar Wundheilung und Immunreaktionen laufen verzögert ab. Die Reserven des Körpers sind jetzt dazu mobilisiert, zu fliehen oder zu kämpfen.

Die automatische Stressreaktion schützt alle höheren Tiere. Sie hat unseren Vorfahren in der Natur oft das Leben gerettet, wenn etwa ein Fressfeind oder auch ein feindseliger Artgenosse angriff. Für Menschen in der einigermaßen gesitteten Welt der Industriestaaten ist diese Routine weitgehend nutzlos geworden. Selbst im Dauerlauf würden Sie Ihren Flug nicht mehr erreichen.

Der Stressmechanismus ist ein Erbe aus Zeiten, lange bevor der Homo sapiens entstand, und nicht sonderlich gut an die Fähigkeiten unseres Gehirns angepasst. Anders als Tiere reagieren Menschen nicht nur auf das, was sie wahrnehmen; sie malen sich überdies die Zukunft aus. Und bereits die Vorstellung einer möglichen Gefahr genügt, die Stressreaktion in Gang zu setzen. Dass der Unmut eines Vorgesetzten Sie kaum das Leben kosten wird, wissen Sie genau (als Schimpanse hingegen hätten Sie sehr wohl Grund zu dieser Besorgnis). Trotzdem bekommen Sie Herzklopfen, wenn Sie daran denken, dass Sie möglicherweise Ihren wichtigen Termin verpassen. Und selbst ein Blick auf den Kalender und ein kurzer Gedanke daran, was bis zum Urlaubsbeginn noch alles zu erledigen bleibt, kann genügen, um uns in einen Zustand handfester Panik zu versetzen.

Eine Stressreaktion, die vorübergeht, ist nicht schädlich. Zur Gefahr werden die damit verbundenen Veränderungen im Körper erst dann, wenn der Stress zu häufig auftritt und zu lange anhält. Dauerhaft erhöhter Blutdruck beschädigt die Gefäße; zu wenig Zirkulation im Magen fördert die Entwicklung von Geschwüren; ein zu hoher Blutzuckerspiegel steigert das Risiko für Diabetes. Und ein gezügeltes Immunsystem macht anfällig für Infektionen. Wenn Sie jeden Morgen nervös Ihr Pensum für die kommenden 18 Stunden Revue passieren lassen und sich die Folgen möglicher Versäumnisse ausmalen, erweist sich der Stressmechanismus als gefährliches Erbe.

Mythos Eilkrankheit

Eile und Stress erscheinen uns wie zwei Wörter für ein und dasselbe Empfinden. »Ich bin gestresst«, erklären wir, wann immer wir nicht alles in unseren Tagen unterbringen, was wir gerne tun wollen oder auch ungern tun müssen.

Auch meint jeder den Typus Mensch zu kennen, der besonders unter Stress leidet: Er schlingt seine Mahlzeiten herunter, redet wie ein Maschinengewehr, schielt ständig auf die Uhr, drängelt auf der Autobahn. Wir stellen ihn uns als viel beschäftigten Manager vor. Er ist ein rücksichtsloser Zeitgenosse, schließlich will er seine Ziele pünktlich erreichen. Bedächtigkeit macht ihn rasend. Und natürlich stirbt er an Herzinfarkt.

Der arme Mann ist Opfer seiner »Eilkrankheit« geworden. Eingeweihte wissen: Dieser Zeitgenosse war »Typ A« – ein Mensch, dem Zeitdruck besonders leicht zum Verhängnis wird. Beide Begriffe haben die amerikanischen Kardiologen Meyer Friedman und Ray Rosenman erfunden. Von ihnen stammt die Idee, dass Hektik tödlich sein kann.[2]

Aber stimmt die einfache Formel Eile gleich Stress? Fast niemand zweifelt daran. Dabei gäbe es zum Misstrauen allen Grund; vermutlich wären wir skeptischer, hätte sich herumgesprochen, wie Friedman und Rosenman zu ihrer Theorie kamen. Hier ist die Geschichte, wie Friedman selbst sie erzählte:

Ein Polsterer gab um das Jahr 1955 den ersten Hinweis. Der Handwerker war gewissermaßen im Dauereinsatz, um in Friedmans gut gehender Kardiologen-Praxis die Wartezimmerstühle neu zu beziehen. Die Sessel waren allerdings auf höchst eigenartige Weise verschlissen – stets zeigten sich nur die

Armlehnen und die Sitzfläche ganz vorn abgewetzt. Eines Tages tat der Polsterer seine Verwunderung kund: »Das habe ich nirgendwo anders gesehen. Was machen Ihre Patienten?«

Die nervösen Herzkranken hockten offenbar immer nur auf der Stuhlkante und rutschten dabei hin und her. Den Oberkörper beugten sie in höchster Anspannung nach vorn, wie sprungbereite Tiere, und ihre Finger trommelten auf die Armlehnen.[3]

Dass Hektik, Herzrasen und Infarkt etwas miteinander zu tun haben könnten, leuchtet ein. So fand der Zusammenhang, den Friedman und Rosenman festgestellt haben wollten, seinen Weg in unser Denken – und mit ihm die Angst vor der »Eilkrankheit«. Seitdem halten wir Zeitdruck und Stress für untrennbar. Friedman und Rosenman erklärten, fast jeder Zweite gehöre möglicherweise zum »Typ A«.

Wer außerordentliche Behauptungen aufstellt, muss stichhaltige Beweise bieten; diese blieben Friedman und Rosenman schuldig. Natürlich haben sich die beiden Mediziner nicht auf die Gedanken eines Polsterers verlassen, sondern ihre eigene Untersuchung über Persönlichkeitsmerkmale und Krankheitsgeschichten angestellt. Doch die Studie, die sie in ihrer Veröffentlichung über »Typ A«, sein unruhiges Leben und seinen frühen Tod vorstellen, hat schwere Mängel. Die Patienten der beiden Kardiologen waren nicht repräsentativ für die Gesamtbevölkerung. Zum Beispiel befanden sich zu viele Raucher darunter. Auch damit ließen sich die Befunde erklären: Nikotin macht nervös und steigert das Herzinfarktrisiko, selbst wenn jemand ein denkbar ruhiges Leben führt.[4]

In späteren und gründlicheren Untersuchungen haben sich Friedmans und Rosenmans Behauptungen als wissenschaftlicher Mythos erwiesen. Menschen nach »Typ A« oder »B« einzuteilen, ist in der medizinischen Diagnostik schlicht nutzlos. Und die Eilkrankheit ist so real wie Schneewittchen. Manager übrigens erkranken großen epidemiologischen Studien zufolge nicht öfter, sondern seltener an Herzinfarkt als der Durchschnitt aller Männer ihres Alters. Manche Ideen setzen sich durch, nicht weil sie richtig, sondern weil sie so anschaulich sind.

Wenn wir den Kopf verlieren

Wenn auch Zeitmangel nicht gleichbedeutend mit Stress ist, haben der Umgang mit Zeit und Stressbelastung durchaus miteinander zu tun. Doch der Zusammenhang ist verwickelter, aber auch interessanter, als ihn sich Friedman und Rosenman vorgestellt haben.

Warum zum Beispiel sperrt man sich ausgerechnet immer dann aus der Wohnung aus, wenn man schon aus anderen Gründen unter Druck steht, und macht so die Katastrophe perfekt? Das erscheint schon fast als Naturgesetz. Tatsächlich handeln Menschen unter Stress oft dermaßen konfus, dass selbst Fachleute ihr Treiben mit den Anzeichen einer handfesten Aufmerksamkeitsstörung verwechseln.[5] Stress ist deshalb nach der Unfähigkeit sich zu konzentrieren der zweite große Zeiträuber; er macht es zunehmend schwierig, sich seine Zeit sinnvoll einzuteilen.

Denn die Großhirnrinde hinter der Stirn ist die störanfälligste Region im Kopf. Sie gerät als erste aus dem Lot, wenn während einer Stressreaktion Adrenalin und Noradrenalin überreich fließen.[6] Im Extremfall werden ganze Regionen im Stirnhirn einfach abgeschaltet. Darunter leidet die Exekutivfunktion, der Manager im Kopf. Man kann in diesem Mechanismus ein durchaus sinnvolles Sparprogramm der Natur erkennen: Wir sollen schnell handeln, nicht lange auswählen und planen, wenn wir bedroht sind. Gleichzeitig steigt unter Stress die Erregung. Dasselbe Hormon Noradrenalin, das die Exekutivfunktion herunterregelt, erhöht die Aufmerksamkeit für neue Reize. Wie in den vorigen beiden Kapiteln beschrieben, wird es dadurch noch schwieriger, den Überblick zu bewahren. Unter Stress vermögen wir Unwichtiges nicht mehr auszublenden, werden fahrig, sprunghaft, handeln unüberlegt.

Zu Beginn läuft die Stressreaktion oft nicht einmal

bewusst ab: Wir spüren lediglich, dass uns die Zeit zwischen den Fingern zerrinnt. Das Teuflische an dem Gefühl der Zeitnot ist, wie schnell sich diese Empfindung selbst ihre Wirklichkeit schafft: Eine Kleinigkeit ist schiefgegangen; schon fühlen wir uns unter Druck, obwohl nüchtern betrachtet wenig Anlass dazu besteht. Oft ohne dass wir es merken, dauern plötzlich alle Verrichtungen länger. Wir fangen an, uns zu verzetteln – und machen Fehler, die auszubügeln wiederum Zeit kostet. Jetzt haben wir wirklich Grund, über den Termindruck in Sorge zu sein, was den Stress weiter verstärkt. Wir verlieren die Selbstkontrolle.

Um sich aus der Bredouille zu retten und der Stressreaktion entgegenzuwirken, gibt es ein geradezu unverschämt einfaches Mittel: Bewegung gleich welcher Art. Zebras bekommen keine Magengeschwüre, weil sie rennen – auf diese Formel hat der amerikanische Stressforscher Robert Sapolsky den Zusammenhang gebracht. Eine Partie Squash, eine Runde Laufen, auch Yoga können den Pegel der Stresshormone schnell wieder auf einen Stand bringen, mit dem konzentriertes Arbeiten möglich wird. Darum schenkt sportlicher Ausgleich viel mehr Zeit, als er kostet.

Aber gerade für diese wirksame Abhilfe meinen wir, keine einzige freie Minute zu haben. Schließlich erklären wir uns den Stress ja damit, dass wir »so wenig Zeit haben«. Das ist ein verhängnisvoller Irrtum. Denn in Wirklichkeit verhält es sich genau umgekehrt: Wir sind nicht gestresst, weil wir keine Zeit haben. Sondern wir haben keine Zeit, weil wir gestresst sind.

Kontrolle beruhigt

Zeitmangel kann die Stressreaktion des Körpers zwar verstärken, selbst aber nie ihre Ursache sein. Denn wir fürchten ja nicht, dass die Uhrzeiger sich einer bestimmten Stelle auf dem Ziffernblatt nähern, sondern den Ärger, den wir bekommen, wenn unsere Aufgaben bis dahin unerledigt bleiben. Nicht die knappe Zeit löst die Malaise aus, sondern Angst.

Termindruck ruft darum so lange keinen Stress hervor, wie wir uns als Herr der Lage fühlen. Wir können gut gelaunt ein sehr volles Programm absolvieren, so lange alles nach Plan läuft. Andererseits ist es höchst beunruhigend, sich machtlos zu wissen. Auf der Rückbank des Taxis zu bangen, ob man noch rechtzeitig am Flughafen eintreffen wird, zerrt darum so an den Nerven, weil man selbst nichts tun kann, um das Unheil abzuwenden. Mit Stress reagiert der Organismus also immer dann, wenn uns die Lage entgleitet und keine Mittel in Sicht scheinen, ihrer wieder Herr zu werden.

Viele Versuche haben gezeigt, wie sehr das Maß an Kontrolle über die eigene Situation darüber entscheidet, ob es zu einer Stressreaktion kommt.[7] Selbst Tiere sind für diese psychologische Feinheit empfänglich. Wenn Ratten harmlose, aber unangenehme Stromschläge bekommen, zeigen sie alle Anzeichen von Stress. Gibt man ihnen jedoch einen Hebel, mit dem sie den Strom manchmal abschalten können, lässt der Stress nach. Als Entlastung wirkt der Schalter sogar dann noch, wenn er längst abgeklemmt ist: Die Ratte muss sich nur einbilden, sie könne sich durch Hebeldruck ihr Schicksal erleichtern.

Menschen reagieren genauso. In einem Experiment mussten zwei Gruppen von Versuchspersonen in benachbarten Zimmern immer wieder Lärm ertragen. Im einen Zimmer gab es einen Knopf – und angeblich weniger Krach, wenn man darauf drückte. Tatsächlich war der Knopf eine Attrappe. Dennoch litten die Menschen in diesem Zimmer weniger unter Stress. Belastungen sind solange nicht schlimm, wie wir glauben, sie beeinflussen zu können.

Warum Manager keine Magengeschwüre kriegen

Stress erleben wir also nicht, wenn Zeit rar ist – sondern wenn wir meinen, über unsere Zeit keine

Kontrolle zu haben. Das zeigte eine höchst lebensnahe Untersuchung unter englischen Beamten. Der Epidemiologe Michael Marmot und seine Kollegen entdeckten einen beunruhigenden Zusammenhang zwischen Rang und Lebenserwartung: Angestellte auf der untersten Stufe der Hierarchie melden sich nicht nur dreimal häufiger krank als ihre obersten Chefs – bei gleichem Alter ist auch ihre Wahrscheinlichkeit zu sterben dreimal so hoch.[8]

Mehr als zehntausend Beamte in allen möglichen Behörden wurden zum Arzt gebeten und befragt; nach einer von Ämtern gesäumten Londoner Straße heißt diese inzwischen klassische Untersuchung die Whitehall-Studie. Und überall stellten Marmot und seine Leute dasselbe fest: Je weiter unten eine Gruppe von Angestellten in der Hackordnung steht, umso mehr häufen sich typische Zeichen von Stress. Die Blutwerte sind schlechter, das Herzinfarktrisiko höher, die Gesundheit generell in Gefahr. Diese Unterschiede treten keineswegs nur in Erscheinung, wenn man die extremen Pole der Rangordnung vergleicht. Schon die zweithöchsten Beamten, die gutbezahlten und hochangesehenen Hauptabteilungsleiter, sind in deutlich schlechterer Verfassung als ihre Chefs, denen der ganze Apparat untersteht.

Die üblichen Verdächtigen – Zigarettenkonsum, Alkohol, Einkommen, Bildung oder Häufigkeit von Sport – können die Abweichungen nicht erklären.

Vor allem aber hat der Stress rein gar nichts mit dem Maß an Zeit zu tun, welches die Arbeit beansprucht. Denn die höheren Chargen verbringen im Schnitt mehr Stunden im Büro als ihre Untergebenen. Vom Arbeitsdruck sind sie dennoch weit weniger angegriffen.

So mussten die Whitehall-Forscher daran gehen, nach seelischen Faktoren zu suchen. Fündig wurden sie bei den Auskünften, welche die Beamten über ihren Arbeitsalltag gaben: Je niedriger die Befragten in der Hierarchie stehen, desto weniger können sie selbst darüber bestimmen, wie und vor allem wann sie ihre Aufgaben verrichten. In den Fragebögen bekundeten sie ihr Gefühl, machtlos zu sein, mit Sätzen wie: »Andere treffen die Entscheidungen über meine Arbeit« oder »Ich kann nicht selbst bestimmen, wann ich eine Pause mache«. Daher rührt der Stress, unter dem sie stehen. Männliche Beamte, die solchen Aussagen zustimmten, lebten unter einem bis zum zweieinhalbfach erhöhten Risiko, an einem Herzinfarkt oder Schlaganfall zu sterben, als Kollegen, die sich glücklich schätzten, über ihre Zeit selbst zu verfügen. (Von den Frauen wird gleich die Rede sein.)

Wer über seine Zeit nicht bestimmen kann, stirbt früher. Wenn wir uns bedingungslos einem fremden Takt anpassen müssen, empfinden wir Hilflosigkeit. Und dieser Mangel an Kontrolle löst eine Stressreaktion aus. Hinzu kommen die Rituale der Unterwerfung, von denen eines der beliebtesten ist, über die Zeit von anderen zu verfügen. Die Schlüsselsätze kennt jeder, der einmal in einem Büro gearbeitet hat: Heißt es »Herr Ypsilon, können Sie mal eben …«, muss der Rangniedrigere alles andere stehen und liegen lassen. Wenn aber umgekehrt der Untergebene etwas von seinem Vorgesetzten will, muss er bei der Sekretärin einen Termin erbitten – je größer der Hierarchieabstand, umso länger gewöhnlich die Wartezeit. Wer über unsere Zeit bestimmen kann, lässt uns seine Macht spüren.[9]

Ein fremder Takt vergällt uns selbst dort das Leben, wo kein Machtgefälle dahinter steht. Selbst eine Maschine kann ein Gefühl der Abhängigkeit geben. Fließbandarbeiter quält meist nicht deswegen Stress, weil ihre Arbeitslast so unmenschlich wäre, sondern weil sie auf den Rhythmus ihrer Tätigkeit keinerlei Einfluss haben. Und keine Kontrolle zu haben, belastet Menschen weit mehr, als stark gefordert zu sein; dies haben zahllose Studien gezeigt.[10]

Erklärt der Kontrollverlust auch, warum die Klagen über Stress lauter werden, obwohl wir im Durchschnitt nicht ärmer an Freizeit sind als früher? Mehr Menschen als jemals zuvor leiden darunter, dass sie ständig verfügbar sein müssen – oder zumindest glauben, dies würde von ihnen verlangt. Wir sind an jedem Ort und zu allen Zeiten zu erreichen. Wer nicht zu sprechen ist, fürchtet um das Wohlwollen seines

Chefs, seiner Kunden, manchmal auch seiner Freunde. So erleben viele Menschen Handy und Internet als Fortschritt auf Kosten ihrer Selbstbestimmung.[11] Wir fühlen uns immer öfter wie Marionetten, an deren Fäden andere ziehen.

Verfolgt von einer Bade-Ente

Eltern plagen sich seit jeher mit diesem Syndrom. Wer kleine Kinder im Haus hat, lebt mit entzückenden Egozentrikern, die ihre Bedürfnisse keinen Moment aufzuschieben bereit sind. So werden die Stunden der Eltern zerhackt wie mit einer Häckselmaschine. Auch das erklärt, warum sich viele Mütter und Väter ständig gehetzt fühlen, obwohl die reine Menge an Zeit für ihre Verpflichtungen leicht ausreichen würde. Die 168 Stunden, die jede Woche umfasst, sind selbst für Familie, Arbeit und ein vernünftiges Pensum an Schlaf nicht gerade wenig. Es mangelt vielmehr an Kontrolle.

Doch nicht alle leiden gleichermaßen. Denn unter welcher Stressbelastung wir stehen, hängt weniger davon ab, wie die Zustände wirklich sind. Viel entscheidender ist, wie wir sie empfinden. Wie erwähnt, kann schon die Attrappe eines Schalters genügen, um die Ratte im Käfig zu beruhigen.

Männern etwa gelingt es offenbar besser, zu Hause

die Ohren zuzuklappen. Auch das zeigt die Whitehall-Studie. Die Frauen im Londoner Beamtentum fühlen sich weit mehr strapaziert, wenn die Verhältnisse daheim unerfreulich sind – selbst wenn sie statistisch gesehen genauso viel Zeit im Büro verbringen wie ihre Kollegen. Jene Beamtinnen, die über einen Mangel an Kontrolle in ihrem Privatleben klagen, erleiden bis zu viermal öfter einen Herzinfarkt als Frauen, die sich mit ihrer Familiensituation zufrieden zeigen. Auch Männer beschweren sich über die Zustände daheim, doch ein Zusammenhang mit der Gesundheit von Herz und Kreislauf ist bei ihnen nicht festzustellen.[12]

Im Job verhält es sich genau umgekehrt. Frauen in den unteren Rängen der Verwaltung haben nicht minder den Anweisungen ihrer Chefs zu folgen als die männlichen Beamten. Doch bei den weiblichen Kräften scheinen Hackordnung und Fremdbestimmung längst nicht so viel Stress auszulösen; ihr Gesundheitszustand ist besser, die Sterblichkeit geringer.

Es wäre müßig zu spekulieren, ob eher die Gene oder eher die Erwartungen der Umwelt Frauen und Männer auf Druck so unterschiedlich ansprechen lassen. Vermutlich sind beide Faktoren im Spiel, wenn Männer ihre Rangkämpfe ausfechten und um ihren Aufstieg fürchten, die Frauen hingegen eher Angst haben, als Mutter zu versagen.[13]

Viel entscheidender ist, dass es offenbar in hohem Maße von uns selbst abhängt, auf welche Art von Belastung wir wie stark anspringen. Es gibt nicht die absolute Größe »Zeitdruck«, die alle gleichermaßen schlimm trifft. Die Stressreaktion wird wesentlich davon bestimmt, welche Gefühle wir mit einem Geschehen verbinden.

Eine Managerin behält im Büro mühelos die Fäden von einem Dutzend Vorgängen in der Hand; zu ihren Vertriebsleuten in Asien oder einer gerade laufenden Schadenersatzklage hat sie innere Distanz. Auch kann sie kurz vor Ladenschluss eine lange Liste von Besorgungen in Eile, doch ohne wirklichen Stress erledigen – sofern sie für sich selbst einkauft. Doch kommt eine Stressreaktion in Gang, wenn dieselbe souveräne Chefin eine Bade-Ente als Geschenk für einen Kindergeburtstag anschaffen muss, zu dem ihre Tochter eingeladen ist. Ohne passendes Geschenk könnte das Kind schließlich gehänselt werden. Und sie selbst würde als Rabenmutter dastehen, der ihre Karriere viel, die Kinder wenig bedeuten. Plötzlich reicht die Zeit hinten und vorne nicht mehr.

Indem Puls und Blutzuckerspiegel steigen, trifft der Organismus dieser Frau Vorkehrungen, als wären Raubtiere hinter ihr her. Und während sie wegen der verminderten Leistung ihres Arbeitsgedächtnisses auch noch beginnt, den Überblick zu verlieren, dringt das wahre Ausmaß der Bedrohung ihr kaum mehr ins Bewusstsein: Was sollte schlimmstenfalls geschehen, falls die Tochter dem Geburtstagskind ein improvisiertes Geschenk überreicht? Ein paar andere Mütter könnten die Augenbrauen hochziehen, wenn überhaupt.

So tragikomisch die Geschichte von der gehetzten Mutter klingt, so real ist das Problem. Denn die Angst kann sich steigern, egal, ob der Stress einer äußeren Bedrohung oder inneren Vorstellungen entspringt. Extrem gehetzt fühlen sich beispielsweise Menschen, die den Verlust ihrer Arbeitsstelle befürchten, oder Patienten, die unter Depression leiden – auch dann, wenn die Betroffenen von außen betrachtet reichlich Zeit für ihre Aufgaben haben. Was sie belastet, sind nicht die knappen Stunden, sondern ihre antizipierte Ohnmacht. Die Angst, einer Sache nicht Herr zu werden, und die Furcht vor den Folgen kommen verkleidet als Zeitnot daher.

Zeitnot ist Ansichtssache

Ein interessanter Befund der Sozialforschung ist dieser: Wenn ein Mann und eine Frau über gleich viel – oder gleich wenig – Freizeit verfügen, fühlt sich die Frau dennoch im Schnitt stärker gehetzt. Das zeigen Befragungen in 12000 deutschen Haushalten. Liegt es daran, dass Männer Paschas sind?

Dass *sie* noch zu Hause schuftet, während *er* die Füße hochlegt? Die nie enden wollende Hausarbeit reibt schließlich die Nerven auf.

So einfach sind die Verhältnisse nicht. Man kann nämlich auch Frauen und Männer vergleichen, die ein genau gleiches Tagespensum erledigen – zum Beispiel acht Stunden Arbeit am Tag im Büro, zwei Stunden im Haushalt. (Männer, die so viel Einsatz an Herd und Staubsauger zeigen, existieren tatsächlich.) Bei diesem Vergleich spielt ungleiche Arbeitslast also keine Rolle mehr. Trotzdem ändert sich der Befund nicht. Wenn die äußeren Umstände für beide Geschlechter identisch sind, können sich Frauen folglich nur aus einem einzigen Grund größerem Zeitdruck ausgesetzt fühlen: Weil sie Frauen sind.[14]

Warum die Geschlechter so unterschiedlich empfinden, ist noch unklar, doch das Wissen über die Hintergründe der Stressreaktion erlaubt immerhin eine Vermutung: Möglicherweise sehen sich Frauen neben ihrem Einsatz im Beruf auch stärker in der Verantwortung für Familie und Haushalt. Das würde erklären, warum sie sich selbst bei gleichem Zeiteinsatz stärker belastet fühlen.

Ein ähnlich merkwürdiges Ergebnis erhält, wer Menschen danach fragt, was in ihrem Leben zu kurz kommt. 71 Prozent aller Deutschen geben an, für ihre Arbeit, ihre Familie, ihre Freunde, eine ehrenamtliche Tätigkeit oder auch für sich selbst zu wenig

Zeit zu haben. 20 Prozent der Befragten empfinden so starken Zeitmangel, dass sie zwei dieser Lebensbereiche vernachlässigen müssen. Und knapp acht Prozent sind nach eigener Aussage sogar gezwungen, bei drei oder mehr dieser Punkte große Abstriche zu machen.[15]

Natürlich erleben Menschen ihre Zeit als umso knapper, je mehr Minuten pro Tag sie beruflich oder auch privat eingespannt sind. Aber der Zusammenhang ist erstaunlich schwach. Bei jener großen Mehrheit der Deutschen, die über Zeitmangel in einem Lebensbereich klagen, sind täglich durchschnittlich acht Stunden und 45 Minuten verplant. Bei Menschen jedoch, die sich so stark unter Druck fühlen, dass sie zwei oder mehrere Bedürfnisse vernachlässigen müssen (»starker Zeitmangel«), liegt dieser Wert nur um 20 Minuten höher. Können 20 Minuten am Tag den Unterschied zwischen einem relativ entspannten Dasein und der nagenden Unzufriedenheit darüber ausmachen, dass etwas Wichtiges im Leben ständig zu kurz kommt?

Noch bemerkenswerter ist, unter welchen Umständen Rentner Hetze empfinden: Sie klagen bereits über starken Zeitmangel, wenn sie im Schnitt vier Stunden und 45 Minuten an Verpflichtungen drangeben müssen. Bei acht Stunden Schlaf bedeutet dies mehr als elf Stunden am Tag zur freien Verfügung! Das andere Extrem sind übrigens Landwirte, deren

Vieh und Felder ständig Arbeit verlangen. Sie kommen mit ungewöhnlich wenig freier Zeit aus. Über starken Zeitmangel klagen sie erst dann, wenn ihre Verpflichtungen mehr als zehn Stunden, bei Bäuerinnen sogar mehr als elf Stunden täglich verschlingen.

Das Gefühl der Zeitnot hat wenig mit Zeit, viel hingegen mit Perspektive zu tun. Eine Tätigkeit, die für den einen Freizeit bedeutet, erlebt der andere als Zwang: Was bedeutet es eigentlich, »Zeit zu haben«?

Wie sehr sich die Geister schon an dieser Frage scheiden, erlebte die französische Soziologin Nicola Le Feuvre, als sie 150 Frauen interviewte. Die Forscherin teilte die Interviewten in Gesellschaftsschichten entsprechend ihrem Schulabschluss ein. Jede Teilnehmerin hatte mindestens ein Kind unter 16 Jahren daheim, die meisten mehrere. Entsprechend ausgefüllt waren ihre Tage.

Le Feuvre hatte angenommen, sämtliche Mütter würden »Freizeit« als ungestörte Zeit für sich selber ansehen und solche Stunden herbeisehnen. Tatsächlich aber hing das Ergebnis stark vom Bildungsgrad der Mütter ab: Für Frauen aus den unteren Schichten hieß »Freizeit« in erster Linie, sich mit den Kindern ein paar schöne Stunden zu machen, mit ihnen zu spielen, ein Eis zu essen oder auch einkaufen zu gehen. Fast alle Mütter mit Volksschulabschluss und viele mit einem mittleren Schulabschluss antworteten so – gleichgültig, ob sie den ganzen Tag zu

Hause verbrachten oder berufstätig waren. Berufstätigkeit erschien ihnen als lästige Pflicht, die sie um des Geldes willen von ihrer eigentlichen Neigung abhielt: Zeit mit ihren Kindern verbringen.

Frauen mit Hochschulausbildung hingegen dachten genau entgegengesetzt. Auch ihnen gefiel das Zusammensein mit ihren Töchtern und Söhnen, doch sahen sie eine Aufgabe darin, kein reines Vergnügen. »Freizeit« bedeutete für diese Mütter vielmehr, sich allein in ihrem Fitnessstudio zu entspannen oder mit dem Partner auszugehen. Und den Beruf sehen diese Frauen keineswegs nur als ein Ärgernis – sie genossen es, Kinderzimmer und Küche weit hinter sich zu lassen.

So erscheint derselbe Besuch auf dem Spielplatz der einen Frau als Freizeit, der anderen als Verpflichtung – und der Gang ins Büro der einen als Last, der anderen als interessante Beschäftigung. In den Zeitbudgets, wie sie das Statistische Bundesamt mit Hilfe von Tagebüchern ermittelt, bleiben solche Unterschiede unberücksichtigt. Zeit mit Kindern wird darin auf jeden Fall unter »Kinderbetreuung«, nicht unter »Freizeit« verbucht. Und die Stunden vom Betreten bis zum Verlassen der Firma scheinen nur unter »Erwerbsarbeit« auf.

Haben wir nun genug oder zu wenig Zeit? Das ist nicht die Frage. Zeitdruck lässt sich nicht in Minuten und Stunden bemessen. Entscheidend ist, wie sehr wir das Gefühl haben, den Rhythmus unserer Tage selbst zu bestimmen – ob wir uns als Herren unserer Zeit empfinden.

PS.

Berufstätige Eltern sind doppelt belastet. Auf der einen Seite zerrt die Arbeit, auf der anderen der Nachwuchs an ihnen. Kinder knapsen selbst bei optimaler Betreuung wenigstens eine Stunde vom täglichen Zeitbudget ihrer Eltern ab, wie Erhebungen zeigen – viel mehr noch, wenn es keine gute Kindertagesstätte oder liebevollen Tagesmütter gibt. Und doch ist das eigentliche Problem der berufstätigen Mütter und Väter nicht zu wenig Zeit, sondern ein unpassender Takt. Denn der Stundenplan unserer Gesellschaft richtet sich noch immer nach Kinderlosen und nach Familien, in denen die Frau das Haus hütet. Kindertagesstätten, so es sie überhaupt gibt, schließen am Nachmittag, lange bevor die Firmen Feierabend machen. Ganztagesschulen sind eine Seltenheit. Und weil Behörden und Ärzte ihre Kundschaft auch nur zu den üblichen Arbeitszeiten empfangen, verbringen berufstätige Eltern halbe Urlaubstage im Wartezimmer statt mit ihrer Familie. So kämpft eine Mutter, die ihrem Beruf nachgehen will oder muss, ständig gegen Termine, die andere setzen.

Die Abhilfen sind ebenso bekannt wie wirkungsvoll. Ein Beispiel dafür, wie viel Freiheit über die Zeit sich mit wenig Aufwand gewinnen lässt, hat die Südtiroler Stadt Bozen gesetzt. Einzelne Schulen bieten dort Betreuung vor Unterrichtsbeginn und am Nachmittag an. Kindergärten haben täglich und Ämter einmal pro Woche bis in den Abend geöffnet. Ein Netz von Schulwegen, die von Lotsen betreut werden, überzieht die Stadt, so dass Kinder morgens allein aufbrechen können. Am Freitagabend ist eine sonst viel befahrene Innenstadtstraße für Autos gesperrt, die Geschäfte und Cafés dagegen sind bis spät in die Nacht geöffnet, damit jeder in Ruhe einkaufen kann.

Wie positiv sich bessere Kinderbetreuung auswirkt, ist auch in Skandinavien zu besichtigen. Eine internationale Untersuchung über Stressbelastung von Eltern hat Finnland mit anderen Staaten verglichen. Von Geburt an hat jede kleine Finnin und jeder kleine Finne Anspruch auf einen Platz in einer der Tagesstätten, die verglichen mit deutschem Standard paradiesisch gut ausgestattet sind. Mehr als die Hälfte der Familien macht von dem Angebot Gebrauch. Außerdem greifen Tagesmütter den Eltern unter die Arme. Auch in den Schulferien gibt es Betreuung, und wenn eine Mutter etwa als Ärztin oder Polizistin nachts arbeiten oder ein Vater auf Dienstreise muss, stehen in vielen Städten Nachtkindergärten bereit.

Berufstätige Mütter und Väter in Finnland berichten denn auch weit seltener von Zeitnot als ihre Kollegen in anderen Ländern. Generell ist der Seelenzustand der finnischen Eltern im internationalen Vergleich auffallend gut: Selbst psychische Krankheiten sind unter ihnen weniger verbreitet als anderswo.[16] Auch den Kindern scheint so viel organisierte Fürsorge zu nützen; bekanntlich schneiden sie in den berühmten PISA-Studien und anderen Untersuchungen besser ab als ihre deutschen Altersgenossen.

Erst recht können Unternehmen viel tun, um den Angestellten Freiheit über ihre Zeit zu geben. Längst nicht nur Eltern profitieren von Arbeitszeiten, die sich der Angestellte nach seinen Erfordernissen einteilen kann. Immerhin verfügt bereits ein gutes Drittel aller Beschäftigten in Deutschland über ein Arbeitszeitkonto.[17] In Absprache mit ihren Vorgesetzten dürfen diese Mitarbeiter nicht nur selbst bestimmen, wann sie kommen und gehen, sondern auch, wie viel sie in einer bestimmten Woche arbeiten wollen. Überstunden oder Fehlzeiten gegenüber der im Vertrag vereinbarten Arbeitszeit werden im Lauf eines Jahres ausgeglichen. Manche Beschäftigte sparen ihre Überstunden auch für eine mehrmonatige Auszeit an. Die Firma muss durch eine solche Regelung weniger Überstundenzuschläge bezahlen, und weil der eine lieber früh, der andere lieber spät kommt, sind Büros und Werkshallen länger als bei starren Arbeitszeiten besetzt. Natürlich liegt die Schwierigkeit darin, einen Ausgleich zwischen den Zeitplänen von Arbeitgeber und Arbeitnehmer zu finden. Wo aber die Verständigung mit dem Chef funktioniert, haben die Angestellten mit Arbeitszeitkonten beste Erfahrungen gemacht.[18]

Noch weiter sind Unternehmen gegangen, welche ganz auf die Kontrolle der Arbeitszeit verzichten. Statt für abgesessene Stunden werden die Mitarbeiter dort dafür bezahlt, dass sie genau festgelegte Ziele erreichen. Beispielsweise soll ein Team in einem Elektronikbetrieb monatlich eine bestimmte Anzahl Platinen fertigen; wann dies geschieht, können die Angestellten unter sich ausmachen. Produktivität tritt als Maßstab an die Stelle der Uhr. Zeit ist in diesem Unternehmen nicht mehr gleich Geld.

Nicht zu Unrecht nennt der Managementjargon eine solche Regelung »Vertrauenszeit«, denn sie erfordert eindeutige Absprachen, damit niemand übervorteilt wird. Dafür aber gewinnt das Unternehmen Mitarbeiter, die erheblich zufriedener sind. Denn für die Angestellten sinkt die Stressbelastung erheblich: Sie sind bei der Wahl ihrer Stundenpläne gegenüber flexiblen Arbeitszeiten noch souveräner, können sich entschließen, einen Teil ihrer Tätigkeit vom häuslichen Schreibtisch aus zu erledigen, und kein Vorgesetzter überwacht mehr unablässig den Fortgang der Arbeit.

Zeitdruck lässt sich nicht mit dem Uhrzeiger messen. Und doch ist jeder, der kleine Kinder großziehen oder sich um ein pflegebedürftiges Elternteil kümmern muss, für jede freie Stunde mehr dankbar. Schon etwas weniger Arbeitszeit ist dann ein Gewinn. In Deutschland haben alle Beschäftigten seit ein paar Jahren sogar einen Rechtsanspruch auf weniger Arbeit bei entsprechend weniger Lohn.[19] Und doch zögern viele Männer und Frauen, ihre Arbeitszeit etwa auf beispielsweise 30 Stunden zu reduzieren. Wer als gut verdienender Angestellter seinem Abteilungsleiter, Oberarzt oder Chefredakteur mit einem solchen Anliegen kommt, stößt auf Befremden.

In der Schweiz hingegen wird ein solcher Wunsch fast immer erfüllt. Dort ist es üblich, die Arbeitszeit maßvoll auf beispielsweise 80 Prozent zu verringern. Kaum ein Unternehmen hat Probleme damit. Die Schweizer Angestellten akzeptieren es allerdings, dass es die freie Zeit nicht gratis gibt: Für das Mehr an Selbstbestimmung sind sie bereit, auf den entsprechenden Teil ihres Gehalts zu verzichten.

Mit dieser Einsicht haben die deutschen Kollegen ihre Not. Die 35-Stunden-Woche war in den 1980er Jahren nur durchzusetzen, weil die Gewerkschaften vollen Lohnausgleich aushandelten. Dennoch liegt die mittlere Arbeitszeit aller Beschäftigten heute bei über 39 Stunden, nach anderen Statistiken sogar bei über 42 Stunden, weil so viele Werktätige Überstunden schieben und sich diese auszahlen lassen. Durch ein Privileg, das die Nazis einst für ihre Rüstungsindustrie einführten, sind Überstundenzuschläge steuerfrei. So schafft der Staat mit einem Aufwand von über acht Milliarden Euro pro Jahr Anreiz zur Mehrarbeit.

Seit die deutschen Unternehmen in den letzten Jahren unter Kostendruck geraten sind und mit Entlassungen drohen, zeigen sich die Angestellten schließlich bereit, für gleich viel Geld wieder länger zu arbeiten. Stattdessen bei der kürzeren Arbeitszeit zu bleiben und dafür Gehaltszulagen zu streichen, würde den Firmen dieselbe Ersparnis und dem Heer der Arbeitslosen neue Jobs verheißen. Doch niemand wagt es, diese Alternative öffentlich auch nur in Erwägung zu ziehen. Kommt die Rede auf weniger Geld, liegt sofort das Wort »Streik« in der Luft. Weniger freie Zeit nimmt man sehr viel eher hin.

Wie viel wert uns ein Gut wirklich ist, zeigt sich dann, wenn wir dafür etwas anderes aufgeben müssen. So leben wir in einem seltsamen Zwiespalt: Die Mehrzahl der Bürger fühlt sich gehetzt. Doch andererseits scheint es um unsere Wertschätzung für Zeit zur freien Verfügung – Muße – alles andere als glänzend bestellt. Vielleicht ist das wenig verwunderlich in einer Kultur, in der Reichtum an Geld und Armut an Zeit als Zeichen von Erfolg gelten.

12

Herren unserer Zeit

Auf die Motivation kommt es an

In den frühen 1990er Jahren wurde die amerikanische Soziologin Arlie Hochschild von einem Großunternehmen engagiert, das sich vorbildlich um seine Angestellten bemühte. Sie genossen Spielräume, die vielerorts noch utopisch erschienen, und die Anforderungen aus dem letzten Kapitel waren in dieser Firma weitgehend erfüllt: Jeder konnte sich seine Arbeitszeit genau so einrichten, wie es am besten zu seiner Lebenssituation passte. Besonders berufstätigen Eltern wollte die Firma, bekannt ist nur der Deckname »Amerco«, das Leben erleichtern. Für sie hatte das Management zahllose Modelle ersonnen. Es gab Teilzeitarbeit, flexible Arbeitszeiten, Jobsharing, Heimarbeit, Erziehungsurlaub – ganz wie jede Mutter und jeder Vater es wünschten.[1]

Aber fast niemand nahm das Angebot wahr. Nicht mehr als vier Prozent der Beschäftigten mit Kindern hatten ihre Arbeitszeit reduziert. Ein Prozent erledigte die Geschäfte vom Schreibtisch zu Hause. Alle anderen Frauen und Männer nutzten allenfalls die Möglichkeit, im Büro erst dann zu erscheinen, wenn sie ihre Kinder in der firmeneigenen Tagesstätte abgegeben hatten. Im Übrigen gingen sie weiter ihrem Neun- oder Zehnstundentag nach, wie in den USA üblich. Ihr Familienleben arrangierten die Mitarbeiter um ihre langen Bürozeiten herum. Dennoch klagten sie über die schwer erträgliche Hetze und ihr schlechtes Gewissen gegenüber den Kindern.

Dass die Tage berufstätiger Eltern überzuquellen scheinen, hat, wie auch im letzten Kapitel betrachtet, gewöhnlich viele Ursachen. Amerco aber war deswegen so bemerkenswert, weil hier keine der üblichen Erklärungen griff: Wer seine Arbeitszeit vorübergehend verringerte, musste keine Karrierenachteile befürchten. Der Arbeitsplatz war garantiert. Und die weitaus meisten Vorgesetzten waren ehrlich bemüht, Mütter und Väter zu unterstützen. Das so wichtige, stressmindernde Gefühl der Kontrolle über die eigene Zeit war also zumindest im Job gegeben; dennoch fehlte den Amerco-Leuten offensichtlich etwas. Um das Rätsel zu lösen, nistete sich die Soziologin Hochschild bei Amerco ein. Sie interviewte 130 Beschäftigte, vom Generaldirektor bis zum Fließbandarbeiter, und untersuchte, wie sie arbeiteten und lebten.

Nach mehreren Monaten als stille Beobachterin kam sie zu einem irritierenden Schluss: Das traditionelle Verhältnis von Familie und Firma war für die

Amerco-Leute auf den Kopf gestellt. Während die Angestellten das Zusammensein mit ihren Partnern und Kindern als hektischen Dauerkampf um Zuwendung und Hausarbeit empfanden, war der Job zum angenehmen Zeitvertreib geworden. Dank moderner Managementmethoden fühlten sie sich für ihre Leistung anerkannt und konnten mitentscheiden. Ihre Arbeit befriedigte sie, und die meisten hatten Freunde in der Firma gefunden. Nicht die Familie, die Firma war der Ruhepol ihres Lebens.

Diese Umgebung gegen das Genörgel der Kinder und Ehekräche zu tauschen, schien wenig verlockend. Den Angestellten von Amerco fehlte schlicht der Ansporn, zugunsten ihrer Kinder und Partner weniger Zeit im Büro zu verbringen. Wenn das schlechte Gewissen an ihnen nagte, blieb noch immer die Ausrede, dass sie nun einmal im Betrieb stark eingespannt seien. Das waren sie wirklich – aber nicht, weil das Unternehmen so viel Anwesenheit forderte, sondern weil die Angestellten im Zweifelsfall allzu bereit waren, Überstunden zu leisten.

Die Flucht vor dem Stress daheim hatte längst ihre eigene Dynamik entwickelt: Je mehr Zeit die Männer und Frauen in der Firma zubrachten, desto mehr stauten sich die Aufgaben zu Hause, und desto anstrengender wurde es, den Partner und vor allem die Kinder in den wenigen übrigen Stunden des Tages zu ihrem Recht kommen zu lassen. Zu bewältigen war das einzig mit einem immer hektischeren Zeittakt – die Amerco-Angestellten leisteten Akkordarbeit im Haushalt, die jeder Fabrik des 19. Jahrhunderts Ehre gemacht hätte. Natürlich versuchten die Kinder, das straffe Regime zu sabotieren. Erst recht wuchs die Verlockung, sich noch länger hinter die Werkstore zu verziehen.

Die Leute von Amerco hatten eine Freiheit, sich ihre Zeit einzuteilen, nach der sich die meisten anderen Angestellten nur sehnen können. Aber sie verstanden ihre Unabhängigkeit nicht zu nutzen. In welche Lage sie sich manövriert hatten, wurde den Befragten erst in langen Gesprächen bewusst. Es fiel ihnen nicht gerade leicht, sich einzugestehen, dass und vor allem warum sie sich ihre Zeitnot daheim selbst erzeugt hatten.

Als das Londoner Wirtschaftsmagazin »Economist« im Juli 2005 berichtete, wie der Westentaschencomputer BlackBerry seine Benutzer dazu verführt, ständig und überall ihre E-Mails abzuarbeiten, antwortete ein Leser sarkastisch: »Könnte es sein, dass wir unsere Arbeit lieber mögen, als wir es zugeben wollen? Vielleicht ist die Zeit, die uns der BlackBerry zu Hause, am Wochenende oder im Urlaub stiehlt, tatsächlich eine Erholung von kreischenden Kindern und nörgelnden Partnern – ein Pol der Ruhe im Chaos unseres Privatlebens. (…) Und Sie wundern sich, dass wir süchtig danach sind!«[2]

Wie wir Last und Lust verwechseln

»Keine Zeit« für etwas zu haben bedeutet in aller Regel, dass uns etwas anderes im Moment wichtiger ist. So wird diese Floskel als bequeme Ausrede verstanden, und mitunter ist sie es auch. Doch oft liegen die Dinge gar nicht so einfach: Sich gehetzt zu fühlen, ist ja unangenehm. Man fühlt eine Verpflichtung – etwa sich um die Kinder zu kümmern –, doch es fehlt die Motivation, sie zu erfüllen. Dieser Mangel an Motivation, man kann ihn auch schlicht Unlust nennen, ist daher nach Unkonzentriertheit und Stress der dritte große Zeiträuber, der für das Gefühl ständiger Hetze verantwortlich ist.

Der innere Antrieb wird für den Umgang mit Zeit umso entscheidender, je freier wir von äußeren Zwängen sind. Die Exekutivfunktion, der Manager im Kopf, plant das Handeln weitgehend automatisch. Sie orientiert sich aber an unseren Wünschen. Fortwährend suchen wir die Umgebung nach Reizen ab, die uns Annehmlichkeiten versprechen – und vor allem nach noch mehr Wohlgefühl, als wir schon genießen. Von besonderer Anziehungskraft ist dabei alles Neue, weil uns dessen Wert noch unbekannt ist. Gegenstand des Interesses kann buchstäblich alles sein, von einer zum Schwatz bereiten Kollegin am Kopiergerät bis zum Schild einer Eisdiele.

Hat das Gehirn ein lohnendes Ziel ausgemacht,

springt das so genannte Belohnungssystem an.[3] Es besteht aus verschiedenen Zentren im Mittelhirn, an der Unterseite der Großhirnrinde und im präfrontalen Cortex. In den Nervenleitungen, die diese Regionen verbinden, wird der Botenstoff Dopamin freigesetzt; dieser bewirkt erstens, dass sich die Aufmerksamkeit auf den vielversprechenden Reiz richtet: Plötzlich strahlt die Leuchtreklame »Gelati« unwiderstehlich. Zweitens rückt das neue Ziel in der Reihenfolge unserer Absichten nach vorn. Man ist jetzt zu einem kleinen Umweg bereit, um sein Himbeereis zu vertilgen. Das Einzige, was einen jetzt davon abhalten könnte, wäre eine noch stärkere andere Motivation – etwa die Angst, keine Kinokarte für den Abend mehr zu ergattern. Fehlt solch ein Anreiz, können wir gar nicht anders, als der Versuchung nachzugeben.

Warum man immer erst auf den letzten Drücker fertig wird

Oft heißt es, man solle seine Zeit wie ein Kapital möglichst gut investieren. Aber dieser Rat ist schwer mit der menschlichen Natur zu vereinbaren. Ein vernünftiger Anleger hat langfristige Ziele im Blick; die Exekutivfunktion hingegen wägt in jedem Moment neu ab, ob sich ein ansprechender Zeitvertreib bietet.

Dieser Mechanismus erklärt allerhand Rätsel des Alltags: zum Beispiel, warum wir die ersehnte freie Zeit, wenn wir sie endlich einmal haben, einfach vertrödeln – und warum wir es nie schaffen, ein Projekt frühzeitig anzugehen. »Jede Arbeit wird erst fertig, wenn sie fertig sein muss«, pflegen Arbeitspsychologen zu sagen; die Regel lässt sich in Experimenten bestätigen. Es sind Versuche, die nachdenklich machen, denn sie verdeutlichen, wie viel normalerweise ungenutzten Spielraum wir haben.

In einer amerikanischen Studie etwa sollten die Versuchspersonen aus einzelnen Buchstaben Wörter bilden (wie im Spiel »Scrabble«). Muße beflügelte ihren Einfallsreichtum keineswegs – im Gegenteil. Die Probanden lieferten umso mehr Lösungsvorschläge, je öfter ihnen der Versuchsleiter einen Zettel mit einem neuen Problem vorlegte. Niemand wurde explizit unter Druck gesetzt, sofort zu antworten, doch die Teilnehmer interpretierten den schnelleren Rhythmus offenbar als hohe Erwartung an sie und stellten ihre Tagträume hinten an. Erst als die Wissenschaftler in einem aberwitzigen Tempo alle zweieinhalb Sekunden neue Kopfnüsse präsentierten, begann die Einschüchterung das Denkvermögen der Versuchspersonen zu hemmen. Aber selbst dann gaben sie noch mehr als doppelt so viele richtige Antworten wie im gemächlichsten Rhythmus.[4]

Wenn der Anreiz fehlt, sich zu beeilen, ist die Aufmerksamkeit sofort dahin. An dieser Programmierung dürfte es auch liegen, dass Menschen für die meisten Tätigkeiten um ein Vielfaches länger brauchen, sobald sie arbeitslos werden oder in den Ruhestand treten. Das Alter allein kann für das »Rentnersyndrom« nicht verantwortlich sein; denn oft ändert sich das Lebenstempo schon wenige Wochen nach dem Ausscheiden aus dem Beruf.[5]

Und schließlich liefert das Wechselspiel von Motivation und Aufmerksamkeit auch einen weiteren Grund dafür, weshalb herkömmliche Techniken zum so genannten Zeitmanagement so oft scheitern. Ein guter Vorsatz gehört zu den schwächsten Beweggründen überhaupt. Sobald das Telefon klingelt oder ein netter Kollege den Kopf zur Tür hereinsteckt, ist die Tagesplanung vergessen.

Die Vorfreude im Bauch

Auch eine ferne Belohnung kann locken. Um ein Studium zu beenden oder sich übernächstes Jahr ein neues Auto zu leisten, sind Menschen zum Verzicht auf viel näherliegendes Vergnügen bereit. Und in der Hoffnung auf ein wichtiges Amt quälen sich manche Leute sogar jahrzehntelang durch politische Gremien.

Auf die Frage, was sie dazu bringt, hat der portugiesisch-amerikanische Neurologe Antonio Damasio eine Antwort parat: Sobald wir an das denken, was wir erreichen wollen, wird im Organismus ein Zustand erzeugt, als ob die Absicht schon Wirklichkeit wäre. Das nennt Damasio die »somatischen Marker«: Indem wir eine kleine Portion der angestrebten Genüsse und Triumphe schon einmal spüren, bekommen wir einen motivierenden Vorgeschmack auf die Belohnung.[6] Umgekehrt nehmen wir emotional auch Unannehmlichkeiten vorweg, die uns blühen könnten, wenn wir unser Ziel einer Ablenkung opfern. Auf Grundlage dieser meist gar nicht bewussten Regungen trifft die Exekutivfunktion ihre Entscheidungen.

Damasio hat eine Fülle von Indizien dafür gesammelt, dass wir die Folgen einer Entscheidung tatsächlich unbewusst durchspielen. Beispielsweise reagieren Menschen mit Herzklopfen und Angstschweiß, wenn sie ein riskantes Vorhaben erwägen. Die Zeichen eines »unguten Gefühls« treten erstaunlicherweise bereits auf, bevor wir sagen können, worin genau die Gefahr liegt. Patienten, bei denen das Stirnhirn geschädigt ist und dieser Mechanismus deshalb versagt, können keine vorausschauenden Entscheidungen treffen. Sie handeln impulsiv – oder gar nicht. Denn ihnen fehlen die Vorboten für die möglichen Folgen dessen, was sie tun.

Auch Menschen, die unter einer Aufmerksamkeitsstörung leiden, schneiden in dieser Hinsicht schlecht ab: Wer einen zu schwachen Vorgeschmack auf die Zukunft empfindet, wird sprunghaft und unfähig, sich seine Zeit einzuteilen.[7] Für ein Gehirn, das sich die Zukunft schlecht ausmalen kann, sind große Fernziele weniger wert als eine kleine Belohnung sofort. Verschafft man hingegen Kindern mit einer Aufmerksamkeitsstörung für jeden Etappensieg gleich eine kleine Freude, ist ihre Behinderung wie durch ein Wunder verschwunden: Sobald man sie nur schnell genug belohnt und so immer wieder neu motiviert, leisten die kleinen Zappelphilippe so viel wie normale Gleichaltrige.[8]

Volle Konzentration auf eine Aufgabe ist also nur zu erreichen, wenn uns entweder ein Fernziel so fest und als so verheißungsvoll vor Augen steht, dass sich der Verstand erst gar nicht auf Ablenkungen einlässt. Oder aber wir brauchen kleinere Befriedigungen unterwegs, die wir in kürzeren Zeitabständen genießen können. In jedem Fall funktioniert die Selbstkontrolle nur, wenn ein Gewinn wartet.

Erfahrene Vorgesetzte wissen, dass es keine Einheitsmotivation gibt, mit der man alle gleichermaßen zum Arbeiten bringt – den einen treibt eher die Aussicht auf Wohlstand, den anderen Stolz auf die geleistete Arbeit. Doch welche Verlockungen uns davor bewahren, die Stunden zu vertrödeln, ist zweitrangig; viel mehr zählt, wie intensiv und gegenwärtig sie sind. Wer während einer schwierigen Aufgabe die Früchte seiner Arbeit plastisch vor Augen hat, den treibt die Vorfreude fast von selber ins Ziel.

Wonach wir uns sehnen, liegt oft in der Ferne; das Handeln dagegen ist von kurzfristigen Zielen bestimmt. Darin lag letztlich auch das Dilemma der Amerco-Mitarbeiter. Jede Mutter und jeder Vater, welche die Soziologin Hochschild befragte, wünschte sich eine erfüllte Beziehung zu ihrem Kind. Wenn sie aber konkret die Wahl hatten, den nächsten Abend entweder bei einem interessanten Geschäftsessen oder mit der Familie zu verbringen, entschieden sie sich doch für ihren Termin. Die Freude am Zusammensein mit ihren Kindern hätten sie schließlich erst Schritt für Schritt wieder entdecken müssen.

Ein Geheimnis im Umgang mit Zeit ist, sich Bestärkung im richtigen Maß zu verschaffen. Wem sein Leben als eine einzige freudlose Aufgabenliste erscheint, wird seine Pflichten kaum bewältigen können. Effizienter in seinem Umgang mit Zeit ist, wer zu genießen versteht.

Reiche außer Atem

Selbst wenn wir ganz frei sind, unserem eigenen Rhythmus zu folgen, stoßen wir an eine natürliche Grenze. Kein Tag hat mehr als 86 400 Sekunden, und in jeder davon kann die Aufmerksamkeit nur bei einem Vorhaben verweilen. Gleich, welcher Angelegenheit wir einen Augenblick widmen: Er geht uns für etwas anderes verloren.

Alles im Leben lässt sich vermehren – außer der Zeit. Dies erklärt eine eigentümliche Entdeckung des amerikanischen Wirtschaftswissenschaftlers Daniel Hamermesh: Menschen leiden umso mehr unter knapper Zeit, je reicher sie sind.[9] An der Kultur kann es nicht liegen, denn Hamermesh hat diesen Effekt in Deutschland ebenso gefunden wie in Korea, in den USA, in Kanada und Australien.

Eigentlich würde man das Gegenteil erwarten: Wer Geld hat, kann andere dafür bezahlen, ihm jede Menge Arbeit abzunehmen. Von Haushaltshilfen und Babysittern über Sekretärinnen bis hin zu Taxifahrten und Business-Class-Tickets, die einem das Schlangestehen am Flughafenschalter ersparen, – Besserverdiener können sich in einem Maß von den lästigen Pflichten des Lebens befreien, von dem andere nur träumen. Und oft dürfen sie auch selbst bestimmen, wann und wo sie arbeiten wollen.

Die übliche Erklärung der Wohlhabenden lautet, dass sie als Manager, Ärzte und Anwälte nun einmal härter arbeiteten als die Mehrheit des Volkes und darum größeren Zeitdruck empfänden. Doch Hamermesh hat den Einfluss der unterschiedlichen Berufe analysiert: Er spielt keine Rolle. Überdies lassen sich

Menschen mit unterschiedlichem Einkommen, aber gleich viel Freizeit betrachten – etwa zwei Angestellte mit einem Arbeitstag von jeweils acht Stunden, von denen die eine als Sekretärin 2000 Euro, die andere als Fernsehmoderatorin 10 000 Euro im Monat nach Hause bringt. Zieht man solche Vergleiche, stellt man wiederum fest, dass sich bei gleich viel Freizeit die Reicheren stärkerem Zeitdruck ausgesetzt fühlen.

Besonders eindrucksvoll hat Hamermesh das an einem Detail einer repräsentativen deutschen Umfrage verdeutlicht.[10] Die Wohlhabenden klagen nämlich auch dann unter Zeitmangel, wenn sie gar keiner Erwerbsarbeit nachgehen. Ausgerechnet die reichsten Hausfrauen, von Zugehfrauen und Gärtnern umsorgt, sehen sich im Dauerstress. Jedenfalls geben von ihnen, verglichen mit anderen Hausfrauen, überdurchschnittlich viele an, dass sie oft oder ständig von Termindruck geplagt sind.[11]

Das Problem der Reichen sei, dass sie einfach über mehr Möglichkeiten verfügten, argumentiert Hamermesh. Was die weniger Vermögenden davon abhält, all das zu tun, was sie gern täten, ist Mangel an Zeit, vor allem aber an Geld. Kaum ein Buchhalter wird darüber nachdenken müssen, wie er die längst überfällige Renovierung seiner Schwimmhalle, den Besuch der Salzburger Festspiele und die Hochzeit eines ehemaligen Kollegen in Los Angeles in den nächsten zwei Wochen unterbringen kann – einem arrivierten Unternehmer stellen sich solche Aufgaben durchaus. Wenn das Konto prallvoll ist, hindert nur noch die endliche Zeit den Menschen an der Erfüllung seiner Wünsche. Dementsprechend nimmt er den Zeitmangel schmerzlicher wahr.

Nicht ganz zu Unrecht gilt es deshalb in den westlichen Gesellschaften als Zeichen von Status, wenig Zeit zu haben. Wer Geld und Einfluss hat, dessen Stunden scheinen mehr wert. Und so, wie sich mancher einen Porsche leistet, um seinen Erfolg sichtbar zu machen, fühlt man sich leicht schon um der Selbstachtung willen verführt, in ständiger Hetze zu leben – und aller Welt vorzuführen, wie wichtig man ist.

Der Hunger nach Mehr

Gemessen an den Einkommen der Vergangenheit sind wir freilich alle reich geworden: In den letzten 50 Jahren hat sich die durchschnittliche Kaufkraft mehr als verdreifacht. Ein Zeugnis davon legen nicht zuletzt die Armeen von Elektrogeräten ab, die uns eigentlich das Leben leichter machen sollen. Böse Soziologenzungen behaupten allerdings, dass wir es trotz mikroprozessorgesteuerten Waschautomaten, Schlagbohrmaschinen und Eierkochgeräten nicht verstanden haben, die Haushaltsfron zu verringern.[12]

Wir schuften nicht weniger als unsere Großeltern; gewonnen haben wir statt Freiheit nur Perfektion. Die Vorhänge haben keine Schmutzränder mehr, die Wandhaken sind zuverlässig gedübelt und die Drei-Minuten-Eier genau auf dem Punkt.

Das Mehr an Möglichkeiten ließ zugleich die Ansprüche wachsen – es ist Ehrensache, den Nachwuchs zum Babyschwimmen zu verfrachten und im Internet den allerbilligsten Flug nach Nizza aufzustöbern. So erklärt es sich, dass die Menschen in Europa von Jahr zu Jahr mehr Zeitnot empfinden, obwohl sie durchaus nicht weniger Zeit haben als früher: Zeitmangel ist der Preis, den wir für eine Fülle an Angeboten bezahlen.

Alle höheren Tiere sind von Natur aus darauf programmiert, sich schnell an einen vorhandenen Zustand zu gewöhnen und einen besseren anzustreben. So ist das Belohnungssystem programmiert. Dieser »Antrieb ohne Ziel«, wie es der US-Neuropsychologe Jaak Panksepp bezeichnet hat, wirkt beim Menschen in extremem Maße.[13] Ein Löwe kann sich nach dem Verspeisen einer Gazelle immerhin in die Sonne legen, bis er wieder Hunger verspürt. Homo sapiens jedoch hat beliebig viele Bedürfnisse, an irgendetwas mangelt es immer. Und alles, was wir erreichen wollen, kostet Zeit. So füllt sich jede freie Stunde sofort mit einer neuen Beschäftigung – wie Luft in ein Vakuum pfeift.

Wer diese Einsicht als banal abtut, der übersieht, wie fast unüberwindlich schwer es fällt, sie zu akzeptieren: Der größte Teil des alltäglichen Gehetztseins ergibt sich schlicht daraus, dass wir nicht bereit sind, auf etwas zu verzichten. Ein Vorhaben bewusst bleiben zu lassen, um eine andere Unternehmung richtig auskosten zu können, haben wir nie gelernt; schließlich lebt unsere Gesellschaft davon, Bedürfnisse zu wecken – nicht sie herunterzuschrauben. Negative Gefühle setzen sich im Bewusstsein stets leichter durch als freudige Empfindungen; schließlich könnte es sich um überlebenswichtige Signale handeln. Und so besiegt auch die Sehnsucht nach dem, was aus Zeitmangel ungetan bleiben muss, die Vorfreude auf das, was Wirklichkeit werden kann.

Leben heißt auswählen. Robert Musil hat in seinem Buch »Der Mann ohne Eigenschaften« seinen Zeitgenossen zu Beginn des vorigen Jahrhunderts den Spiegel vorgehalten, als ein bescheidener Wohlstand erstmals große Teile der Gesellschaft zu erreichen begann: »Sie litten alle unter der Angst, keine Zeit für alles zu haben, und wussten nicht, dass Zeit haben nichts anderes heißt, als keine Zeit für alles zu haben.«

PS.

Stellen Sie sich selbst eine Woche lang vor Beginn jeder Tätigkeit eine kurze Frage: Muss ich das tun? Und was geschieht, wenn ich es lasse? Seien Sie ehrlich: Sie werden überrascht sein, wie viele der vermeintlichen Zeiträuber Ihnen durchaus gelegen kamen.

TEIL 3

WAS ZEIT IST

13

Die Entmachtung der Uhren

Ist Zeit nur eine Illusion?

Gestern waren wir dort, jetzt sind wir hier: Zeit und Raum sind die Bühne des Lebens. Wenn wir uns verabreden, müssen wir Ort und Stunde bestimmen, sonst verfehlen wir uns. Albert Einstein erklärte neben vorne und hinten, oben und unten, links und rechts die Zeit zur vierten Dimension. Und doch besteht zwischen Zeit und Raum ein riesiger Unterschied. Im Raum können wir uns bewegen, ganz wie wir wollen – oder auch sitzen bleiben, wenn es uns irgendwo besonders gefällt. Die Zeit hingegen, so scheint es, trägt einen mit sich davon. Der nächste Morgen bricht an, ob es uns passt oder nicht, und wenn er da ist, führt kein Weg mehr zurück. Man wird nicht jünger.

Warum vergeht die Zeit? Darüber rätseln die Menschen seit jeher. Als einer der Ersten beschrieb der kleinasiatische Philosoph Heraklit das Problem im fünften Jahrhundert vor Christus: »Man kann nicht zweimal in denselben Fluss steigen.« Es ströme schließlich immer neues Wasser heran. Nach Heraklits Meinung erleben wir also deswegen das Verrinnen der Zeit, weil sich die Dinge um uns verändern. Mit diesem Satz prägte er ein Bild, das sich bis heute uns aufdrängt: Die Zeit fließt.

Aber tut sie das wirklich? Oder ist die Vergänglichkeit nur eine Illusion, die daher rührt, dass wir Menschen einen beschränkten Blickwinkel haben? Und sollte die Zeit doch verrinnen: Welchen Gesetzen folgt sie dabei? An solchen Fragen rieben sich jahrhundertelang große Geister.

Inzwischen sind wir immerhin etwas klüger geworden. Woraus die Zeit besteht, kann die Wissenschaft zwar noch immer nicht sagen. Doch erklärt ist, warum wir ihr Vergehen erleben. Auch gibt es gute Gründe dafür, dass die Zeit als physikalische Größe längst nicht so fundamental ist, wie sie uns scheint. Die wahre Bühne der Welt besteht aus einem anderen Stoff. Vielleicht kämpfen wir gegen einen Feind, der viel schwächer ist, als wir glauben.

Eine Seefahrt nach Jamaika

Den Weg zu dieser Einsicht haben ein paar geniale Uhrmacher geebnet. Die Geschichte begann, als gegen Ende des 17. Jahrhunderts Uhren, die absolut zuverlässig Minute und Stunde angeben, plötzlich als erfüllbarer Traum erschienen. Christiaan Huygens, ein Astronom aus Den Haag, hatte 1657 eine Pendeluhr zum Patent angemeldet, die für eine noch nie erreichte Ganggenauigkeit sorgen sollte. Eine neuartige Hemmung steuerte den Lauf des Werks so präzise, dass der Gang bis auf zehn Sekunden am Tag genau war – wenn alles gut funktionierte.

Heute, da jeder am Handgelenk eine Quarzuhr spazieren trägt, ist kaum mehr vorstellbar, was dieser Fortschritt damals bedeutete. Dass Menschen einen Apparat von solch unvorstellbarer Genauigkeit herstellen konnten, wäre für sich schon aufregend genug gewesen. Dabei bot der neue Apparat noch viel mehr. Mit einem Mal war die Zeit kein ungreifbares Etwas mehr, das sich am Schatten der Sonnenuhren und an unzuverlässigen Zeigern auf Türmen mal zeigte, mal nicht: In Huygens' Chronometer ließ sich die Zeit einfangen und messen. Tatsächlich beeindruckte Huygens' Uhr die Zeitgenossen so tief, dass viele bereit waren, den ganzen Kosmos in einem neuen Licht zu sehen. So wunderbar fand man die Konstruktion, dass man sie sogar mit Gottes Schöpfung verglich. Der französische Aufklärer Diderot verstieg sich sogar zu der Behauptung, die ganze Welt ähnle einer Maschine mit Rädern, Seilen, Rollen, Federn und Gewichten.

Für den damals wichtigsten Einsatzbereich war Huygens' Standuhr allerdings nicht zu gebrauchen:

Die immer größeren Handelsflotten benötigten zur Navigation verzweifelt ein Chronometer, das auch auf Schiffen präzise funktionierte. Denn nur wer die genaue Zeit kennt, kann den Längengrad bestimmen, auf dem er sich gerade befindet. Auf schwankendem Grund, dem Wechsel von heiß und kalt ausgesetzt, aber versagte Huygens' Erfindung. Erst hundert Jahre später sollte die Uhr, die immer und überall einwandfrei lief, endlich Wirklichkeit werden. John Harrison konstruierte sie, ein Londoner Tischler, der sich das Uhrmacherhandwerk selbst beigebracht hatte. Nach drei vielversprechenden Vorläufermodellen stellte er im Jahr 1759 sein Chronometer H4 der Öffentlichkeit vor – ein tellergroßes Gerät aus Silber und Messing, in dessen Werk die Achsen fast reibungsfrei auf Diamanten liefen. Das Pendel als Schrittmacher hatte Harrison durch ein ausgeklügeltes System von Federn und Rädern ersetzt, wodurch das Schaukeln des Schiffs der Uhr nichts mehr anhaben konnte. Die Federn bestanden aus zweierlei Metallen, deren unterschiedliche Wärmeausdehnungen sich gerade gegenseitig aufhoben. Damit ging die Uhr in England so genau wie in den Tropen. Zum Test reiste Harrisons Sohn mit der Uhr in die Karibik. Am Ende der 81-tägigen Reise nach Jamaika und wieder zurück ging die H4 um ganze fünf Sekunden falsch; damit verdiente sich Harrison die gewaltige Prämie von 20 000 Pfund, die das englische Parlament für den ausgelobt hatte, der das Problem der Seenavigation löste. Dem Wunsch, die Zeit immer genauer zu erfassen, schienen keine Grenzen mehr gesetzt.

Die Weltuhr

Dass die Zeit messbar ist, stand bereits Isaac Newton vor Augen. Als er im Jahr 1687 sein wichtigstes Werk, die »Principia Mathematica« herausbrachte, war die Welt noch immer wie benommen von Huygens' Pendeluhr. Nun aber äußerte Newton, der größte Gelehrte seiner Epoche, eine Vermutung, die uns bis heute beschäftigt: Hinter einem solch genauen Chronometer könnte mehr stehen als eine beeindruckende Ingenieurleistung. Dass eine Uhr überhaupt so genau ticken kann, habe vermutlich einen tieferen Grund. Irgendwo müsse ihr gleichsam der Takt geschlagen werden. Irgendwo müsse es eine Art Weltuhr geben, die den Rhythmus des gesamten Universums diktiert. Alle Uhren, die Menschen sich auf die Erde stellen, seien nur ein Abglanz dieser kosmischen Maschine.

Man kann Newtons Einfluss kaum überschätzen. Denn mit seiner »Principia« machte er sich nicht nur zum unangefochtenen Vater der modernen Physik, sondern beeinflusste auch viele Alltagsvorstellungen.

Wenn wir heute an die Zeit denken, kommt uns so etwas wie die Weltuhr in den Sinn – ein Etwas, das den Lauf aller Dinge von außen regiert und das nichts und niemand beeinflussen kann. Ohne dass wir es uns bewusst machen, bewegen wir uns damit in einem mehr als drei Jahrhunderte alten Gedankensystem. Newtons Ideen sind so beherrschend, dass andere Möglichkeiten beinahe unmöglich erscheinen.

Newton strebte an, dass alles Nachdenken über die Natur fortan auf dem festen Fundament von Zahlen und der Mathematik stehen sollte. Bei den meisten seiner Untersuchungen hatte er mit dieser Methode spektakulären Erfolg. So näherte er sich auch der Zeit, die er überall dort im Spiel sah, wo sich etwas bewegt. Diese Größe betrachtete er als so grundsätzlich, dass sie auf jeden Fall in der mathematischen Weltsicht auftauchen musste. Mehr noch, die Zeit sollte ein Ausgangspunkt sein, um zu beschreiben, wie sich alle Dinge bewegen.

Die Zeit, wie sie ihm vorschwebte, beschrieb er geradezu als Geschenk des Himmels: »Die absolute, wahre und mathematische Zeit verfließt (...) gleichförmig und ohne Beziehung auf irgendeinen äußeren Gegenstand.« Auch Newton hing also der Vorstellung an, dass die Zeit fließt. Diese absolute Zeit erklärte er zur Grundlage seiner Physik.

Natürlich konnte er mit keinem Beweis dafür aufwarten, dass es so etwas wie Zeit außerhalb der Welt überhaupt gibt – abzulesen wäre die absolute Zeit nur auf einer kosmischen Uhr. Menschen hingegen müssen sich mit irdischen Zeitmessgeräten begnügen, und die gehen immer ein wenig falsch, weil die Umwelt auf sie einwirkt. Newton wusste übrigens um Harrisons Versuche mit dem extrem genauen Schiffschronometer, aber er glaubte nicht an deren Erfolg.

Nun hatte der Forscher also eine Zeit eingeführt, die den Menschen niemals völlig zugänglich ist. Aus dieser Schwierigkeit fand er einen pragmatischen Ausweg. Er erklärte, es gäbe gewissermaßen zwei Arten von Zeit. Neben der absoluten Zeit, der wir uns bestenfalls annähern können, sei da noch eine relative, scheinbare und gewöhnliche. Es handle sich um »ein fühlbares (…) Maß der Dauer, dessen man sich gewöhnlich statt der wahren Zeit bedient«. So steht es in den »Principia«.

Dies war eine epochale Erkenntnis: Die Zeit, die wir empfinden, führt ein Eigenleben gegenüber der Zeit der Physik. Niemand vor Newton war so deutlich auf diese Einsicht gestoßen. Ihm aber musste sich dieser Gegensatz auftun, weil er als Erster das Wesen der Zeit in Zahlen und Formeln zu fassen versuchte.

Indem Newton die absolute Zeit die »wahre« und die erlebte Zeit die »scheinbare« nannte, gab er den

Ton bis in die Gegenwart vor. Dabei ist Newtons Bild einer absoluten Zeit falsch, wie wir gleich sehen werden. Trotzdem glauben Menschen nach wie vor an die Illusion einer kosmischen Uhr: Die absolute Zeit ist uns demnach auferlegt, wir müssen uns fügen. So sehen die Menschen sich 300 Jahre nach Newton vielleicht mehr denn je einem Takt ausgesetzt, der ohne ihr Zutun schlägt.

Braucht man eine kosmische Zeit?

Newton setzte seine Vorstellung gegen heftigen Widerstand durch. Gottfried Wilhelm Leibniz, der in Hannover lehrende Mathematiker und Philosoph, dem wir die noch heute übliche Formulierung der Infinitesimalrechnung verdanken, war von den neuen Ideen aus England so wenig überzeugt, dass er Streitbriefe dagegen verfasste. So kam es zu einem ausgedehnten Schlagabtausch. (Newton antwortete allerdings nie selbst, sondern ließ einen Philosophen namens Samuel Clarke seinen Standpunkt vertreten.)

Für Leibniz war eine absolute Zeit, die man weder wahrnehmen noch messen kann, ein Hirngespinst. Lieber solle man sich fragen, wovon wir eigentlich sprechen, wenn wir »Zeit« sagen. Ganz offenbar sei dann von der Beziehung zwischen zwei Ereignissen die Rede – das eine früher, das andere später. Zeit sei also eine Ordnung dessen, was wir erleben. Schließlich nehmen Menschen die Zeit selbst gar nicht wahr; einzig Ereignisse bestimmten das Leben und auch die unbelebte Natur. Darum habe es überhaupt keinen Sinn, wie Newton eine absolute Zeit zu erfinden. In einem leeren Raum, wo nichts geschieht, spiele auch die Zeit keine Rolle.

In dem Gefecht war die Zeit allerdings nur ein Streitpunkt von mehreren. Leibniz griff auch an, wie sein Gegner den Raum definierte. Zudem war Leibniz politisch nicht so einflussreich wie Isaac Newton; jedenfalls spielten die Argumente des Philosophen aus Hannover bald keine Rolle mehr. Seine Einsicht, dass das Verstreichen der Zeit und der Lauf der Welt zusammenhängen, geriet fast zwei Jahrhunderte lang in Vergessenheit.

Thelma, Louise und die Rakete

Erst ein junger Außenseiter der Wissenschaft bereitete Leibniz' Ideen ein glanzvolles Comeback: Albert Einstein stieß schon als Schüler an die Grenzen von Newtons Physik. In einem seiner phantastischen Gedankenexperimente überlegte er sich, gerade 16 Jahre alt, wie es wohl wäre, auf einem Lichtstrahl zu reiten: Würde die Welt von dieser Warte aus anders aussehen?

Dahinter steckte ein Problem, das die Physiker an der Schwelle zum 20. Jahrhundert tief irritierte. Experimente hatten nämlich gezeigt, dass sich das Licht unter allen Umständen im leeren Raum gleich schnell ausbreitet. Ein Blitz rast mit stets exakt 299 792,458 Kilometer in der Sekunde durch die Welt, ganz gleich, ob man sich mit der Lichtquelle bewegt oder nicht. (Die amerikanischen Wissenschaftler Michelson und Moreley haben in einem überaus raffinierten Versuch einmal nach Osten, einmal nach Norden geleuchtet. In der einen Richtung bekam der Blitz also die Erddrehung mit, in der anderen nicht. Dennoch war das Licht beide Male gleich schnell.)

Das ist merkwürdig. Stellen Sie sich vor, eine Frau, nennen wir sie Louise, leuchtet mit einer kleinen Taschenlampe hinaus in den Weltraum. Dann entfernt sich der Lichtblitz mit knapp 300 000 Kilometern in der Sekunde von Louise. Man kann sich das tatsächlich so denken, als hätte sie mit ihrer Taschenlampe einen winzigen Ball weggeschleudert, der nun ins All fliegt; nach der Quantentheorie lässt sich Licht als ein Strom von Teilchen, den Photonen, beschreiben.

Ihre Freundin Thelma möchte das Licht, das Louise ausgesandt hat, einholen. Sie besteigt eine Rakete und fliegt mit der kaum vorstellbaren Geschwindigkeit von 250 000 Kilometern in der Sekunde hinterher. Louise sieht also, wie der Lichtstrahl mit knapp 300 000 und ihre Freundin mit 250 000 Kilometern in der Sekunde davonsausen. Von der Erde aus stellen sich Thelmas Bemühungen beeindruckend dar: Sie hält gut mit. Aus Louises Sicht ist das Licht nur 50 000 Kilometer in der Sekunde schneller unterwegs als die Rakete der Freundin.

So, wie Louise die Dinge sieht, steht alles noch im Einklang mit Newtons traditioneller Physik: Geschwindigkeiten kann man einfach addieren oder voneinander abziehen. (Wenn der mutige Fritz mit dem Fahrrad 30 Stundenkilometer schnell bergab fährt, der vorsichtige Franz aber nur 25, sieht Franz Fritz mit fünf Stundenkilometern davon ziehen.)

Mit welcher Geschwindigkeit aber sieht Thelma den Blitz sich ausbreiten? Natürlich auch mit 50 000 Kilometern pro Sekunde, möchte man denken. Doch das ist falsch. Tatsächlich nämlich verläuft die Reise für Thelma frustrierend: Trotz ihrer gewaltigen Geschwindigkeit hat sich aus ihrer Sicht der Abstand nicht um einen Zentimeter verringert. Für sie eilt der Blitz genauso schnell davon wie für Louise – mit ebenfalls 300 000 Kilometern in der Sekunde. Denn die Lichtgeschwindigkeit ist unter allen Umständen konstant, also auch, wenn man eine Rakete besteigt. So gesehen hätte sich Thelma ihre Anstrengungen sparen können.

Wenn Ihnen dieser Gedankengang und das, was

nun folgt, Kopfzerbrechen bereitet, so ist das völlig normal: Genauso ging es den Physikern, die sich um Aufklärung bemühten – und jedem Studenten, der zum ersten Mal davon hört. Die Schwierigkeit bei diesen Überlegungen ist keineswegs, dass sie mathematisch verwickelt wären. Mühe macht vielmehr, dass wir nicht darin geübt sind, zwischen zwei verschiedenen Perspektiven zu wechseln. Und vor allem widerstrebt es unserer Gewohnheit, den Lauf der Zeit als veränderlich zu verstehen. Das aber ist der springende Punkt.

Erst Einstein löste den Widerspruch auf. Dass die Lichtgeschwindigkeit unveränderlich ist, also niemals von der Bewegung der Lichtquelle abhängt, akzeptierte er als ein gut begründetes Naturgesetz. Darum *kann* Thelma die Ausbreitung des Strahls gar nicht anders erleben als Louise. Dann ist aber die Frage, weshalb Louise dennoch von ihrer Warte aus Thelma aufholen sieht. Einsteins Geniestreich war es, zu erkennen, dass Louises Zeit nicht Thelmas Zeit ist. Es gibt keine Zentraluhr für alle; Zeit hängt davon ab, wie sich ein Beobachter zu dem bewegt, was er sieht. Das ist die zentrale Einsicht der Relativitätstheorie.

Könnte also Louise einen Blick auf Thelmas Uhr werfen, würde sie eine gewaltige Überraschung erleben. Während nämlich Louise den Zeiger an ihrem Armband um eine Stunde vorangerückt findet, sind auf der Uhr in der Rakete gerade 33 Minuten verstrichen: Thelmas Zeit läuft viel langsamer! In ihrer Raumkapsel dauert es also, von Louise aus gesehen, fast doppelt so lange, bis eine Stunde vergangen ist.[1] Und weil Thelma natürlich alles, was sie sieht, an ihrer Raketenzeit misst, kann sich aus ihrer Sicht auch der Lichtblitz schneller entfernen.

Warum bewegte Uhren langsamer gehen

Wie aber kann es vom Standpunkt abhängen, wie eine Uhr tickt?

Das einfachste Gedankenexperiment dazu stammt von Einstein selbst. Louise auf der Erde hat zwei Spiegel, die sie genau parallel zueinander hält. Nun blitzt sie mit einer Taschenlampe hinein; das Licht saust also immer zwischen den beiden Spiegeln hin und her. Immer, wenn der Blitz von einem der beiden Spiegel zurückgeworfen wird, macht es »klick!«. (Natürlich ist dieser Takt viel zu schnell für menschliche Ohren. Doch als geniale Elektronikbastlerin hat sich Louise eine Schaltung gelötet, die das Ticken wahrnehmbar macht.) Weil sich die Lichtgeschwindigkeit nie ändert, hängt dieser Takt nur vom Weg ab, den das Licht zurücklegt. Aber der Weg zwischen den Spiegeln steht ebenfalls fest. So empfängt Louise ein völlig regelmäßiges Ticken: Sie hat eine Uhr.

Auch Thelma besitzt eine solche Lichtuhr auf ihrer

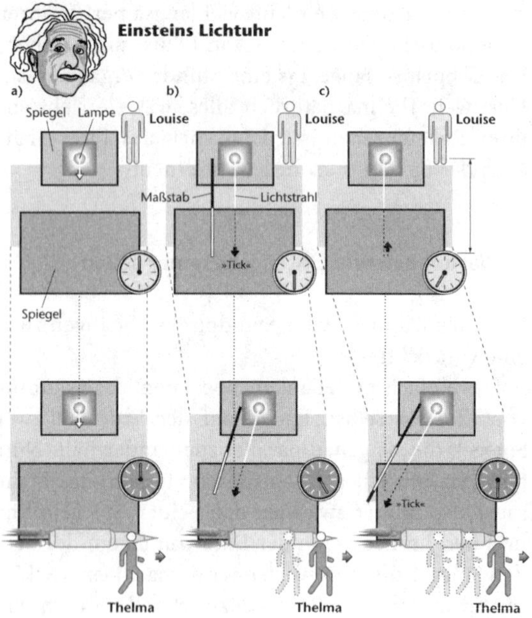

Oben:
a) Louise hat sich auf der Erde eine Lichtuhr gebaut. Sie blitzt mit ihrer Lampe auf einen ihr gegenüberliegenden Spiegel.
b) Wenn das Licht dort ankommt, macht es »Tick«. Wie viel Zeit inzwischen verging, hängt nur von der Strecke ab, die das Licht zurückgelegt hat. Am Maßstab ist diese Strecke abzulesen.
c) Der Lichtstrahl kehrt zu Louise zurück.

Rakete (siehe Graphik nebenstehende Seite). Sie hält die beiden Spiegelflächen parallel zur Flugrichtung. Der Blitz pendelt somit aus Thelmas Sicht genau im rechten Winkel zur Flugrichtung und auf dem kürzesten Weg zwischen den Spiegeln hin und her. Darum nimmt Thelma aus der Raketenuhr denselben Takt wahr wie Louise aus ihrer Uhr auf der Erde.

Jetzt fliegt Thelma an Louise vorbei. Wie tickt nun für die daheimgebliebene Freundin die Uhr auf der Rakete? Wenn Louise auf Thelmas Uhr blickt, beobachtet sie, dass das Licht aus ihrer Sicht einen Zickzackweg macht: Im Augenblick, in dem der Strahl vom linken Spiegel zurückgeworfen wird, steht Louises Raumkapsel genau über Thelma am Himmel. Wenn der Strahl aber an Thelmas rechtem Spiegel

Unten:
a) Thelma hat in ihrer Rakete eine identische Lichtuhr. Sie fliegt an Louise vorbei.
b) Wenn Louise von ihrer Uhr »Tick« hört (das Licht ist am gegenüberliegenden Spiegel angekommen), ist der Lichtstrahl in Thelmas Uhr noch unterwegs. Denn von Louise aus gesehen hat sich Thelmas Uhr bewegt: Das Licht läuft schräg zur Ebene der Spiegel. Es muss dabei nicht nur den Weg zwischen den Spiegeln überwinden, sondern auch die Strecke, die die Rakete zurückgelegt hat.
c) Weil das Licht in der Rakete nicht schneller als auf der Erde sein kann, muss Louise das »Tick« der bewegten Uhr später als das entsprechende Signal ihrer eigenen Uhr wahrnehmen: Von Louise aus gesehen geht Thelmas Uhr langsamer.[2]

ankommt, ist die Rakete schon ein Stück weiter. Das Licht ist mitgereist. So, wie Louise die Angelegenheit sieht, muss das Licht also nicht nur die direkte Entfernung zwischen den Spiegeln zurücklegen, sondern zudem die Strecke aufholen, welche die Rakete mittlerweile geflogen ist: Für Louise legt also das Licht in der Raketenuhr einen weiteren Weg zurück als aus Thelmas Sicht. Diesen Weg legt der Blitz aber in beiden Fällen mit *derselben* Lichtgeschwindigkeit zurück. Also braucht er, von Louises Warte aus gesehen, in der Raketenuhr länger, und für Louise tickt die Raketenuhr langsamer als ihre eigene: Die Freundin in der Raumkapsel lebt nach einem anderen Zeitmaß. Aus diesem Grund bedeutet noch nicht einmal der Begriff »Jetzt« für beide Freundinnen dasselbe. Zwei Ereignisse, die Louise auf der Erde als gleichzeitig wahrnimmt, kann Thelma als zeitlich auseinanderliegend erleben.

Übrigens trifft das Ganze auch umgekehrt zu: Wenn Thelma aus ihrer Rakete hinausblickt und unter sich die Erde vorbeirasen sieht, so gehen für sie die Uhren dort langsamer als ihre eigene. *Alles*, was sich gegenüber dem eigenen Standpunkt bewegt, hat ein gemächlicheres Zeitmaß.

Damit ist die Frage sinnlos, wessen Uhr richtig oder falsch geht. Weil sich die Dinge im Kosmos zueinander bewegen, ist ein Standpunkt so gut wie der andere. Das ist Einsteins Relativitätsprinzip: Jeder hat aus seiner Sicht Recht; die Zeit auf der Erde ist ebenso gültig wie die auf dem Mond oder in einer Rakete. Doch alle diese Zeitmaße unterscheiden sich. Wer von Zeit spricht, muss darum stets sagen, wessen Zeit er meint. So hat Einstein Schluss gemacht mit der absoluten Zeit, die Newton einst prägte.

Wer nach Osten reist, lebt länger

Ohne Einstein wären die heutige Kosmologie und die Teilchenphysik undenkbar. Selbst die GPS-Navigation im Auto beruht auf der Relativitätstheorie.[3] Denn die Zeit in den Satelliten, deren Funksignale den Weg durch eine fremde Stadt weisen, verläuft anders als auf der Erde.

So stößt man auch im Alltag auf die Effekte der Relativitätstheorie, obwohl wir sie mit den Sinnen nicht direkt spüren – dazu müsste man mindestens mit einem Zehntel der Lichtgeschwindigkeit fliegen.[4] Weil für die Technik des 18. Jahrhunderts so schnelle Bewegungen außerhalb aller Reichweite war, vermochte Newton die Ungenauigkeit seiner Physik nicht zu bemerken. Natürlich konnte noch nicht einmal John Harrison den Anflug einer Zeitverzerrung messen, als er seine geniale Schiffsuhr von London in die Karibik schickte.

Bei den heute üblichen Geschwindigkeiten jedoch

Physiker Joseph Hafele mit seiner Atomuhr auf Weltreise. Der Wissenschaftler ist gerade auf dem Frankfurter Flughafen zwischengelandet; ein Mann des amerikanischen Militärs (rechts) passt auf das Gerät auf. Als Hafele wieder in Washington eintrifft, geht seine Atomuhr nach. So hat es Einsteins spezielle Relativitästheorie vorhergesagt: Bewegte Uhren laufen langsamer.

lässt sich die eigene Zeit des Reisenden feststellen. Das demonstrierte der amerikanische Physiker Joseph Hafele, als er im Oktober 1971 mit einem ungewöhnlichen Reisegefährten zu einem Flug rund um die Welt aufbrach: Festgeschnallt auf dem Sitz neben ihm oder ihm gegenüber thronte eine Atomuhr. Auf manchen Reiseetappen benutzte Hafele Flugzeuge der amerikanischen Marine, auf anderen bediente er sich gewöhnlicher Linienmaschinen. Für seine voluminöse Uhr musste der Physiker zwei Tickets lösen, die beide auf den Namen »Mr. Clock« ausgestellt waren. Für diese Flugscheine konnte Hafele immerhin einen Nachlass von 200 Dollar herausschlagen, weil eine Atomuhr im Jumbo-Jet schließlich keine Mahlzeiten vertilgt. Als Hafele nach Zwischenlandungen in Frankfurt, Delhi, Hongkong und Honolulu und weiteren Stopps endlich wieder in Washington eintraf, maß er die Abweichung, die Einstein vorhergesagt hatte: Um genau 59 Milliardstel Sekunden ging seine Cäsium-Uhr gegenüber einer anderen nach, die daheim im Labor geblieben war.

»Wenn Sie also länger leben möchten, könnten Sie einfach ostwärts fliegen«, kommentierte der Physiker Stephen Hawking das Experiment, warnte allerdings vor möglichen Folgen für die Gesundheit: »Der winzige Bruchteil einer Sekunde, den Sie gewännen, würde durch den Verzehr der Flugzeugverpflegung mehr als aufgewogen.«

Allein die Korrektur an Newtons Physik und die technischen Möglichkeiten, die sich daraus ergeben, hätten genügt, um Einstein seinen Rang unter den größten Forschern der Menschheit zu sichern. Doch wir verdanken ihm noch weit mehr als das. Kein anderer hat uns wie Einstein die Augen dafür geöffnet, was Zeit eigentlich ist.

Die Maßstäbe von Zeit und Raum sind eine Frage der Perspektive, ein Standpunkt ist so gut wie der andere: So erklärt es die spezielle Relativitätstheorie, mit welcher der junge Einstein im Jahr 1905 seinen Ruhm begründete.

Einen wichtigen Punkt allerdings ließ die spezielle Relativitätstheorie noch unangetastet: Zeit und Raum, die Bühne des Lebens, hängen ihr zufolge zwar vom Beobachter ab – aber nur von ihm. Den Objekten aber, die der Zuschauer sich ansieht, billigt die spezielle Relativitätstheorie keinen Einfluss auf Zeit und Raum zu. Wäre der Kosmos ein Theater, so sähe der Zuschauer nach Einsteins erster Theorie das Stück immer anders, je nachdem, wo er im Parkett Platz nimmt. Doch die Bühne von Zeit und Raum selbst veränderte sich nicht.

Die Kurzweil auf den Dächern

Zehn Jahre später legte Einstein nach – so lange brauchte er, um die Zeit noch eingehender zu verstehen. 1915 endlich konnte er zeigen, dass jeder Gegenstand Zeit und Raum verzerrt. Wo immer sich eine schwere Masse befindet, gehen die Uhren langsamer. Die Sonne verzögert den Lauf der Zeit, der Mond tut es, und selbst der Lastwagen, der gerade vor Ihrem Fenster vorbeifährt, bremst Ihre Armbanduhr um eine Winzigkeit. Zeit hängt nicht nur von unserer Perspektive, sondern auch von den Massen in unserer Umgebung ab. Die ganze Bühne von Zeit und Raum kann sich verändern. Das besagt die allgemeine Relativitätstheorie.

Man kann Einsteins Überlegung auf verschiedene Weise nachvollziehen; relativ anschaulich ist es, davon auszugehen, dass Licht schwer ist. So hatte es der große Physiker vermutet, und so stellte es sich bei der Vermessung einer Sonnenfinsternis im Jahr 1919 tatsächlich heraus. Die Positionen mancher Sterne erscheinen verschoben, weil die Sonne ihr Licht angezogen und dadurch die Strahlen gekrümmt hat. (Man kann dies nur beobachten, wenn die Sonne selbst während einer Finsternis verdunkelt ist, weil sie sonst das Sternenlicht überstrahlt.) Große Massen ziehen also mittels der Schwerkraft nicht nur alle Gegenstände, sondern selbst das Licht an sich heran.

Lässt man einen Ball zum Erdboden fallen, beschleunigt er sich; wirft man ihn dagegen nach oben, wird seine Bewegung immer langsamer, weil die Schwerkraft ihn bremst. Wenn nun eine Lichtwelle der Gravitation ausgesetzt ist, muss die Wirkung der Schwerkraft ebenfalls spürbar sein: Wenn man nach oben leuchtet, sollte sich das Licht anders verhalten, als wenn eine Lampe zu Boden scheint. Allerdings kann das Licht im Gegensatz zum Ball auf dem Weg himmelwärts nicht langsamer werden, weil die

Lichtgeschwindigkeit ja konstant ist. Es verliert, wie Einstein zeigte, seine Energie auf andere Weise: Die Frequenz der Lichtwelle nimmt ab, die Welle schwingt langsamer. Auch dieser Effekt lässt sich messen. Der Nachweis gelang amerikanischen Physikern, als sie im Jahr 1959 vom Erdgeschoss zum Dach ihres Laborgebäudes an der Harvard-Universität leuchteten. Die Strahlung erschien 22 Meter über der Erde etwas röter, was einer geringeren Frequenz und damit einer weniger energiereichen Schwingung entspricht.[5]

Die Schwingung des Lichts aber entspricht einer Uhr. Man kann die Zeit messen, indem man abzählt, wie oft eine Lichtwelle während einer bestimmten Dauer auf- und abschwingt. (Eine Sekunde ist nach internationaler Übereinkunft übrigens genauso definiert: Wenn eine bestimmte Welle, die das Cäsiumatom abstrahlt, genau 9 192 631 770 Mal geschwungen hat, ist sie vorbei.)

Thelma steht nun am Fuß eines hohen Turms; Louise ist oben. Beide können die Zeit messen, indem sie mit einer Lampe einen Lichtstrahl aussenden (siehe Graphik Seite 355). Beide haben einen Detektor, der Wellenberge und Wellentäler zählt. Wenn etwa 100 000 000 Berge und Täler den Detektor passiert haben, macht es »klick« – eine Zeiteinheit ist vorüber. Anhand ihres jeweils eigenen Lichtes messen Thelma und Louise dieselbe Zeit. Wie aber sieht Louise auf dem Turm das Licht, welches von Thelma kommt? Weil das Licht gegen die Schwerkraft nach oben gelaufen ist, hat es Energie verloren. Es schwingt langsamer, seine Wellen sind länger. So zählt Louise an Thelmas Licht beispielsweise nur 99 999 999 Schwingungen, während Louises eigener Strahl 100 000 000 Mal hin und her schwingt: Thelmas Zeit vergeht, von Louise aus gesehen, langsamer.

Der Grund ist, dass Thelma am Fuß des Turms sich etwas näher am Erdmittelpunkt befindet und daher stärker der Schwerkraft ausgesetzt ist. Was für die Erde gilt, trifft auf alle anderen schweren Massen ebenso zu: Sie verzögern die Zeit. Auf diese kurze Formel brachte der kanadische Physiker Wilhelm Unruh die allgemeine Relativitätstheorie: »Schwerkraft bedeutet, dass Uhren an verschiedenen Orten verschieden schnell laufen.«[6]

Die Ordnung von Früher und Später

Nicht allein unser Standpunkt, sondern jedes einzelne Objekt verändert also den Lauf der Zeit. Diese Einsicht war der Schritt von der speziellen zur allgemeinen Relativitätstheorie. Mit ihr hat Einstein die überirdisch absolute Zeit nicht nur von ihrem Sockel gestürzt, sondern auch noch den Sockel zertrümmert.

Die allgemeine Relativitätstheorie klingt fremdartig in unseren Ohren, so sehr sind wir noch daran gewöhnt, dass Raum und Zeit unveränderlich seien. Aber unzählige Experimente haben Einsteins Vorstellungen bestätigt.

Was also ist die Zeit? Führen wir uns noch einmal vor Augen, was sie nicht ist: Zeit ist nicht absolut. Wir sehen eine andere Zeit, wenn sich jemand oder etwas relativ zu uns selber bewegt. Auch ein schwerer Körper kann den Lauf der Zeit verändern. Selbst was wir als Gegenwart und welche Ereignisse wir als gleichzeitig wahrnehmen – was also »Jetzt« bedeutet –, ändert sich mit der Perspektive.

Anders als Massen, Energien und Kräfte übt die Zeit selbst auch keinerlei Wirkung aus. Darum können wir sie nicht direkt messen. Wir können nur verschiedene Dauern miteinander vergleichen. Dafür brauchen wir wiederkehrende Ereignisse, deren Periode wir zu kennen glauben – den Schlag einer Uhr. Aber deren Gang kann sich wiederum mit den äußeren Umständen ändern. Eine Uhr muss nicht unbedingt ein Ding mit zwei Zeigern sein; als Zeitmaßstab kann auch der Lauf der Gestirne oder eine chemische Reaktion wie in unserer biologischen 24-Stunden-Uhr dienen. Unsere Wahrnehmung versucht, wie in den ersten Kapiteln beschrieben, sich an der Geschwindigkeit unserer eigenen Bewegungen, am Atem und an bekannten Ereignissen zu orientieren. Zeit ist hoffnungslos relativ.

Schwerkraft bremst die Uhren

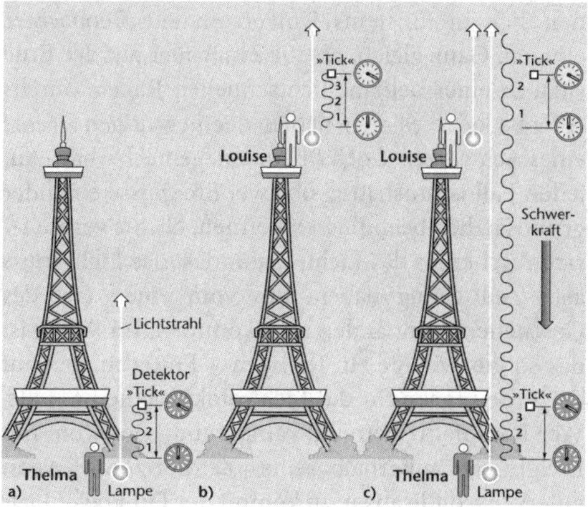

a) Licht ist eine Welle. Darum kann Thelma die Zeit messen, indem sie Wellenberge zählt. Ein bestimmter Zeitabschnitt ist vergangen, wenn drei Wellenberge (und Täler) an ihrem Detektor vorbeigelaufen sind. Das ist Thelmas Zeitmaß.
b) Auch Louise in der Kanzel des Turms besitzt eine solche Uhr. Diese gibt Louises Zeitmaß an.
c) Louise untersucht nun mit ihrer (weiß dargestellten) Uhr Thelmas Zeitmaß. Durch die Schwerkraft verliert Thelmas Licht auf seinemWeg nach oben Energie; die Wellen werden länger.
Dadurch passieren während der Zeit, in der Louise an ihrem eigenen Lichtstrahl drei Wellenberge zählt, nur zwei Wellenberge von Thelmas Licht den Detektor auf dem Turm: Von Louise aus betrachtet, läuft die Zeit am Erdboden langsamer.

Was bleibt? Nur über zwei einfache Fragen können sich in Einsteins Universum alle Beobachter einigen. Ganz gleich, ob ein Zuschauer auf der Erde sitzt, in einer beinahe lichtschnellen Rakete durchs All rast oder es sich neben der gewaltigen Masse eines schwarzen Lochs bequem gemacht hat: Auf jeden Fall ist unstrittig, ob zwei Ereignisse einander grundsätzlich beeinflussen können. Nichts verbreitet sich rascher als das Licht; zumindest das Licht muss also Zeit genug haben, um vom einen Ort des Geschehens zum anderen zu kommen. Im Alltag ist das so gut wie nie ein Problem – Entfernungen auf der Erde spielen für das Licht praktisch keine Rolle. Wer Raumfahrt betreibt, kämpft aber sehr wohl mit Ereignissen außerhalb seines Zeithorizonts. Wenn eine Marssonde abstürzt, kommt der Funkbefehl zur Schubumkehr womöglich zu spät. Das eine Ereignis ist hierbei das Unglück über dem roten Planeten, das andere der verzweifelte Versuch in der Kommandozentrale, die Sonde zu retten. In den Minuten aber, die das Signal von der Erde zum Mars braucht, kann das Gefährt schon zerschellt sein. Die Ingenieure auf der Erde haben keine Macht mehr über dieses Vorkommnis. Ob nun ein Ereignis ein anderes beeinflussen kann oder nicht, ist völlig unabhängig von unserem Standpunkt. Denn die Lichtgeschwindigkeit ist stets dieselbe.

Was geschah zuerst, was dann? Dies ist die zweite

Frage, über die sich alle Zuschauer verständigen können – immer vorausgesetzt, die Wirkung des einen Ereignisses kann das andere erreichen. (Sonst ist diese Frage belanglos.) Niemand sieht die Reihenfolge von früher und später umgekehrt, nur weil er sich in rascher Bewegung oder nahe einer großen Masse befindet. Die Ordnung von vorher und nachher kommt nie durcheinander. So hat letztlich nur diese Eigenschaft der Zeit Einsteins Revolution überstanden.

Die Teetasse und der Urknall

Jede Ordnung folgt einem Prinzip. Im Telefonbuch steht Maier vor Mayer, Schmidt vor Schmitt. Auch die Ordnung, die wir »Zeit« nennen, hat ihr Prinzip – Ursache und Wirkung. Wenn zwei Ereignisse einander überhaupt beeinflussen können, so kann nur das frühere auf das spätere wirken. Anders herum geht es nicht. Wohlgeschmack auf der Zunge empfindet man, wenn vorher jemand gekocht hat, doch umgekehrt zaubert ein angenehmes Aroma im Mund keinen Braten hervor. Darum kann sich die Ordnung der Zeit auch nach der Relativitätstheorie niemals ändern: Weder ein anderer Standpunkt des Zuschauers noch die Anziehungskraft irgendwelcher Massen setzen das Gesetz von Ursache und Wirkung außer Kraft.

Aus dieser Ordnung ergibt sich der Unterschied von Vergangenheit und Zukunft. Über das Vergangene haben wir Erinnerung, können wir andere befragen oder in Archiven nachsehen: Die Ereignisse, die waren, haben unser eigenes Gehirn und die Gehirne unserer Mitmenschen verändert oder sich in den Aufzeichnungen niedergeschlagen. Das Zukünftige dagegen hat noch nirgends seine Spur hinterlassen. Uns bleibt nur, Vermutungen darüber anzustellen.

Die Folge von Ursache und Wirkung verleiht der Zeit ihre Richtung. Daran ist auf den ersten Blick wenig geheimnisvoll: Auch der Raum hat seine Ordnung. Ein Gegenstand vermag einen anderen dahinter zu verdecken. So kann die Hand vor dem Gesicht ein Gebirge unsichtbar machen, kein Gebirge hingegen die eigene Hand. Doch wie wir die Dinge im Raum sehen, hängt vom eigenen Standpunkt ab, und den können wir ändern; ein wenig herumzulaufen genügt. Die Reihenfolge in der Zeit hingegen liegt fest.

Doch das Gesetz der Kausalität würde es nicht verbieten, uns in der Zukunft wieder ein Stück Vergangenheit einzurichten. Dazu müsste man ja die Vergangenheit nicht aufheben. Es würde genügen, die Veränderungen rückgängig zu machen: Man müsste die Zustände, wie sie einmal waren, wieder herstellen. Aber schon daran scheitern wir in der

Praxis. Eine Teetasse, die vom Tisch fällt, ist für immer zerbrochen. Warum aber lassen sich die meisten Dinge, die einmal geschehen sind, nicht mehr rückgängig machen? Warum können wir nie wieder die eigene Jugend erleben?

Die Relativitätstheorie weiß darauf keine Antwort. Wer sich Einsteins Gleichungen vornimmt, kommt zu einem ganz anderen Schluss: Danach kann alles, was in der Zeit geschieht, genauso gut auch umgekehrt ablaufen. Wir können jeden Zustand, der einmal war, genauso wieder herstellen. Zu dieser Aussage war auch schon Isaac Newton gekommen.

Das scheint im Licht unserer Erfahrung absurd. Andererseits gibt es sehr wohl Situationen, in denen sich die Zeit so verhält, als ob sie sich umkehren ließe. Ein Tennisball fliegt von links nach rechts über das Netz. Es gibt keinen Grund, warum er nicht auf demselben Weg, nur umgekehrt, wieder zurückkehren sollte. Genau so beginnt Woody Allens Film »Match Point«: Man sieht nichts weiter als das Netz und den Ball, der abwechselnd von links und von rechts immer wieder darüber fliegt. Wenn Sie diesen Filmanfang in einem Videorekorder ansehen, der Szenen rückwärts abzuspielen vermag, können Sie nicht entscheiden, in welcher Richtung das Band läuft.

Jetzt aber legen Sie einen anderen Film ein, auf dem eine Teetasse samt Untertasse und Zuckerstückchen herunterfällt und zerspringt. Wenn Sie nun auf Rücklauf drücken, würde Ihnen das, was Sie sehen, völlig unwahrscheinlich vorkommen. Was ist der Unterschied zum Tennisball? Am Flug des Balles waren nur zwei Körper beteiligt – der Ball selbst und die Erde, die Schwerkraft auf ihn ausgeübt hat. Für solch überschaubare Verhältnisse ist Einsteins und auch Newtons Physik gemacht. Denn wo nur wenige Massen im Spiel sind, ist die Dynamik so, dass wir uns die Zeit tatsächlich als umkehrbar vorstellen können. Das wurde selbst in den Maßstäben des Allerkleinsten und Allergrößten unzählige Male bestätigt. Einfache Zerfälle von Elementarteilchen laufen genauso gut rückwärts ab (dann setzen sich die Teilchen aus ihren Bruchstücken wieder zusammen); auch die Gestirne könnten andersherum kreisen.[7]

Nach dem Fall der zerstörten Tasse sehen wir jedoch nicht mehr wenige Körper vor uns, sondern hunderte kleine Massen am Boden. Zwischen den Scherben schwappt der Tee übers Parkett, und die Zuckerstückchen beginnen, sich darin aufzulösen.

Mit seiner ungeschickten Bewegung hat Ihr Gast schlicht Unordnung erzeugt, oder um diese mit ihrem physikalischen Fachwort zu benennen: Der Mann hat die Entropie in Ihrem Wohnzimmer vermehrt. Von Entropie zu sprechen ist nur sinnvoll, wenn wir es mit vielen Dingen zu tun haben. Ein

Papier auf dem Schreibtisch kann nicht durcheinander sein, 50 Papiere sehr wohl. Entropie ist ein kurzes Wort dafür, in welchen Beziehungen die Dinge in einer größeren Ansammlung zueinander stehen.

Als das Service noch auf dem Tisch stand, waren seine Einzelteile in einem geordneten Zustand: Tasse auf Untertasse, Würfelzucker daneben, Tee darin. Die Entropie war niedrig. Jetzt herrscht, zumindest auf dem Fußboden, das Chaos. Die Entropie ist hoch. Darum sträuben Sie sich, wenn dieser Film rückwärts vorgeführt wird. Dass Chaos zwar wie von selbst entsteht, so gut wie nie aber von selber verschwindet, wissen Sie nur zu gut. Und Ihre Lebenserfahrung trügt Sie nicht, denn dahinter steht ein Naturgesetz, der berühmte zweite Hauptsatz der Thermodynamik: Die Entropie in einem abgeschlossenen System nimmt niemals ab.[8] Denn Unordnung ist wahrscheinlicher als Ordnung. Es gibt nur ein paar Möglichkeiten, ein Teeservice zu formen, doch Abertausende, es in Scherben zu zerlegen. Und solange niemand gegensteuert, nimmt alles den Weg vom weniger Wahrscheinlichen zum Wahrscheinlicheren; ich habe in meinem Buch »Alles Zufall« ausführlich darüber geschrieben.

An eben dieser Zunahme der Entropie erkennen Sie die Richtung der Zeit. Wenn Sie ein System – Ihren Wohnzimmertisch, das Gewürzregal in der

Küche, das Zimmer Ihrer Kinder – sich selbst überlassen, ist der Unterschied von Vergangenheit und Zukunft unverkennbar. Gestern war die Entropie kleiner als heute, heute ist sie geringer als morgen. Eine Umkehrung der Zeit würde bedeuten, dass sich die Dinge von selber aufräumen. Und das würde dem zweiten Hauptsatz widersprechen.

Natürlich können Sie aktiv werden und das Chaos beseitigen. Doch damit haben Sie den Lauf der Zeit, die Zunahme der Entropie im Kosmos nicht rückgängig gemacht. Sobald Sie nämlich Hand anlegen, verbrauchen Sie Energie. Die müssen Sie Ihrem Körper erst zugeführt haben. Zum Tee haben Sie appetitlich belegte Brote verzehrt; Ihr Organismus zieht daraus die Kraft, das Chaos unter dem Tisch wegzuräumen. Da er aber dabei die kunstvollen Canapés in Verdauungsprodukte zerlegt hat, ist anderswo neue Entropie entstanden. In der Summe ist die Entropie hinterher stets größer als vorher.

Und so fort: Damit das Getreide für die Brote wachsen konnte, brauchte es Sonnenenergie. Damit die Sonne scheint, müssen in ihrem Inneren Wasserstoffatome miteinander verschmelzen.

Wie aber hat alles begonnen? Je weiter wir zurückgehen, umso ordentlicher muss der Kosmos gewesen sein. Nur so lässt sich der Zeitpfeil erklären. Spulen wir den Film der Entwicklung des Alls zurück, wird die Entropie tatsächlich immer geringer. Schließlich gelangen wir nach 13,7 Milliarden Jahren an den Punkt, an dem die moderne Kosmologie den Ursprung von allem vermutet – den Urknall. Warum aber war die Welt am Anfang so aufgeräumt? Diese Frage ist heute eines der größten Rätsel der Physik. Erst wenn wir es lösen können, werden wir wissen, was der Ursprung war für die Richtung der Zeit. Denn solange wir nur das Verhalten einiger weniger Körper betrachten, können Bewegungen umkehrbar sein. Doch das ist es nicht, was wir normalerweise mit »Zeit« meinen. »Zeit« ist ein ganz kurzes Wort dafür, in welchem Zustand alle Dinge um uns herum sind und wie sie sich verändern – ein Gefüge der Welt, das wir intuitiv selbst im Zerbrechen einer Teetasse erkennen. So erleben wir jeden Augenblick deswegen als unwiederbringlich, weil sich das Universum entwickelt. Wenn wir Zeit wahrnehmen, spüren wir, wie wir in den Kosmos eingebunden sind.

An den Grenzen der Physik

Je genauer wir jedoch die Ordnung der Zeit betrachten, umso mehr löst sie sich auf. Wir meinen, völlig sicher zu sein, dass die Zeit nur eine Richtung hat: von der Vergangenheit in die Zukunft. Doch es genügt, aus der Wirklichkeit eine einfache Szene herauszuschneiden, um Zweifel zu wecken. Wenn ein

Tennisball über das Netz fliegt oder ein Uhrpendel schwingt, könnte die Zeit genauso gut auch umgekehrt laufen; nichts an der Bewegung würde sich ändern. Nicht die Zeit selbst, sondern die Geschichte des Kosmos verhindert, dass wir wieder herstellen können, was gestern war.

Blicken wir aber bis ganz an den Anfang des Universums zurück, so geraten wir an einen Punkt, an dem es sinnlos wird, von Zeit noch zu sprechen. Im fünften Kapitel über den kürzesten Augenblick war davon schon die Rede. Zeiten kürzer als 10^{-43} Sekunden kann es nicht geben. Das ist die so genannte Planck-Zeit. Allenfalls so nahe kommen wir an den Urknall heran. Dann löst sich das Gefüge von Raum und Zeit auf.

Dass es eine solche Grenze geben muss, liegt am Zusammenspiel von Energie und Schwerkraft. Je schneller ein Teilchen Signale aussenden kann, umso größer müssen seine Energie und damit auch seine Masse sein. So verlangt es Einsteins berühmte Gleichung $E = mc^2$. Wo immer aber große Massen sind, dort wirkt die Schwerkraft. Doch schwere Körper ziehen nicht nur andere Massen, sondern eben auch Lichtstrahlen an. Im Extremfall kann die Gravitation eines Gegenstandes so stark werden, dass er jeden Lichtstrahl, der in seine Nähe kommt, sofort zu sich reißt und nie wieder entkommen lässt: Das Licht ist in einem schwarzen Loch gefangen.

Ein Teilchen, das extrem schnell Signale aussendet und entsprechend reich an Energie und Masse ist, muss irgendwann an genau diese Grenze kommen. Bei einer bestimmten Frequenz hätte es eine solch gewaltige Masse, dass es ein schwarzes Loch wäre und keine Strahlen mehr entkommen lassen würde: Man sähe gar keine Signale mehr. Zu diesem Kollaps käme es genau dann, wenn ein Partikel Impulse von der Dauer der Planck-Zeit abgibt.

Kürzere Zeiten sind nicht nur unmessbar – sie existieren überhaupt nicht. Denn wie gesagt, entsteht die Ordnung der Zeit dadurch, dass Dinge einander beeinflussen, also Signale austauschen können. Wenn das aber grundsätzlich unmöglich wird, gibt es auch kein Früher oder Später mehr. Die Zeit ist aufgehoben.

Niemand weiß, wie man sich eine solche Welt ohne Zeit vorstellen soll. Die Physik jenseits der Grenze der Planck-Zeit ist noch völlig unbekannt. Dabei ist die zeitlose Welt keineswegs mit dem Urknall verschwunden. Sie bildet nach wie vor das Fundament aller Dinge. Gelänge es nur irgendwie, genau genug hinzusehen, müsste man Zustände vorfinden, in denen die Zeit keine Rolle mehr spielt.

Alles deutet nämlich darauf hin, dass die heute bekannten Elementarteilchen nicht die kleinsten Erscheinungsformen von Energie und Materie sind. Die Physiker kennen heute zwölf so genannte elementare Materieteilchen mit Namen wie Quarks, Neutrinos und Elektronen; hinzu kommen fünf weitere Partikel, die man sich als Träger der Kräfte zwischen den Materieteilchen vorstellt. Und die Eigenschaften all dieser Teilchen werden von nicht weniger als 29 Naturkonstanten bestimmt. Schon diese verwirrende Vielfalt an Teilchen und Zahlen legt den Schluss nahe, dass die heute bekannten Partikel nicht wirklich fundamental sind, sondern sich aus etwas Einfacherem zusammensetzen. Bisher kennt niemand diese Grundbausteine der Welt. Doch aus der heute gesicherten Physik lässt sich vorhersagen, bei welchen Energien und Abmessungen sich diese Grundbausteine aufspüren ließen. Man stößt dabei an die Grenze der Planck-Zeit. Ihren Fundamenten ist die Welt der Zeit offenbar nicht unterworfen.

Die Überwindung der Zeit

Menschen heute sind letztlich nicht im Stande, sich vorzustellen, dass die Zeit außer Kraft gesetzt sein könnte. Doch vielleicht steht gerade dieses Festhalten an der Zeit einer tieferen Erkenntnis der Wirklichkeit im Wege. Mit diesem Gedanken hat schon Albert Einstein gespielt. »Für uns gläubige Physiker hat die Scheidung zwischen Vergangenheit, Gegenwart und Zukunft nur die Bedeutung einer wenn auch hartnäckigen Illusion.« Das schrieb er kurz vor seinem eigenen Tod in einem bewegenden Brief, in dem er der Familie seines gerade verstorbenen Freundes Michele Besso Trost zusprach: »Nun ist er mir auch mit dem Abschied von dieser sonderbaren Welt ein wenig vorausgegangen. Dies bedeutet nichts …«[9]

Glaubte der wohl größte aller Erforscher der Zeit wirklich, dass gar keine Zeit existiert? Einstein wollte sicher nicht das menschliche Erleben der Zeit in Abrede stellen. Auch wäre es ihm fremd gewesen, daran zu rütteln, dass die Zeit zum Verständnis der meisten Vorgänge in der Natur eine überaus nützliche Vorstellung ist. Wohl aber plagten Einstein Zweifel daran, ob Zeit und Raum wirklich so grundlegend sind, wie sie uns scheinen. (Beispielsweise versuchte er die Gleichungen seiner Relativitätstheorie dahingehend abzuändern, dass sie dort, wo es keine Materie gibt, auch keine Zeit mehr erlauben.)

So mag die Zeit aus etwas ganz anderem bestehen. Wenn man mit einer sehr starken Lupe darauf schaut, würde sie einfach verschwinden. Das ist so, wie eine große Menschenansammlung im Fußballstadion nur von weitem als eine Masse erscheint, die mit einer Stimme einen Schlachtruf brüllt. Geht man näher heran, sind Gesichter zu erkennen, die alle verschieden sind. Steht man schließlich einer bestimmten Person gegenüber, hat sich das Bild der einheitlichen Masse völlig aufgelöst. Mit der Zeit könnte es ebenso sein: Ist sie eine Illusion, die wir nur erleben, weil wir nicht genau genug hinsehen? Und was könnte der Stoff sein, aus dem sie besteht?

Eine Antwort auf diese Fragen zeichnet sich noch nicht ab. Zu weit außerhalb der Reichweite heutiger Technik liegen die dafür notwendigen Experimente, die Schwerkraft und Quantenphysik zusammenführen. Aber nichts spricht dagegen, dass Menschen solche Fragen eines Tages beantworten könnten. Die Natur der Zeit zu erforschen ist ein praktisches Problem, doch nicht grundsätzlich unmöglich. Auch diese Erkenntnis verdanken wir Einstein: Die Zeit ist von dieser Welt. Sie ist kein Mysterium.

Einstein begriff, dass Bewegung und Massen im Raum die Zeit dehnen. Dass die Vergangenheit nicht wiederkehrt, stellte sich als sichtbares Zeichen der Geschichte unseres Universums heraus. Und an den Grenzen der heute bekannten Teilchenphysik schließlich sieht man die Zeit völlig verschwinden.

Die Wissenschaft der Zukunft wird auf die Zeit möglicherweise verzichten. Es wäre das logische Ende der Entwicklung, die in der Epoche der Aufklärung mit Huygens und Newton begann. Die Zeit wäre überwunden. Früher und später, langsam und schnell wären dann nur noch praktische Worte ohne tiefere Bedeutung. In den Fundamenten unserer Welt aber sähen kommende Generationen unveränderliche – ewige – Gesetze.

Epilog: Eine neue Kultur der Zeit
Sechs Schritte für ein entspannteres Leben

Niemand in Diaspar hat es eilig. Wenn zwei Bewohner der Stadt sich treffen, tauschen sie zuerst eine Stunde lang Höflichkeiten aus.

Die Menschen wandeln in den Parks, geben sich raffinierter Geselligkeit hin und widmen sich der Kunst. Die besten Werke der Bürger sind auf öffentlichen Plätzen ausgestellt, es sind brillante Hervorbringungen des menschlichen Geistes. Aber kein Spaziergänger hat Grund, auf ihre Schöpfer neidisch zu sein, denn jeder Bewohner von Diaspar ist begabt und blitzgescheit. Auch das verdanken die Menschen hier ihrem Reichtum an Zeit. Sie schärfen ständig ihren Verstand, weil sie sich ungestört in das vertiefen können, was sie interessiert. Ob Musik, Malerei oder Mathematik – in seiner Disziplin ist jeder ein Meister.

Nicht nur der Intellekt kommt in Diaspar zu seinem Recht, ebenso kultivieren die Frauen und Männer ihre Sinnlichkeit. Man kennt keine Langeweile in dieser Stadt. Wer Spannung sucht, dem bieten fantastische Spiele Gelegenheit, die größten Abenteuer der Menschheit am eigenen Leib zu erleben. Man kann fremde Kontinente entdecken, mit Ungeheuern kämpfen, verzwickte Fragen der Wissenschaft untersuchen. Mehr noch faszinieren die Bürger Diaspars allerdings Vergnügungen, bei denen sie der Macht des Zufalls begegnen: Würfel üben eine geradezu magische Anziehungskraft auf sie aus. Manche verbringen Wochen im Universum der Spiele.

Das Leben in Diaspar ist ein Fest, das nie endet. Das Amüsement kennt nicht einmal Pausen, denn dem Bedürfnis nach Schlaf haben die Ärzte längst abgeholfen. Der Organismus erholt sich, während der Mensch seinen Beschäftigungen nachgeht. Auch die Bürde des Alterns ist überwunden. Frauen und Männer kommen mit reifen Körpern zur Welt; nach einer Spanne, die vielen Tausend Jahren entspricht, ziehen sie sich bei bester Gesundheit von der Erde zurück. Aber selbst dann ist ihr Leben nicht zu Ende. Hunderttausende Jahre später ersteht die Persönlichkeit in einem neuen Leib wieder.

So gibt es in Diaspar weder Anfang noch Ende, keine Geburt, keinen Tod. Unvorstellbar entwickelte Maschinen wirken allem entgegen, was sich verändert. Die Bewohner Diaspars haben eine der tiefsten Sehnsüchte der Menschheit Wirklichkeit werden lassen:

Sie haben es geschafft, sich aus der Herrschaft der Zeit zu befreien.

Wollten Sie tauschen mit den Bewohnern der unsterblichen Stadt, die der Science-Fiction-Autor Arthur Clarke in seinem Roman »Die Sieben Sonnen« beschreibt? Sie könnten Ihren Verpflichtungen in aller Ruhe nachkommen und hätten dennoch beliebig viel Muße, um sich zu vergnügen. Sie könnten Spanisch, Russisch und all die anderen Sprachen lernen, die Sie immer schon sprechen wollten; sogar Chinesisch würden Sie irgendwann fließend beherrschen. Sie hätten die Gelegenheit, alle Winkel der Welt zu bereisen. Sie könnten den Menschen, die Ihnen nahestehen, so viel Zeit schenken, wie Sie wollen, und müssten nie mehr befürchten, etwas zu versäumen. Nicht zuletzt würden Sie immer so aussehen wie mit zwanzig.

Sie müssten sich allerdings damit abfinden, dass alles so bleibt, wie es ist. Wenn Sie Diaspar nach langer Abwesenheit wieder betreten, sieht die Stadt genau so aus, wie sie immer schon war – und immer sein wird. Die Zeit ist schließlich belanglos geworden. Und deshalb sind nicht nur die unerwünschten, sondern alle Veränderungen abgeschafft. Die Vergangenheit birgt keine Geschichten, und die Zukunft liegt offen vor Ihnen.

Ihnen wäre unbekannt, was Neugierde ist. Das Kribbeln der Vorfreude, das sehnsüchtige Bangen, die Freude einer Überraschung hätten Sie niemals erlebt; ebenso wenig das wehmütige Gedenken an einen Menschen, den Sie geliebt und verloren haben. In Diaspar gibt es nichts Neues und keinen Verlust.

Aber sind in dieser Stadt überhaupt Liebe, Trauer und Zärtlichkeit möglich? Alle tiefen Empfindungen sind der Zeit unterworfen. Wir trauern um etwas, das vergangen ist, oder um eine Hoffnung, die wir aufgeben mussten. Und was macht eine Person so einzigartig, dass uns ihre Gegenwart besonders kostbar erscheint? Es sind die gemeinsamen Erlebnisse, die wir mit ihr allein teilen; der Wunsch, noch lange mit ihr zusammenzubleiben; die Angst, sie zu verlieren. In einer Welt, in der sich Menschen trennen und jederzeit wieder zusammenfinden können, wäre all das ohne Belang. Liebe muss wachsen; aber in Diaspar gibt es kein Wachstum. Frauen und Männer genießen sehr wohl den Zauber des Verliebtseins, doch keine Begegnung hinterlässt tiefere Spuren.

Diaspar ist eine Kultur der Angst vor Veränderung. Trotz aller phantastischen Technik kann die Stadt nur bestehen, weil Mauern und hohe Türme sie umgeben. Die meisten Bewohner wissen nicht einmal mehr, dass es eine Welt jenseits der Grenzwälle gibt. Diaspar hat sich abgeschottet, wie es selbst die Herrscher Ostdeutschlands nicht geschafft haben – aus gutem Grund. Denn jede Störung von außen würde die ewige Ordnung bedrohen. Könnten ein

Eindringling oder auch nur eine neue Idee in die Stadt gelangen, wäre eine Zäsur gesetzt. Plötzlich gäbe es ein Vorher und Nachher, und was früher war, käme nie wieder. Die Symmetrie der Zeit wäre zerstört.

Diaspar braucht seine Befestigung. Eine Gesellschaft, die allen Wandel ausgeschlossen hat, kann sich nicht anpassen. Die unsterbliche Stadt ist in Wirklichkeit tot.

Kann man Zeit haben?

Der Vision von Diaspar liegt eine verführerisch einfache Idee zu Grunde: dass man Zeit »haben« kann, als handle es sich um einen Stoff; und je mehr man davon hat, desto besser.

Selbst wenn die wenigsten Menschen den Wunsch aussprechen, unsterblich zu sein – mehr Zeit wünscht sich jeder. Schon die Sprache des Alltags ist verräterisch: Für die Zeit gebrauchen wir Worte aus der Welt der Finanzen. Wir »haben« und »sparen«, »investieren« und »verschwenden« sie. Gelänge es nur, irgendwie das Guthaben an freien Stunden, Tagen und Monaten zu vergrößern: Könnte das Leben dann nicht unendlich viel reicher und einfacher sein?

Nur ein paar Querköpfe machen sich lustig über unsere Gewohnheit, Zeit als Kapital zu betrachten.

Michael Ende etwa hat bekanntlich eine »Zeitsparkasse« erfunden. Graue Männer schwatzen den Bürgern ihre Zeit ab und versprechen hohe Zinsen; so erzählt es der Autor in seinem Buch »Momo«. Leider gibt es das eingesetzte Guthaben niemals zurück. Worauf sollten die Geprellten auch klagen: Geld kann man sein eigen nennen – aber Zeit?

Die Logik, wonach man Zeit unmöglich »haben« kann, ist entwaffnend, aber sie widerstrebt uns. Zu fest sind wir davon überzeugt, dass die Zeit des Lebens ein Gut ist, das man wie einen Ballen Stoff abmessen und wie ein Kapital in beliebige Währungen umtauschen kann. Die Allgegenwart der Uhren verführt dazu, so zu denken. Aber was wäre wirklich gewonnen, wenn unsere Tage 30 Stunden dauerten oder unser Leben 150 Jahre? Die Geschichte von Diaspar legt nahe, dass die Antwort ernüchternd ausfallen dürfte. In der fiktiven Stadt haben die Menschen unendlich viel Zeit, doch gerade darum ist jeder einzelne Augenblick wertlos.

Eine Ahnung von dieser Leere hat jeder schon einmal empfunden: Wenn man eine Weile frei von allen Verpflichtungen ist, verlieren die Tage ihre Bedeutung. Es wird gleichgültig, ob man sich jetzt oder später um etwas bemüht; der Antrieb lässt nach. Da zu wenig geschieht, wird die Zeit eine formlose Masse; spurlos geht sie an uns vorbei. Wir können uns nicht in ihr orientieren, denn wir brauchen Ereignisse, um sie zu bemessen. Deshalb verlor Michel Siffre in seiner Höhle beinahe den Verstand.

Wir leben in einer Welt, die eine nie da gewesene Fülle an Anregung bietet. Und beinahe täglich kommen neue Möglichkeiten hinzu, interessante Menschen kennenzulernen, klüger zu werden, sich schöpferisch zu betätigen oder einfach nur Spaß zu haben. Die Angebote einer durchschnittlichen Stadt in Mitteleuropa stehen denen Diaspars kaum nach; wir könnten sie selbst dann nicht alle auskosten, stünde uns dreimal so viel freie Zeit zur Verfügung.

Die Schwierigkeit liegt keineswegs darin, dass unsere Zeit knapp ist. Uns macht vielmehr zu schaffen, dass wir es schlecht verstehen, mit dieser Zeit umzugehen. In einer Gesellschaft wie der unseren, die sich rapide verändert und eine Fülle von Möglichkeiten bietet, kommt es weniger denn je darauf an, hier und dort noch eine Zeitreserve freizuschlagen. Viel entscheidender ist es, eine Auswahl zu treffen – zu wissen, was man will und danach zu handeln. Die alte Sehnsucht, die Zeit zu vermehren und sie gewinnbringend anzulegen, ist dabei nur hinderlich. Wir brauchen eine neue Kultur der Zeit.

Diese veränderte Sicht muss auf dem Wissen darüber beruhen, wie das Erleben der Zeit im Menschen entsteht. Dieses Buch hat erkundet, aus wie vielen Schichten sich dieses Empfinden zusammensetzt: Einzelne Augenblicke verschmelzen wie in einem Mosaik zum Eindruck einer längeren Zeitspanne; Sekunden verarbeiten wir anders als Stunden; Aufmerksamkeit und Erinnerung verändern die Wahrnehmung der Zeit; und wie sehr wir unter Stress stehen, hängt nicht vom Zeitbudget ab, sondern vom Maß an Kontrolle, das wir empfinden. Nur wer diesen Tatsachen Rechnung trägt, kann einen passenden Rhythmus seines Lebens entdecken.

Eine neue Kultur der Zeit bedeutet, Menschen nicht mehr in ein abstraktes Konzept der Zeit zu zwängen. Damit reicht ihre Wirkung weit über das Privatleben hinaus. Der Takt der Gesellschaft muss sich verändern.

Ein so grundlegender Wandel erfordert das Umdenken vieler, dazu veränderte politische und gesellschaftliche Rahmenbedingungen. Trotzdem soll hier der Versuch gewagt werden, konkrete Schritte zu definieren, was jeder für sich oder in seinem direkten Umfeld tun kann, um ein Stück weit einen neuen Umgang mit der Zeit zu finden. Sechs Schritte erscheinen dazu wesentlich; sie zielen darauf ab, dem eigenen Rhythmus des Körpers, den Mechanismen der menschlichen Wahrnehmung und des Denkens besser gerecht zu werden. Sie ergänzen einander, doch lassen sie sich in beliebiger Reihenfolge ausprobieren.

Im ersten Schritt geht es darum, die Stressbelastung zu mindern. Der zweite Schritt soll zu mehr Wohlbefinden und Leistungsfähigkeit durch ein Leben im Einklang mit dem Körperrhythmus führen. Schritt drei handelt von Zeiten des Ausgleichs – der Muße. Der vierte Schritt zielt auf die bewusste Wahrnehmung der Gegenwart ab. Der fünfte will die Fähigkeit verbessern, sich auf eine Tätigkeit zu fokussieren. Der sechste und letzte Schritt ist eine Aufforderung, sich über seine Vorlieben Rechenschaft abzulegen und sich als Gestalter seiner Zeit, nicht als Opfer der Umstände zu begreifen. Alle sechs Schritte haben ein gemeinsames Thema: Wir können mehr Einfluss auf die Zeit, die wir durchleben, gewinnen. Denn wir sind keine Sklaven der Uhr, sondern Herren unserer Zeit.

Von den Hintergründen war in den vorigen Kapiteln die Rede; hier sollen die Herausforderungen und Chancen, die sich daraus für das alltägliche Leben ableiten lassen, skizziert werden.

Erster Schritt: Souveränität über die Zeit

In unserer Welt nehmen die Anforderungen zu, und sie werden weiter steigen. Umso wichtiger ist es, dass jeder Einzelne ein Höchstmaß an Freiheit verspürt, über seine Zeit selbst zu bestimmen. Hohe Belastung ist nur so zu ertragen – und oft sogar angenehmer, als sich bei geringerem Druck in einen fremden Takt einzuordnen. Denn Stress entsteht aus Verlust an Kontrolle.

Unsere Gesellschaft kennt so viele Lebensstile wie niemals zuvor. Trotzdem folgt das öffentliche Leben noch immer einem starren Stundenplan. Behörden empfangen die Bürger nur während weniger Stunden in der Woche; Schulen und viele Kindergärten schließen zu Mittag. Insbesondere – aber keineswegs nur – für berufstätige Eltern wird das Leben so zum ständigen Kampf mit der Logistik. Viele kleine Maßnahmen könnten Erleichterung schaffen, zum Beispiel flexiblere Öffnungszeiten. Warum sollen Einkäufe nicht auch möglich sein, wenn die Kinder im Bett sind; warum können Ämter und Ärzte ihre Kunden nicht auch am Samstagvormittag empfangen? Vor allem aber trägt ein gutes Angebot an Kinderbetreuung dazu bei, dass sich Eltern ihre Zeit freier einteilen können.

Betriebe sind ebenfalls in der Pflicht, ihren Mitarbeitern mehr Souveränität über ihre Zeit zu verschaffen. Flexible Arbeitszeiten ermöglichen es, Beruf und Privatleben besser in Einklang zu bringen. Auch den Rhythmus der Arbeit selbst kann das Management viel mehr als üblich den Angestellten überlassen; die Ergebnisse werden besser. Allerdings müssen die Unternehmen dazu erkennen, dass Zeit nicht gleich Geld ist – eine kleine Revolution im Kapitalismus.

Solche Veränderungen durchzusetzen verlangt Engagement und Geduld. Doch es hängt nicht alles an der Gesellschaft. Souveränität über die Zeit ist auch eine Frage persönlicher Werte. Oft entscheiden wir uns für zeitliche Verpflichtungen, ohne dass irgendjemand uns dazu zwingt. Stehen mehr Wohlstand oder mehr freie Zeit zur Wahl, entscheiden sich die meisten Menschen für das Geld. Freiberufler, deren Geschäft floriert und die ihre Überlastung beklagen, sind unablässig versucht, noch einen lukrativen Auftrag mehr anzunehmen. Und unter Angestellten sind Lohnkürzungen kaum durchsetzbar, längere Arbeitszeiten bei gleichem Gehalt hingegen sehr wohl.

So wenig wert ist uns die Freiheit, den eigenen Rhythmus zu bestimmen. Souveränität über die Zeit – und damit eine geringere Stressbelastung – gewinnt nur, wer dies als zentralen Wert in seinem Leben anerkennt. Eine Unze Gold kann nicht eine Minute Zeit aufwiegen, sagt ein chinesisches Sprichwort.

Zweiter Schritt: Im Einklang mit der Körperuhr leben

So gut wie alle Vorgänge im Körper stehen unter Kontrolle einer inneren Uhr. Darum sind die verschiedenen Zeiten des Tages nicht austauschbar. Der Organismus verleiht jeder Stunde eine ganz eigene Qualität.

Ob wir früh oder spät in Gang kommen, ist angeboren. Man kann seine Lebensweise nur der inneren Tagesuhr anpassen. Wer das Gegenteil versucht, bezahlt teuer. Unsere Gesellschaft folgt eher dem Rhythmus der Morgenmenschen; so leiden vor allem die geborenen Spätaufsteher unter einem sozialen Jetlag, wie der Chronobiologe Till Roenneberg es nennt: Jugendliche müssen zu einer Zeit in die Schule, die für ihren Organismus noch tiefe Nacht ist; Langschläfer, die am Abend ihr natürliches Leistungshoch hätten, quälen sich im Morgengrauen zur Arbeit; Angestellten im Schichtdienst gerät die innere Uhr völlig außer Takt. Sie alle leisten weniger, als sie könnten, denn viele Tätigkeiten brauchen zur unpassenden Zeit wesentlich länger. Menschen im sozialen Jetlag machen unnötig Fehler, leiden unter chronischen Krankheiten und versuchen häufig, ihre schlechte Stimmung mit Nikotin und Alkohol zu beheben.[1] Das allein wäre Grund genug, mehr Souveränität über die eigene Zeit anzustreben – nur so kann jeder entsprechend seiner Körperuhr leben. Weil die inneren Uhren unterschiedlich gehen, kann es einen für alle passenden Takt der Gesellschaft nicht geben.

Freiheit macht das Leben angenehmer, aber auch anspruchsvoller. Denn sie verlangt Wissen, um zu entscheiden. Viele Menschen leben nicht gegen die Körperzeit, weil sie es müssen, sondern weil ihnen der eigene innere Takt fremd ist. Den richtigen Rhythmus findet nur, wer seinem Körper Gehör schenkt. Schon ein um eine halbe Stunde früherer oder späterer Arbeitsbeginn, oder eine Tätigkeit vom Vormittag auf den Nachmittag zu verlegen, kann Wunder wirken.

Die Rhythmen der inneren Zeitgeber zu nutzen heißt aber auch, sich auf den Takt der Natur einzustellen. Die Uhr des Körpers hängt vom Sonnenlicht ab; sie arbeitet nur zuverlässig, wenn wir uns ausreichend der natürlichen Helligkeit aussetzen. Ein Mittagessen im Freien hebt die Stimmung und das Leistungsvermögen mehr als eines in der Kantine – weil es der Zeitsteuerung besser bekommt.

Dritter Schritt: Die Muße kultivieren

Anders als wir oft glauben, leiden wir nicht am schnellen Takt unserer Umgebung. Was uns vielmehr plagt, ist der Eindruck, dass wir das eigene Tempo nicht selbst in der Hand haben: Wir können *nur* noch schnell leben. Eine Stunde, in der wir nichts erreichen, erscheint uns verschwendet; Wirtschaftswissenschaftler sprechen von den immer höheren Opportunitätskosten der vertrödelten Zeit. Die Sache wird erst recht nicht leichter dadurch, dass jeder jederzeit zu erreichen ist, und dass wir dank Handy und Laptop viele Arbeiten überall erledigen können. So ist auch die Liste der Pflichten ständig präsent. Wir haben es verlernt, einen anderen Gang einzulegen.

Doch wir brauchen gemächlichere Zeiten als Ausgleich. Ständige Betriebsamkeit raubt Kraft, macht tiefere Gedanken unmöglich und zerstört menschliche Beziehungen. Zuhören kann nur, wer die Uhr gelegentlich vergisst.

Wo leere Zeiten nicht von selber entstehen, muss man sie schaffen. Dabei lässt sich ausnutzen, dass das Zeiterleben von der Situation abhängt, in der man sich gerade befindet. Ein Szenenwechsel kann es erleichtern, von einem rasenden Leben plötzlich in einen ruhigeren Takt zu wechseln – oder auch umgekehrt.

Auf beeindruckende Weise hat die Kultur Japans diese Einsicht verinnerlicht. Das öffentliche Leben in Tokio, Osaka und selbst auf dem Land verläuft in einem atemberaubenden Tempo und mit höchster Präzision. Im täglichen Zugverkehr zählen Sekunden, und wer ein paar Minuten verspätet zur Arbeit erscheint, hat sich blamiert. Kommen aber Menschen zusammen, zählen die Stunden nicht mehr; das höchste Ziel ist nun, Harmonie in der Gemeinschaft zu erreichen. Erst recht schaffen ritualisierte Handlungen eine Zone der Langsamkeit. Vor einer Schale Tee oder im heißen Bad wird die Betriebsamkeit des Alltags unwichtig.

Niemand muss ein Meister der Teezeremonie werden, um von den Japanern zu lernen. Auch die westliche Kultur bietet genug Gelegenheiten, Zeit in verschiedenen Umgebungen gleichsam auf unterschiedlichen Konten zu verbuchen und so die Anspannung in einem Lebensbereich nicht auf die anderen übergreifen zu lassen. Zwei Stunden im Kaffeehaus, in denen man für niemanden erreichbar ist; Spiele; Reisen; Flanieren; Musik; Arbeit im Garten; die schon fast vergessene Kunst der Konversation – all dies sind Gelegenheiten, das Tempo des Lebens zu wechseln. Muße ist nicht einfach da, wenn wir gerade keine Verpflichtungen haben. Wir müssen sie aktiv schaffen.

Viele glauben, dass sie keine Zeit für solche Beschaulichkeit haben. Fast immer aber ist das Gegenteil richtig: Die Tage sind auch deswegen bis ins Letzte verplant, weil wir uns in der Muße so schwer einrichten können. Leere ist schließlich ein furchterregender Zustand. Der amerikanische Philosoph

Sebastian de Grazia sieht darin kein besonders gutes Zeugnis für unsere Kultur: »Möglicherweise kann man die innere Gesundheit eines Landes daran erkennen, inwiefern die Bevölkerung die Fähigkeit zum Müßiggang besitzt.«[2]

Der Ausweg ist, Tätigkeiten zu kultivieren, die wir nur um ihrer selbst willen verfolgen. Solche Beschäftigungen ohne anderen Zweck waren für die antiken Philosophen Inbegriff der Muße: Gespräche um der Gespräche willen, aufmerksam Musik zu hören einfach aus Freude an der Musik.

Vierter Schritt: Die Augenblicke erleben

Ständig wünschen wir uns mehr Zeit, um unseren Neigungen nachzugehen; doch wenn wir sie haben, sind wir in Gedanken woanders. Der Verstand streunt in Vergangenheit und Zukunft herum, in der Gegenwart verweilt er höchst selten. Wir grübeln, was wir als Nächstes tun werden, oder ärgern uns darüber, was wir versäumt haben. Das Jetzt findet ohne unsere innere Teilnahme statt.

Der bloße Vorsatz, endlich einmal wahrzunehmen, was in diesem Moment geschieht, nützt wenig. Denn die Wahrnehmung steuert sich selbst, sie gehorcht dem Willen allenfalls für kurze Zeit. Doch diese automatische Steuerung lässt sich durch einen Trick dazu bringen, in der Gegenwart zu verweilen. Gibt man nämlich der Aufmerksamkeit ein lohnendes Ziel, fokussiert sie sich: Sie richtet sich ganz von allein auf das, wofür wir ein besonderes Interesse aufbringen.

So gibt es unzählige Gelegenheiten, seine Wahrnehmung zu schärfen. An einem Garten lässt sich jeden Tag eine kleine Veränderung feststellen, wenn man nur genau genug hinsieht. Und Menschen beobachten wir aufmerksamer, wenn wir uns zugleich fragen, wie wir zu Urteilen über sie kommen. Was lässt uns etwa vermuten, dass die junge Frau in der U-Bahn zu einem wichtigen Termin unterwegs ist? Sie hat sich zurechtgemacht; doch indem sie immer wieder an ihr Halstuch fasst, lässt sie erkennen, dass die Aufmachung ungewohnt ist.

Wer seine Wahrnehmung schult, lernt zugleich, mit der Aufmerksamkeit in der Gegenwart zu verweilen. Auch verändert sich das Erleben der Zeit – wie lang eine Zeitspanne erscheint, hängt ja davon ab, wie viel Information wir aufnehmen und wie viele Erinnerungen wir abspeichern. Bewusste Wahrnehmung verlängert deshalb die Zeit. Und schließlich trägt sie dazu bei, die Stimmung zu heben. Denn im Gehirn hängen die Systeme für die Lenkung der Aufmerksamkeit und für Gefühle wie Lust und Neugier zusammen. Nicht zufällig ist die glücklichste Zeit diejenige, in der wir ganz Gegenwart sind.

Wie leicht es Menschen fällt, ein Gespür für das Jetzt zu entwickeln, hängt auch von der Kultur ab. Im Westen neigt man eher dazu, die vergängliche Schönheit eines Augenblicks zu missachten. Wir verehren das Dauerhafte. Ein Bauwerk erscheint umso bewundernswerter, je älter es ist. Und die höchsten Feste der christlichen Religion drehen sich um die Geburt Jesu vor mehr als 2000 Jahren und seine Auferstehung in die Ewigkeit. In Japan hingegen ist die vergängliche Kirschblüte ein Ereignis, welches das ganze Volk regelrecht in Taumel versetzt. Den Zauber dieses Schauspiels sehen die Japaner gerade in seiner Kürze – nach ein paar Tagen ist die weiße Pracht von den Bäumen verweht. Auch bestehen alle wichtigen Heiligtümer des Landes aus Holz. Alle zehn Jahre werden sie abgerissen und neu errichtet.

Fünfter Schritt: Konzentration lernen

Der bewusste Verstand kann sich nicht mit zwei Dingen gleichzeitig befassen. Dynamische Menschen glauben, dass sie mit so genanntem Multitasking mehrere Aufgaben gleichzeitig bewältigen können. Leider ist das eine Illusion: Jedes Mal, wenn man sich einem neuen Problem zuwendet, wird die Beschäftigung mit einem anderen unterbrochen. Und bei jedem Szenenwechsel kommt es zu Verlusten, da sich wichtige Informationen aus dem Arbeitsgedächtnis verflüchtigen. Viele der flotten Angewohnheiten, die wir uns in den letzten Jahren zugelegt haben – telefonieren und gleichzeitig E-Mails schreiben zum Beispiel –, sind deshalb in Wirklichkeit Zeitverschwendung. Aus demselben Grund ziehen selbst kurze Störungen die meisten Arbeiten um ein Vielfaches in die Länge.

Doch auch wenn wir äußerlich ungestört sind, fällt es nicht leicht, bei der Sache zu bleiben. Denn die Schaltungen im Kopf, welche die Abfolge der verschiedenen Tätigkeiten planen, gehören zu den empfindlichsten im ganzen Gehirn. Schon leichter Stress bringt die Exekutivfunktion, den Manager im Kopf, aus dem Lot. Wir glauben, dass wir uns durch Zeitmangel gestresst fühlen, doch tatsächlich verhält es sich meist umgekehrt: Zeitnot entsteht, wenn wir unter Stress Aufgaben nicht mehr rechtzeitig bewältigen können. Die Abhilfe ist dann, die Ursachen der Anspannung beizulegen oder zumindest die Stressreaktion durch Sport oder Entspannung abzubauen.

Überdies lässt sich die Exekutivfunktion stärken. Ein einfaches Training mit erprobter Wirkung ist dieses: Man legt sich eine Liste seiner Aufgaben an und bestimmt Zwischenziele. Jedes Zwischenziel soll nur so weit entfernt sein, dass man mit der Aufmerksamkeit ununterbrochen dabei bleiben kann, bis das Ziel erreicht ist. Wenn dennoch ein störender Gedanke auftaucht, schreibt man ihn auf und kehrt sofort zu der gewählten Aufgabe zurück; um dem Einfall nachzugehen, ist immer noch Zeit. Ist ein Etappenziel erreicht, gönnt man sich eine Belohnung.

Mit der Zeit gelingt es immer besser, bei der Sache zu bleiben. Die Zwischenziele können nun zunehmend weiter gesteckt sein. Zugleich fühlt man sich äußeren Ablenkungen weniger ausgeliefert. Konzentration kann man lernen. Der Schlüssel, wie man Zeit wirkungsvoll zu nutzen vermag, ist mehr Kontrolle über die eigenen Gedanken und Gefühle.

Sechster Schritt: Seinen Vorlieben folgen

In einer Welt voller Möglichkeiten sind Menschen heute mehr denn je gezwungen, sich zu entscheiden. Eigentlich wäre dafür die Exekutivfunktion zuständig. Doch mit der Menge an Reizen in unserer Umgebung ist der Organisator im Kopf oft überfordert, und die Entscheidung bleibt liegen. Die Folge ist Zeitnot.

In solchen Fällen muss der bewusste Verstand einspringen und Prioritäten setzen. Zwei einfache Fragen helfen dabei.

Die Zeit ist knapp, und Aufgabe A drängt. (Alles, was Sie Zeit und womöglich Nerven kostet, kann A sein: ein vereinbartes Treffen, eine Arbeit, die fertig werden soll, ein Vorgesetzter am Telefon oder ein Kind, das beruhigt werden will. Vielleicht ist A jedoch auch ein Vergnügen, das Sie auf keinen Fall verpassen wollen.)

Die erste Frage lautet: Muss A jetzt sein?

Falls ja, dann drohen ernste Folgen, wenn Sie A nicht sogleich erledigen; die Sache ist wirklich wichtig. Dann wird es eine weniger dringende Tätigkeit B geben, die sich zurückstellen lässt. Zunächst jedoch die zweite Frage: Wären Sie notfalls bereit, die Folgen des Aufschiebens hinzunehmen? Falls ja, können Sie A ein andermal erledigen. Falls nein, so erkennen Sie, dass nicht die knappe Zeit Ihr Problem darstellt. Vielmehr wollen Sie lieber den Zeitdruck ertragen als beispielsweise den Ärger nach einem verpassten Termin. Auch das ist eine Entscheidung. Hinter dem Gefühl der Zeitnot steht fast immer eine ganz andere Angst, und der einzige Ausweg ist, sie zu erkennen.

Falls Sie bereits die erste Frage verneint haben, möchten Sie sich gerne einen Wunsch erfüllen. Dann stellt sich die zweite Frage: Bedeutet A Ihnen so viel, dass Sie dafür auf etwas anderes, B, verzichten würden? Dann tun Sie es. Andernfalls ist das Verlangen doch nicht so stark. Oder aber Sie entscheiden sich dafür, sowohl A als auch B zu verwirklichen. Dann nehmen Sie bewusst die Hetze in Kauf.

Dieses Entscheidungsmuster klingt simpel und ist

es auch. Doch umso mehr lohnt es, sich daran zu halten. Denn wir hinterfragen im Alltag viel zu selten unsere – vermeintlichen – Prioritäten: Müssen wir heute wirklich noch zur Bibliothek hetzen, weil die Leihfrist der Bücher abläuft, nur um ein paar Cent Gebühren zu sparen? Ist es sehr tragisch, dass der Spinat im Gemüsefach dahinwelkt, weil wir nach dem langen Tag im Büro keine Lust mehr haben zu kochen? Die Anlässe, sich gehetzt zu fühlen, erweisen sich bei näherer Betrachtung oft als beinahe lächerlich. Aber auch wo sie es nicht sind, vermindert eine kühle Bestandsaufnahme den Stress, weil sie das Gefühl der Selbstbestimmung stärkt: Wir sind nicht Opfer der Verhältnisse oder eines von außen vorgegebenen Takts, sondern Herren unserer Zeit. Außerdem bewältigen wir Aufgaben schneller und wirkungsvoller, sobald wir Klarheit über die eigenen Vorlieben haben. Denn das Arbeitstempo hängt im Wesentlichen von der Aufmerksamkeit ab; die Aufmerksamkeit aber folgt der Motivation.

Take it easy

Albert Einstein hat die Menschen schon vor 100 Jahren gelehrt, dass es keine absolute Zeit geben kann. Das Maß der Zeit hängt immer von demjenigen ab, der sie misst oder erlebt. Inzwischen zweifeln Physiker sogar daran, ob es für die Grundbausteine der Welt überhaupt so etwas wie Zeit gibt.

Zeit beginnt erst dort eine Rolle zu spielen, wo die Verhältnisse kompliziert werden. Dann bekommen wir es auf zwei Ebenen mit ihr zu tun. Die erste Ebene ist die Richtung der Zeit: Wir reisen von der Vergangenheit in die Zukunft, nie umgekehrt. Daran ist nicht zu rütteln. Sehr wandelbar aber erscheint die zweite Ebene: das Maß der Zeit. Denn wie schnell oder wie langsam sie vergeht, merken wir einzig daran, dass sich etwas verändert. Wir müssen uns Zeitmarken setzen.

Unsere Umwelt ist kompliziert, und unser eigener Körper ist aus bis zu 100 Billionen Zellen zusammengesetzt. Darum können wir der Zeit nicht entgehen. Diaspar, wo die Vergänglichkeit aufgehoben ist, wird für immer ein Traum bleiben. Doch in welchem Tempo die Zeit für uns verrinnt, haben wir sehr wohl in der Hand.

Zwar ticken in uns biologische Uhren, aber sie haben kaum Einfluss auf die Zeit, die wir erleben. Sie bestimmen nur, wann wir müde werden und wieder erwachen, und in welchem Rhythmus wir uns bewegen. Nach dieser automatischen Zeitrechnung richten sich aber nur die automatischen physiologischen Vorgänge. Normalerweise bemerken wir gar nicht, was die Taktgeber des Körpers anzeigen. (Wäre es anders, müssten wir nicht auf die Armbanduhr oder den Sonnenstand blicken, um zu erfahren, wie spät es wohl sein mag.)

Das Bewusstsein erschafft sich seine eigene Zeit. Dabei orientiert es sich nicht an einem festen Takt, sondern an Zeitmarken, die es selber auswählt. Je nachdem, was wir tun und worauf wir dabei achten, beginnt die Zeit in unserer Wahrnehmung langsamer oder auch schneller zu fließen. So, wie die Zeit offenbar nicht zu den festen Grundgrößen der unbelebten Welt zählt, ist sie auch keine unseres Bewusstseins.

Natürlich kann eine neue Kultur der Zeit nicht auf Kalender und Uhren verzichten. Aber sie ist nicht mehr besessen von ihnen. Ein gelassener Umgang mit der Zeit beruht auf der Überzeugung, dass der Mensch selbst sich seinen Takt und seine Zeitmarken setzt. Kalenderdaten und Uhrzeiten sind demnach kein Korsett, in das man sich zwängen muss, sondern lediglich Hilfsmittel, mit denen die Menschen ihr Zusammenleben organisieren. Statt an einem Zeittakt für alle festzuhalten, erkennt die neue Kultur der Zeit an, dass jeder Mensch seinen eigenen Rhythmus hat – und braucht. Diese innere Zeit gilt es wahrzunehmen und zu respektieren. Denn sie ist der Stoff, aus dem das Leben ist.

Anmerkungen

Einleitung

1 Núñez und Sweetser 2001
2 Oates 1986

1 25 Stunden

1 Siffre 1963
2 Die gegenüber dem Sonnenlauf längere Periode der inneren Uhr alleine kann allerdings nicht die Fehlzeit von 25 Tagen erklären, die Siffre in seiner Höhle erlebte. Hinzu kommt die Trägheit des Gehirns, die wir auch ganz alltäglich erleben: Wenn wir erwachen, stehen wir nicht sofort auf, wenn wenn wir müde werden, gehen wir nicht gleich schlafen. Wir folgen dem Rhythmus der inneren Uhr also stets etwas verspätet. Wenn das Sonnenlicht oder andere Zeitgeber fehlen, verstärkt sich dieser Effekt – und führt auf Dauer dazu, dass sich Wach-Schlaf-Perioden noch weiter verlängern.
3 Dunlap, Loros und DeCoursey 2004
4 Allerdings gibt es Hinweise darauf, dass sich mit einem verlängerten Tagesrhythmus (etwa in einem Schlaflabor) das subjektive Empfinden einer Stunde etwas verkürzt. Die Zeit scheint also schneller zu laufen. Die Schätzung verändert sich dadurch aber nicht. Siehe Aschoff 1995, Nichelli 1993
5 Whitrow 1991

2 Eulen und Lerchen

1 Palmer 2002
2 Und es ist bei weitem nicht das einfachste Geschöpf, das diese Fähigkeit hat. Biologische Uhren wurden selbst in Pilzen und Bakterien gefunden.
3 Young 2000. Dunlap 1999. Young 1998
4 Dunlap, Loros und DeCoursey 2004
5 Yoo et al. 2004
6 Zulley und Knab 2000
7 Doch wann zehn Minuten vergangen sind, schätzen sie so genau wie vor ihrer Erkrankung. Auch die Zeitsteuerung für Bewegung funktioniert: Diese Patienten können mühelos Tischtennis spielen. Der suprachiasmatische Nucleus kümmert sich also nur um den Tageslauf. Offenbar haben wir mehrere Uhren im Kopf, manche für kürzere, andere für längere Zeiten.
8 Dunlap, Loros und DeCoursey 2004
9 Welsh et al. 1995
10 Feldman 1967
11 siehe z. B. Roenneberg und Merrow 2003
12 Schon Kerzenschein würde Wirkung zeigen. Die Vermutung, dass nur helles Tageslicht die innere Uhr stellen kann, ist überholt und wurde durch Experimente widerlegt. Siehe z. B. Dunlap, Loros und DeCoursey 2004
13 Einen Selbsttest können Sie im Internet durchführen unter http://www.imp-muenchen.de/
14 zitiert nach Martin 2002
15 Roenneberg et al. 2003; Martin 2002; Dunlap, Loros und DeCoursey 2004
16 Archer 2003, Katzenberg 1998
17 Smolensky und Lamberg 2000
18 Folkard 1990

19 Smoelnsky und Lamberg 2002
20 Zulley und Knab 2000
21 Folkard 1977
22 Lyons et al. 2005
23 Im Original: »Diurnal and weekly, but no lunar rhythms in humans copulation«. Siehe Palmer et al. 1982
24 Smolensky und Lamberg 2000
25 Abbott 2003
26 Smolensky und Lamberg 2000, Carskadon et al. 1998
27 Abbott 2003
28 Dunlap et al. 2004
29 Nicht nur klassische Stoffwechselstörungen und psychische Leiden werden inzwischen mit der inneren Uhr in Verbindung gebracht, sondern auch Suchtkrankheit und Übergewicht. Siehe McClung et al. 2005, Turek et al. 2005
30 Wirz- Justice et al. 2005
31 Pepper 2004
32 Quelle: Statistisches Bundesamt

3 Ein Sinn für Sekunden

1 Mach 1865
2 Vierordt 1868
3 Draasima 2004
4 siehe Rubia und Smith 2004 und darin zitierte Literatur; Malapani et al. 1998
5 Verantwortlich dafür sind so genannte Spiegelneurone im Stirnlappen. Diese grauen Zellen feuern sowohl, wenn ein Tier eine Bewegung ausführt, als auch, wenn es sie beobachtet. Rizzolatti et al. 1996
6 Siehe Coull et al. 2003 sowie Rubia und Smith 2004 und darin zitierte Literatur
7 Buonamano und Karmarkar 2002

8 Ivry und Spencer 2004, Lewis und Walsh 2002, Gibbon et al. 1997
9 Matell und Meck 2000
10 Hooper 1998
11 Rammsayer und Lima 1991
12 Mitrani et al. 1977
13 Rao et al. 2001
14 Lewis 2002, Fuster 1973
15 Binkofski und Block 1996
16 James 1993

4 Die längste Stunde

1 Das ist das Webersche Gesetz des Zeitsinns: Der Fehler beim Wiedererkennen von Zeitdauern wächst proportional mit der vorgegebenen Dauer. Er beträgt individuell unterschiedlich zwischen zwei und fünf Prozent. Dieser Zusammenhang gilt für Spannen von ungefähr drei bis 50 Sekunden.
2 Grüsser 1986
3 Ferdinand Binkofski, persönliche Mitteilung. Siehe auch Ebert et al. 2002. Ein Selbstversuch ist einfach: Ziehen Sie sich mit einer zweiten Person an einen ruhigen Ort zurück. Schließen Sie die Augen, damit Sie sich nicht an der Außenwelt orientieren können. Dann holen Sie eine Weile tief und ruhig Luft; dabei nehmen Sie sich vor, zwei Minuten lang durchzuhalten. Ihr Freund sieht zur Kontrolle auf die Uhr. Legen Sie eine Pause ein, dann wiederholen Sie die Übung mit hastigem Atem. Der Freund wird Sie dann sehr wahrscheinlich darauf hinweisen, dass sie beide Male viel eher als vor Ablauf von zwei Minuten Schluss gemacht haben. Das ist normal: Wir überschätzen die Zahl der Minuten, wenn uns ein äußerer Anhaltspunkt fehlt. Vor

allem aber wird die zweite Runde noch kürzer als die erste gedauert haben. Ihre innere Zeit hat sich mit dem Atem beschleunigt.

4 Buckhout 1977

5 Loftus et al. 1987

6 Unter http://www.dartmouth.edu/~psych/people/faculty/tse/timedemo.htm. Die Ergebnisse einer kontrollierten Versuchsreihe sind nachzulesen in Tse 2004

7 Psychologen sprechen im ersten Fall von einer prospektiven Schätzung (wenn den Zeitsignalen besonderes Augenmerk gilt), im zweiten Fall von einer retrospektiven Schätzung (wenn die Zeitsignale nicht beachtet werden).

8 Coull et al. 2003

9 Gruber und Block 2003, siehe auch Botella et al. 2001

10 Für Experten der Psychopharmakologie: Der Effekt kann nicht auf die dopaminerge Wirkung des Koffeins zurückgeführt werden. Denn als Dopaminagonist müsste Koffein einen wie auch immer gearteten inneren Takt beschleunigen. Die äußere Zeit erschiene verglichen damit verlangsamt. Im Experiment aber beobachtet man das Gegenteil.

11 Auch dies deutet darauf hin, dass es sich tatsächlich um eine Wirkung der veränderten Aufmerksamkeit handelt. Siehe auch Frankenhauser 1959

12 Mandela 1997

5 Atome der Zeit

1 Diese Spekulation geht bis auf Kirchenlehrer Augustinus zurück, der sich wiederum auf eine Stelle im ersten Korintherbrief der Bibel bezieht. Siehe Pabst 1997

2 Wenn Schall am rechten Ohr eintrifft, wird er in einen elektrischen Impuls übersetzt und gleichzeitig über meh-

rere, verschieden lange Leitungen in den Hinterkopf geschickt. Am linken Ohr geschieht dasselbe. Die Länge der Leitungen gleicht nun den Zeitunterschied zwischen rechts und links aus. Wenn das Geräusch rechts früher als links zu hören war, muss das Signal von rechts eine längere Leitung nehmen, damit es im Hinterkopf gleichzeitig mit dem linken Signal ankommt. Spezielle Neuronen im so genannten Rautenhirn sprechen auf den synchronen Empfang an; sie stellen jene zwei Leitungen – eine kürzere und eine längere – fest, deren Impulse gleichzeitig ankamen. Daraus erschließt das Gehirn, wie groß der Zeitunterschied war.

3 Leibod und van Hemmen 2002, Joris et al. 1998

4 Hören wir aber in der Zwischenzeit ein anderes Geräusch, sind fünf Hundertstelsekunden Abstand nötig.

5 Fraisse 1974

6 Eagleman und Holcombe 2002

7 Libet 1999

8 Eagleman 2004, Lau et al. 2004, Haggard et al. 2002

9 Eine weitere Manipulation der Gegenwart ist der so genannte »Attentional Blink« – eine Dunkelperiode des Bewusstseins. Der Verstand ist nämlich nicht zu allen Zeitpunkten aufnahmefähig. Einzelne Schnappschüsse, die wir ständig von der Wirklichkeit machen, sind sogar durch eine kurze Dunkelperiode getrennt. Offenbar braucht das Gehirn nach dem Empfang von zusammengehörigen Daten zudem eine kurze Ruhepause, um wieder aufnahmefähig zu sein. So schaltet sich die Aufmerksamkeit ab, wenn wir einen Reiz empfangen haben, und wir werden für den nächsten Moment buchstäblich blind und taub – als müsse das Bewusstsein erst wieder freigeräumt werden. (Zum akustischen »attentional blink« siehe Marois et al. 2000.)

Dabei kommen die Signale von Auge und Ohr im Hirn sehr wohl an, wie sich anhand von Hirnströmen und Computertomographien nachweisen lässt. Doch die neuen Informationen gelangen nicht ins Bewusstsein. Es ist, als hätten wir die Bilder während der Dunkelperiode niemals gesehen, die Geräusche niemals gehört. Bis zu einer halben Sekunde lang dauert dieser gespenstische Zustand. Dabei besteht keine Aussicht, dass wir die Lücken im Film jemals bemerken. Die Eindrücke vorher und nachher fügt das Bewusstsein nahtlos zusammen. Und was fehlt, haben wir ja niemals erfahren. Sergent et al 2005, Luck et al. 1996

10 Siehe z. B. Gruber et al. 2000 und darin zitierte Literatur

11 Della Sala and Logie 1993

12 James 1993

6 »Twinkies, Granola«

1 Giambra 1995

2 Schooler et al. 2004

3 Zu diesen Zentren im Großhirn gehört beispielsweise der dorsale mediale präfrontale Cortex hinter der Stirn: Gunsnard und Raichle 2001. Frith und Frith 1999

4 Hurlburt 1990

5 Für Reize, die eine Gefahr bedeuten könnten, ist im Gehirn eine Art Expressweg eingerichtet. Wenn auch nur ein böses Gesicht in unserem Blickfeld erscheint, bewirkt diese Schaltung, dass sich die Aufmersamkeit sofort darauf richtet. Dabei spricht ein Amygdala genannter Kern auf der Unterseite der Großhirnrinde an, und zwar noch bevor wir bewusst etwas bemerken. Die Amygdala sorgt dafür, dass Emotionen wie Angst oder Angriffslust ausgelöst werden. Detailliert sind diese Vorgänge in Joseph Ledoux' ausgezeichnetem Buch »Das Netz der Gefühle« beschrieben.

Reize, die eine Belohnung versprechen, werden auf einem anderen Weg verarbeitet. Hier springt das so genannte Belohnungssystem an, dessen Funktion ich in meinem Buch »Die Glücksformel« ausführlich behandelt habe.

6 Fan et al. 2005

7 Rees, Frtih und Lavie 1997

8 Klein 2002

7 Geronnene Zeit

1 Hilts 1996. Einen Überblick über die zu wichtigsten Forschungsarbeiten zu H. M. gibt Corkin 2002

2 Milner 1966

3 Dies ist kein Widerspruch zur in Kapitel 5 getroffenen Aussage, wonach die Erinnerung im Arbeitsgedächtnis bereits nach drei Sekunden verblasst. Wenn ein Reiz wichtig bleibt, können wir ihn im Arbeitsgedächtnis behalten, indem wir die Erinnerung im Prinzip beliebig oft auffrischen, etwa, indem wir uns die Information immer wieder neu vorsagen. Dazu ist auch H. M. in der Lage. Da das Arbeitsgedächtnis aber nur sehr begrenzt aufnahmefähig ist, wird in der Regel spätestens nach 20 Sekunden die nächste Information geladen.

4 Richards 1973

5 Über die neurobiologischen Grundlagen eines solchen »Gefühls, etwas zu wissen«, siehe Miyashita 2004

6 Eindrucksvoll zeigt sich dieser Mechanismus, wenn man das Merkvermögen von Schachgroßmeistern überprüft. Experten in diesem Spiel können sich mühelos komplizierte Stellungen mit vielen Figuren einprägen – aber nur dann, wenn diese Formationen tatsächlich in einem Spiel auftreten können. Zeigt man ihnen hingegen eine beliebige Verteilung von Figuren auf dem Schachbrett, so ist ihr

Merkvermögen genau so schlecht wie das von Laien. Die Schachmeister können sich die komplizierten Spielsituationen nur deswegen merken, weil sie gelernt haben, sie zu kodieren. Siehe Squire und Kandel 1999

7 Austerlitz, S. 200

8 McCleland et al. 1995

9 Damasio 1994

10 siehe z. B. Fujii et al. 2002 und darin zitierte Literatur.

11 Neisser 1967

12 Dieser Vorgang hießt Langzeitpotenzierung. Für Einzelheiten siehe z. B. Squire und Kandel 1999

13 Diese Experimente hat der Münchner Neurowissenschaftler Tobias Bonhoeffer angestellt; sie sind in meinem Buch »Die Glücksformel« beschrieben.

14 Rosenbaum et al. 2005, Tulving 2002

15 Wagennaar 1986

16 Liegt es daran, dass das Gehirn mit der Frage »wann«? einfach nicht allzu viel anfangen kann? Man könnte nun annehmen, dass wir uns wenn schon nicht Daten, so doch zumindest die Reihenfolge unserer Erfahrungen merken. Vielleicht ist ja jede Erinnerung mit einer Art von Wegweisern verbunden, die uns auf dem Weg durch unsere Vergangenheit an die Erfahrungen unmittelbar vorher und nachher vermitteln. In diesem Fall allerdings müsste es uns zumindest leichtfallen, bekannte Erlebnisse ohne weiteren Fingerzeig zeitlich zu ordnen. Jahre etwa nach der Reise in eine fremde Stadt vermöchten wir dann zu sagen, in welcher Abfolge wir welche Sehenswürdigkeit zum ersten Mal sahen. Ist es wirklich so? Neben vielen anderen Erfahrungen, die dagegen sprechen, hat Wagenaar auch hier ein überzeugendes Resultat anzubieten. An 157 Tagen nämlich notierte er statt einem zwei Ereignisse, die ihm besonders erinnernswert erschienen. Auf den

Karteikärtchen machte er sich dann einen Vermerk, dass es für den betreffenden Tag noch eine niedergeschriebene Erinnerung gab. Zog er nun in der Rückschau eine solche Karte, versuchte er sich auch des anderen Erlebnisses dieses Tags zu entsinnen. Das gelang ihm in 314 Versuchen ganze 22 Mal. Und von diesen handelten 20 von Erlebnissen, die sich am selben Ort abgespielt hatten. Nur zwei Ereignisse also konnte er einzig aufgrund ihrer zeitlichen Nähe erinnern – bei solch einer geringen Erfolgsquote wohl reine Glückstreffer.

Offenbar speichert das Gehirn einen zeitlichen Zusammenhang vor allem dann, wenn die zwei Ereignisse miteinander zu tun haben. Wenn wir dagegen morgens ein Erlebnis und abends ein anderes haben, zwischen denen nicht die geringste innere Verbindung besteht, prägen wir uns die zeitliche Nähe auch nicht besonders ein. Wir wissen zwar noch am darauffolgenden Tag, was gestern war, doch diese chronologische Information verflüchtigt sich bald. Wir können die Ereignisse der vorigen Woche anhand ihrer Wochentage abrufen, weil uns noch so viele Einzelheiten präsent sind, dass wir die richtige Reihenfolge daraus leicht rekonstruieren können. Doch eben diese Details, anhand derer wir sagen können, ob etwas am Montag oder am Dienstag geschah, gehen verloren.

17 Für eine Übersicht siehe Lepage et al. 1998 sowie Lytton und Lipton 1999

18 siehe z. B. Ledoux 1998

19 Doch solche Erlebnisse sind die Ausnahme. Wahrscheinlich können Sie auch sagen, wo Sie waren, als Sie vom Fall der Berliner Mauer erfuhren. Doch über das Wann sind sich die meisten Menschen weniger sicher. Das Datum 11. September hat sich uns eingeprägt, weil es selbst ein Symbol geworden ist. Beim nicht minder bewegenden

Mauerfall hat aber der genaue Zeitpunkt nie diese Bedeutung erlangt. So wird Ihnen paradoxerweise, doch aus gutem Grund eher geläufig sein, zu welcher Tageszeit als an welchem Tag die deutsche Geschichte diese Wendung nahm. Um 23 Uhr stürmten die Massen den Berliner Grenzübergang Bornholmer Straße – wir wissen das, weil wir entweder spätabends vor dem Fernseher saßen oder die ungeheure Neuigkeit am nächsten Morgen beim Frühstück erfuhren. Dass man den 9. November schrieb, ist hingegen viel schwächer in den Köpfen verankert. Dass wir die Stunde, doch nicht den Tag dieses historischen Ereignisses erinnern, ist typisch dafür, wie wir uns Zeitpunkte merken. Das Gedächtnis speichert die Umstände, unter denen wir etwas erlebten; auf den Zeitpunkt schließen wir aufgrund dieser Umstände zurück: Wir sehen uns noch Radio hörend am Frühstückstisch sitzend. Über die Tageszeit kann daher kaum Zweifel bestehen. Für das Datum hingegen fehlt uns solch ein starker Anhaltspunkt. Dieser Effekt, den der amerikanische Psychologe William Friedman nachgewiesen hat, ist ein starkes Indiz dafür, dass das Gehirn nicht Zeitpunkte aufzeichnet, sondern sie erst im Nachhinein aus anderen Fakten rekonstruiert. Siehe Friedman und Wilkins 1985

20 Schon anatomisch sind Gedächtnis und Wahrnehmung gar nicht voneinander zu trennen. Denn die einzelnen Erinnerungen sind in eben jenen Systemen des Gehirns aufgezeichnet, die auch zur Wahrnehmung der Gegenwart dienen. Gedächtnisbilder zeichnet der visuelle Cortex auf, der sich ganz allgemein mit Verarbeitung der Signale vom Auge befasst. Klänge der Vergangenheit wiederum sind in den Regionen aufgezeichnet, die für Höreindrücke zuständig sind. Und Gefühlserinnerungen kommen aus den Zentren, die Emotionen erzeugen.

21 Schacter 1999
22 Lewis und Critchley 2003
23 LeDoux 1998
24 Ochsner et al. 2004. Ochser sieht in diesem Umgang mit der vergangenen Zeit einen Schlüssel zur seelischen Gesundheit. Menschen mit einer stabilen Persönlichkeit seien in der Lage, sich ihre Geschichte so auszudeuten, dass sie mit ihr leben könnten, ohne den Bezug zur Wirklichkeit zu verlieren. Wer hingegen unter Depressionen leide, grübele übermäßig über seine schlechten Erfahrungen. Abgesehen davon, dass die Stimmung nur noch weiter sinkt, besetzt man so die Vergangenheit erst recht mit negativen Gefühlen. In einer Verhaltenstherapie lässt sich lernen, diesen Teufelskreis zu durchbrechen. Siehe Ochsner 2005
25 Squire 1992, MacKinnon und Squire 1989
26 Nooteboom 1985
27 Schacter 1999

8 Sieben Jahre wie ein Augenblick

1 Block 1982
2 Ein ähnliches Phänomen erleben wir oft, wenn wir Träume erinnern. Träume erscheinen uns im Nachhinein sehr lang, weil sie bildreich sind. Versuche in Schlaflabors zeigen aber, dass die Szenen, die wir als Minuten dauernd erinnern, im Schlaf Traumphasen von meist nur wenigen Sekunden entprechen.
3 Auf der Suche nach der verlorenen Zeit, Band 7: Die wiedergefundene Zeit. Übersetzung des Autors
4 Man testet dies, indem man den Kindern erst eine Sequenz zu hören gibt, bis sie daran das Interesse verlieren, was sie etwa durch eine neue Blickrichtung zu erkennen

geben. Dann folgt eine andere Sequenz. Wenn das Interesse des Kindes wieder erwacht, hat es den Unterschied offensichtlich bemerkt. Siehe Friedman 1990

5 Hannon und Trehub 2005

6 Phillips-Silver und Trainor 2005

7 Eliot 2001

8 Friedman 1990

9 Gogtay et al. 2004, Levine 2004 und darin zitierte Literatur.

10 McClelland et al. 1995

11 Siehe Draasima 2004 und darin zitierte Literatur

12 Training kann allerdings diese Leistung verbessern. Siehe Friedman 1990

13 Nichelli 1993 und darin ziterte Literatur

14 Piaget 1955

15 Zur Hirnentwicklung in der Pubertät: Gogtay et al. 2005, Thopson et al. 2005, Paus et al. 1999

16 Da wir selbst nicht spüren, wie sich so unser eigener Zeitmaßstab verschiebt, würden wir die Veränderung der Außenwelt zuschreiben: Die Welt scheint zu rasen. Als Beweis werden meist Experimente angeführt, in denen Menschen vorgegebene Zeitintervalle nachmachen sollen. Ältere Leute geben dabei normalerweise kürzere Intervalle wieder als junge. (Siehe z. B. Coelho et al. 2004, Block et al. 1998)

Doch diese Erklärung muss scheitern. Einmal angenommen, es gäbe in unseren Köpfen solch einen Zeitmesser für Sekunden und Minuten: Wenn er nachginge, dürfte sich die wiedergegebene Dauer trotzdem nicht ändern. Während wir mit einer zu langsam tickenden Uhr eine Zeitperiode stoppen, zählen wir zwar beispielsweise statt zehn Sekunden nur sieben. Doch wenn wir diese Periode wiedergeben sollen, gebrauchen wir dieselbe Uhr; wir warten also ab, bis sie sieben Sekunden anzeigt. Weil die Uhr nachgeht, entsprechen diese subjektiv sieben Sekunden tatsächlich zehn Sekunden – wir haben die Dauer richtig wiedergegeben. Ein erlahmendes Chronometer kann an der scheinbar verkürzten Vergangenheit also nicht schuld sein.

Auch der Zeitgeber für den Tageslauf – die einzige physiologische Uhr, die zweifellos existiert – kann das Rätsel nicht lösen. Denn diese innere Uhr verlangsamt sich keineswegs, sondern läuft im Gegenteil in hohen Jahren zu schnell, wie wir im zweiten Kapitel sahen. Daran liegt es übrigens, dass die meisten Menschen im Alter Frühaufsteher werden.

Aber es meint ja auch niemand Minuten, Stunden und Tage, wenn er sagt, dass die Zeit mit den Jahren zu rasen beginnt. Denn die Wahrnehmung dieser kurzen Zeiträume verändert sich kaum. Was gemeint ist, sind viel größere Dauern – Wochen, Monate oder gar Jahre –, die in der Rückschau wie verschwunden erscheinen.

17 Schacter 1999
18 James 1890. Eigene Übersetzung
19 Für einen guten Überblick siehe Whalley et al. 2004
20 Hultsch et al. 1999
21 siehe z. B. Richards et al. 2003 und darin zitierte Literatur
22 Meyer Fortes 1970

9 Drogen Geschwindigkeit

1 Der Brief datiert vom 6. Juni. Im Original steht statt »Erleichterungen« das heute nicht mehr gebräuchliche Wort »Fazilitäten«.
2 Repräsentative Forsa-Umfrage im Auftrag der Zeitschrift »Stern«, April 2005

3 Bei der älteren Erhebung handelt es sich um eine Untersuchung des Soziologen Manfred Garhammer (siehe Garhammer 1999), bei der neuen um die Befragungswelle 2002 des Sozio-Ökonomischen Panels des Deutschen Instituts für Wirschaftsforschung (SOEP; nach Hamemermesh 2004).
4 U.S. General Social Survey, http://www.icpsr.umich.edu:8080/GSS/rnd1998/merged/cdbk/rushed.htm, siehe auch Robindson und Godbey 1996
5 Gefragt wurde, ob die Angestellten während wenigstens eines Viertels ihrer Arbeitszeit ein hohes Tempo vorlegen müssen oder unter Zeitdruck stehen. Quelle: Europäische Stiftung zur Verbesserung der Lebens- und Arbeitsbedingungen; Erste und dritte Umfrage über die Arbeitsbedingungen. Zusammenfassung http://www.eurofound.eu.int/publications/files/EF00128DE.pdf
6 Befragungswelle 2002 des SOEP (nach Hamemermesh 2004)
7 Untersuchung der Nürnberger GfK
8 Beispielsweise wird der Begriff »Stunde« erst im Mittelfranzösischen nach 1400 allgemein in seiner heutigen Bedeutung einer Zeitdauer verwendet. Bis dahin bezeichnete das Wort »heure« im allgemeinen Sprachgebrauch allein einen Zeitpunkt. Siehe Glasser 1936
9 Seifert 1988
10 zitiert nach Whitrow 1991
11 zitiert nach Weber 1993
12 Raybeck 1992
13 Levine 1998
14 Amtsblatt des Ministeriums für Kultus und Sport Baden-Württemberg vom 21. Februar 1994
15 O'Malley 1990
16 Lamprecht 1912

17 Aus »Kochira katsushikaku kameari koen mae hashutsujo« von Akimoto Osamu. Den Hinweis auf diesen Manga und die Übersetzung verdanke ich Florian Coulmas Buch »Japanische Zeiten«.
18 Coulmas 2000
19 Levine 1998
20 Kelly 1998
21 Schulze 1992
22 New York Times, Beilage der Süddeutschen Zeitung vom 5.12.05
23 Helprin 1996
24 Experimentell zeigten dies z.B. Callejas, Lupiáñez und Tudela 2004. Siehe auch Posner 1994
25 Gonzales und Mark 2004
26 Dies liegt zum einen oft am veränderten Schlafrhythmus, zum anderen daran, dass die Symptome stärker wahrgenommen werden, sobald die gewohnte Ablenkung fehlt. Torelli et al. 1999
27 Weber 1993
28 Levine 1998

10 Des Lebens Überfülle

1 Hinz 2000, King 1986, Bost 1984, Macan 1994
2 Macan 1996, Kaufman-Scarborough und Lindquist 2003 siehe auch Macan 1994 und Slaven und Totterdell 1993
3 Kaufman-Scarborough und Lindquist 2003
4 Jiang 2004, Jiang, Saxe und Kanwisher 2003, siehe auch Adcock et al. 2000
5 siehe z.B. Meyer et al. 1998. Beide Resultate – langsamere Reaktion und mehr Fehler beim so genannten Multitasking – zeigt auch ein mittlerweile gängiges psychologisches Testverfahren, der so genannte Trail Making Test B.

Dieser gibt ein Maß für die Verarbeitungsgeschwindigkeit im Gehirn an.

6 Unter bestimmten Voraussetzungen können wir zwar zwei Dinge gleichzeitig bewusst wahrnehmen, doch niemals gleichzeitig zwei bewusste Entscheidungen treffen – und seien sie noch so einfach. Siehe Pashler 1994. Zum so genannten »automatisierten Multitasking« siehe z.B. Schumacher et al. 2001

7 Gibbs 2005

8 Douglas et al. 2005

9 Eine eindrucksvolle Demonstration, wie entscheidend ein effektiver Filtermechanismus für die Kontrolle der Aufmerksamkeit und die Leistungsfähigkeit bei vielen Aufgaben ist, geben die in Vogel et al. 2005 beschriebenen Versuche.

10 Gogtay et al. 2004

11 Ich habe über diese Zusammenhänge ausführlich in meinem Buch »Die Glücksformel« geschrieben.

12 So weichen denn auch die Strukturen im Stirnhirn von Patienten mit Aufmerksamkeitsstörung von der Norm ab, wie sich mit bildgebenden Verfahren (etwa der Postitronen-Emissions-Tomographie und der Kernspintomographie) feststellen lässt. Für eine Übersicht siehe Barkley 1998

13 Zum Beispiel das Gen DAT1, welches die genaue Form eines Dopamin-Transportermoleküls festlegt. Siehe Rueda et al. 2005 und darin zitierte Literatur

14 Das Training steht zum Download im Internet bereit: www.teach-the-brain.org

15 Dass es tatsächlich Posners Spiele waren, die die Kinder vorangebracht haben, beweist eine Kontrollgruppe von Kindern, die Videos glotzen durften, während die anderen am Bildschirm Schafe retteten. In der Kontrollgruppe gibt

es viel weniger Unterschiede zwischen vorher und nachher. Siehe Rueda et al. 2005

16 Klingberg et al. 2005

17 Olesen, Westerbeg und Klingberg 2003

18 Ich habe darüber ausführlich in meinem Buch »Die Glücksformel« geschrieben.

19 Diese Untersuchungen wurden bei Patienten mit Zwangsstörungen und Depressionen angestellt (Baxter et al. 1992, Brody et al. 2001) . Bei Aufmerksamkeitsstörungen laufen die entsprechenden Studien erst an.

20 Safren et al. 2005 und darin zitierte Literatur

11 Die Uhr der anderen

1 Durchschnittswerte nach der Zeitbudgeterhebung des Statistischen Bundesamtes Wiesbaden 2001–2002 für Männer zwischen 18 und 65 Jahren.

2 Friedman und Rosenman 1959

3 Sapolsky 1998

4 Die beiden Kardiologen zogen ihre Schlüsse aus den Daten 83 ausschließlich männlicher Patienten, die sie teilweise selbst als »Typ A« ausgesucht hatten. Die Befunde wurden mit Ergebnissen einer weiteren Gruppe Männer verglichen, die Friedman und Rosenman wiederum selbst ausgesucht hatten: »Typ B«. Dies waren nach subjektiver Einschätzung ungewöhnlich ruhige Menschen. Schließlich wurde als bizarrer Vergleich auch noch eine Schar blinder Arbeitsloser herangezogen (»Typ C«). Die Daten der Gruppen unterschieden sich; beim »Typ A« waren die höchsten Cholesterinwerte verbreitet. Daraus schlossen Friedman und Rosenman, dass die Hektiker unter besonderem Herzinfarktrisiko leben.
Um ihre Behauptung zu untermauern, hätten Friedman

und Roseman aber zeigen müssen, wie sich der Gesundheitszustand von Menschen mit einem bestimmten Merkmal – etwa Vorliebe für Hektik – gegenüber dem Zustand von Menschen abweicht, die nur dieses Merkmal nicht haben, sonst aber unter völlig vergleichbaren Umständen leben. Die diagnostischen Kriterien für das Vorliegen einer Herzerkrankung waren mangelhaft. Tatsächlich finden sich unter den »Typen A« der Studie ein Drittel mehr Raucher als bei den Patienten »Typ B«. Und vor allem qualmten die Raucher »Typ A« pro Tag mehr als doppelt so viel, nämlich über eine Schachtel am Tag. Dies allein wäre mehr als genug, um die Unterschiede zu erklären – eigentlich wundert man sich, dass die Cholesterinwerte der als »Typ A« bezeichneten Kettenraucherversammlung nicht noch viel schlechter ausgefallen sind.

5 Arnsten 1998

6 Zahrt et al. 1997, Arnsten 1997, Arnsten und Goldman-Rakic 1990. Diese Erkenntnis steht im Widerspruch zu einem berühmten »Gesetz« der Psychologie, welches die amerikanischen Verhaltenswissenschaftler Yerkes und Dodson im Jahr 1908 aufgestellt haben. Demnach steige mit zunehmender Stressbelastung die Lernfähigkeit – und, wie viele behaupteten, auch das allgemeine Leistungsvermögen – stark an, bis sie bei hohem Stress wieder abnehme. Diese Relation, die grafisch dargestellt die Kurve eines umgekehrten »U« ergibt, findet sich in fast jedem Lehrbuch der Psychologie und klingt plausibel. Das »Gesetz« von Yerkes und Dodson wurde aber nie schlüssig belegt. (Für eine gute Übersicht siehe z.B. Teigen 1994.) Die umgekehrte »U«-Kurve hat nur insofern ihre unbestrittene Berechtigung, als bei Unterstimulation wie Überstimulation des dopaminergen Systems die Leistungsfähigkeit des Gehirns abfällt. (Zahrt et al. 1997) Doch dies

bedeutet selbstverständlich nicht, dass Stressbelastung der geeignete Parameter wäre, um das dopaminerge System auf den Punkt zu bringen, der dem Leistungsoptimum entspricht. Richtig ist die umgekehrte U-Kurve allenfalls, wenn man sie auf einer sehr weiten Skala zieht. Irgendwo zwischen der tiefen Entspannung des Schlafs und der höchsten Stressbelastung muss es ein Leistungmaximum geben. Doch diese Aussage ist trivial.

7 Sapolsky 1998

8 Marmot et al. 1991 und 1997

9 Sogar den Bossen einer Pavianhorde scheint diese Methode vertraut. Wie der Stressforscher Sapolsky in der Serengeti beobachtete, kann ein Männchen von hohem sozialen Rang einem anderen beispielsweise vorschreiben, wann es trinken darf: Wenn sich das Alphatier dem Wasserloch nähert, muss sich ein Schwächerer trollen. Obwohl die Underdogs keineswegs Mangel leiden, weil es in der Serengeti genug Futter und Wasser für alle gibt, leiden sie dennoch gewaltig unter ihrer Position. Ihr Gesundheitszustand ist deutlich schlechter als bei den Anführern der Gruppe. Je niedriger Paviane in der Hierarchie stehen, desto mehr Stresshormone zirkulieren in ihrem Blut, desto häufiger sind sie krank, und desto früher sterben sie (Sapolsky 2000; Sapolsky 1998; Sapolsky 1993).

10 Siehe Sapolsky 1998 und darin zitierte Literatur

11 Siehe z. B. Rennecker und Godwin 2005 und darin zitierte Literatur

12 Chandola, Kuper et al. 2004

13 Einiges spricht dafür, dass Männer stärker als Frauen auf Hierarchien achten, Hackordnungen ausfechten und dementsprechend auch mehr darunter leiden, wenn sie einen Rangkampf verlieren. Verhaltensforschung an anderen Arten von Affen bestätigt nicht nur diesen Befund,

sondern auch, dass Unterwerfung gerade für männliche Tiere ein erheblicher Stressor ist. Im Unterschied zu Affen können Menschen allerdings mehr als einer Hierarchie angehören. So kann ein kleiner Angestellter, der sich in seinem Betrieb ducken muss, in seiner Freizeit als Vorsitzender eines Sportvereins hohe Anerkennung genießen. Siehe auch Sapolsky 2003

14 Hamermesh und Lee 2003

15 Holz 2002

16 Man könnte vermuten, dass psychische Krankheiten in Finnland generell weniger verbreitet sind und darum auch Eltern weniger als anderswo betroffen sind. Eine genaue statistische Analyse zeigt aber, dass diese Erklärung nicht zutrifft. Siehe Chandola et al. 2003

17 Umfrage des Kölner ISO-Institus 2003

18 Hellert 2001

19 Ausgenommen sind einzig die Angestellten von Kleinunternehmen mit weniger als 15 Mitarbeitern.

12 Herren unserer Zeit

1 Hochschild 2002

2 Leserbrief in der Ausgabe vom 30. Juli 2005

3 Ich halte mich hier an den üblichen Sprachgebrauch. In meinem Buch »Die Glücksformel« habe ich argumentiert, dass dieses System treffender »Erwartungssystem« genannt würde, da es Informationen über die Erwartung von Belohnung und nicht über die Belohung selbst verarbeitet.

4 Freeman und Edwards 1998

5 Ein erschütterndes Beispiel für diesen Effekt haben die österreichischen Soziologen Marie Jahoda und Paul Lazarsfeld in einem Städtchen namens Marienthal beschrie-

ben. Während der Wirtschaftskrise nach 1929 brach der große Arbeitgeber an diesem Ort, eine Textilfabrik, zusammen; Ersatz für die verlorenen Jobs war nirgends zu finden. Jahoda und Lazarsfeld zeigten, wie den Arbeitslosen von Marienthal nicht nur ihr Einkommen, sondern auch alles Zeitgefühl verloren ging. So stoppten die beiden Wissenschaftler, wie schnell sich die Leute in der Hauptstraße des Ortes bewegten. Die Schrittgeschwindigkeit der Arbeitslosen betrug weniger als drei Kilometer pro Stunde: Damit schlichen nicht einmal halb so schnell wie ein zielstrebig marschierender Fußgänger dahin. Oft blieben sie sogar ganz stehen und blickten in die Luft. In Zeiterfassungsbögen, die auf Bitte der Wissenschaftler angelegt wurden, finden sich denn auch Einträge wie: »16–17 h: Um die Milch gegangen. 17–18 h: Vom Park nach Hause gegangen.« Wofür der Schreiber zwei Stunden zubrachte, war ein Weg von ein paar Hundert Metern.
Die Forscher ziehen ein bitteres Fazit: »Wer weiß, mit welcher Zähigkeit die Arbeiterschaft seit den Anfängen ihrer Organisation um die Verlängerung der Freizeit kämpft, der könnte meinen, dass in allem Elend der Arbeitslosigkeit die unbegrenzte freie Zeit für den Menschen doch ein Gewinn sei. Aber bei näherem Zusehen erweist sich diese Freizeit als tragisches Geschenk. Sie (die Arbeitslosen), die sich nicht mehr beeilen müssen, beginnen auch nichts mehr und gleiten allmählich ab (…) ins Ungebundene und Leere.« Siehe Jahoda, Lazarsfeld und Zeisel 1975

6 Damasio 1995

7 Toplak et al. 2005

8 Douglas und Parry 1994. Douglas und Parry 1983. Barkley 1997

9 Hamermesh und Lee 2003

10 Es handelte sich um die Befragung des sozio-oekonomi-

schen Panels (SOEP), die das Deutsche Institut für Wirtschaftsforschung jährlich an 24 000 Personen vornimmt.

11 In der Gruppe der nicht erwerbstätigen Frauen aus den drei Prozent der Haushalte mit landesweit höchsten Einkommen beklagen sich 19 Prozent über häufige oder ständige Zeitknappheit. Der entsprechende Durchschnitt aller Hausfrauen liegt bei 14 Prozent. 39 Prozent der reichsten Hausfrauen schätzen sich glücklich, kaum oder gar keinen Zeitstress zu kennen. Im Durchschnitt sind es 49 Prozent. Siehe Hamermesh und Lee 2003

12 de Grazia 1962

13 Zur Neurobiologie unserer Unersättlichkeit siehe mein Buch »Die Glücksformel«

13 Die Entmachtung der Uhren

1 Der genaue Faktor, um den sich die Zeit streckt, ist 1,8. Er berechnet sich nach der Formel $1\sqrt{1-v^2/c^2}$. v ist die Fluggeschwindigkeit der Rakete und c die Lichtgeschwindigkeit.

2 Aus der Graphik lässt sich der in voriger Anmerkung genannte Faktor ableiten. Louise sieht das Licht auf Thelmas Uhr von einem Spiegel zum anderen eine Strecke c t zurücklegen. Währenddessen hat sich die Rakete um die Distanz v t vorwärts bewegt. Thelma hingegen ist gegenüber der Rakete (und ihren Spiegeln) in Ruhe. Aus ihrer Sicht ist das Licht auf dem kürzesten Weg zwischen den beiden Spiegeln unterwegs; es legt aus ihrer Warte eine Strecke c t' zurück. t' ist die Zeit, die Thelma misst. Die drei Strecken bilden ein rechtwinkliges Dreieck. Nach dem Satz des Pythagoras gilt also $c^2 t^2 = c^2 t'^2 + v^2 t^2$. Daraus ergibt sich der obige Faktor. Die Zeichnung ist nicht maßstabgetreu.

3 GPS wertet die Laufzeit von Signalen aus, die aus Satelliten zur Erde gefunkt werden. Die Uhren auf den Satelliten gehen aber anders als auf der Erde. Dies liegt zum einen an der Geschwindigkeit, mit der die Satelliten die Erde umkreisen, zum anderen daran, dass die Satelliten im Weltraum einer schwächeren Schwerkraft ausgesetzt sind (wie im weiteren Verlauf dieses Kapitels besprochen). Mit Einsteins Gleichungen lassen sich dies Abweichungen berechnen und ausgleichen. Ohne die relativistische Korrektur wäre die GPS-Navigation viel ungenauer.

4 Wir können Zeitunterschiede bestenfalls auf ein Hundertstel der betrachteten Dauer auflösen; im Fall einer Dauer von einer Sekunde erkennen wir also gerade einen Zeitunterschied von 1/100 Sekunde. Die nötige Reisegeschwindigkeit ergibt sich dann nach der Formel aus obiger Fußnote.

5 Pound und Rebka 1960

6 Unruh 1995

7 In der Teilchenpyhsik gibt es allerdings Vorgänge unter Wirkung der so genannten schwachen Wechselwirkung, bei denen neben der Zeit auch die Ladung und der Raum gespiegelt werden müssen, um die Dynamik zu erhalten. Dies ist CPT-Invarianz. Wie sich zeigt, trifft diese Ausnahme von der Regel der alleinigen Zeitsymmetrie aber nur bei wenigen Prozessen mit recht exotischen Teilchen zu, den K- und B-Mesonen. Diese Teilchen kommen in der freien Natur nicht vor, sie müssen aufwendig in Teilchenbeschleunigern erzeugt werden und haben eine Lebensdauer von weniger als einer Millionstel Sekunde. Daher spricht vieles dafür, dass diese Ausnahme für die Richtung des Zeitpfeils in alltäglichen physikalischen Vorgängen völlig irrelevant ist.

8 Für Experten: Genau gesprochen müsste es hier »fast nie-

mals« heißen. Fluktuationen im System können die Entropie vorübergehend verringern. Im Langzeitmittel aber spielen sie keine Rolle.

9 Einstein, Besso: Correspendance. Paris 1979

Epilog

1 Wittman et al. 2006

2 De Grazia 1962

Literaturverzeichnis

Abbott A., Restless nights, listless days. In: Nature 425, S. 896–898 (2003)

Adcock R. et al., Functional neuroanatomy of executive processes involved in dual-task performance. In: Proceedings of the National Academy of Sciences of the United States of America 97, S. 3567–3572 (2000)

Adriani W. et al., Methylphenidate administration to adolescent rats determines plastic changes on reward-related behavior and striatal gene expression. In: Neuropsychopharmacology, Epub (23.11.2005)

Archer S. et al., A length polymorphism in the circadian clock gene Per3 is linked to delayed sleep phase syndrome and extreme diurnal preference. In: Sleep 26, S. 413–415 (2003)

Arnsten A. & Goldman-Rakic P., Stress impairs prefrontal cortex cognitive function in monkeys: Role of dopamine. In: Society of Neuroscience Abstracts 16, S. 164 (1990)

Arnsten A., Catecholamine regulation of prefrontal cortex. In: Journal of Psychopharmacology 11, S. 151–162 (1997)

Arnsten A., Developement of the cerebral cortex: Stress impairs prefrontal cortex function. In: J Am Acad Adolesc Psychiatry 37, S. 1337–1339 (1998)

Aschoff J., Über Gangschaltungen im circadianen Getriebe des Menschen. In: Wiener medizinische Wochenschrift 145, S. 393–396 (1995)

Averbach E. & Sperling G., Short term storage of information in vision. In: Cherry C. (Ed.), Information Theory, S. 196–211 (1961)

Bailyn L., The impact of corporate culture on work-family integration. Beitrag auf der ›Fifth International Stein Conference‹, Drexel University (November 1994)

Barkley R., ADHD and the nature of self-control. New York (1997)

Barkley R., Attention-deficit hyperactivity disorder. In: Scientific American, S. 66–71 (September 1998)

Barkley R., Attention-deficit/hyperactivity disorder: Nature, course, outcomes, and comorbidity. San Diego (2004)

Bauer F. et al., Arbeitszeit 2003. Arbeitszeitgestaltung, Arbeitsorganisation und Tätigkeitsprofile. Köln (2004)

Baxter L. R. et al., Caudate glucose metabolic rate changes with both drug and behavior therapy for obsessive-compulsive disorder. In: Archives of General Psychiatry 49, S. 681–689 (1992)

Binkofski F. & Block R., Accellerated time experience after left frontal cortex lesion. In: Neurocase 2, S. 485–493 (1996)

Block R. et al., Human aging and duration judgements: A meta-analytic review. In: Psychology and Aging 13, S. 584–596 (1998)

Block R., Temporal judgements and contextual change. In: Journal of Experimental Psychology: Learning, Memory, and Cognition 8, S. 530–544 (1982)

Boniwell I. & Zimbardo P., Balancing one's time perspective in pursuit of optimal functioning. In: Linley P. A. & Joseph S. (Eds.), Positive Psychology in Practice. New Jersey (2004)

Bösel R., Brain imaging methods and the study of cognitive processes: Potential and limits. Vortrag vor der Berlin-Brandenburgischen Akademie der Wissenschaften am 5. Juli 2003

Bost J. M., Retaining students on academic probation: Effects of time management peer counselling on students' grades. In: Journal of Learning Skills 3, S. 38–43 (1984)

Botella P. et al., Sex differences in the estimation of time intervals are removed by moderate but not high doses of caffeine. In: Human Pharmacology 16, S. 553–540 (2001)
Braver T. & Cohen J., On the control of control: The role of dopamine in regulation prefrontal function and working memory. In: Monsell S. & Driver J. (Eds.), Attention and Performance XVIII. Cambridge, Mass. (2000)
Brody A. et al., Regional brain metabolic changes in patients with major depression treated with either paroxetine or interpersonal therapy: Preliminary findings. In: Archives General Psychiatry 58, S. 631–640 (2001)
Buonomano D. & Karmarkar U., How do we tell time? In: Neuroscientist 8, S. 42–51 (2002)

Callejas A., Lupiáñez J. & Tudela P., The three attentional networks: On their independence and interactions. In: Brain and Cognition 54, S. 225–227 (2004)
Carnap R., Autobiography. In: Schlipp P. (Ed.), The Philosophy of Rudolf Carnap. Chicago (1963)
Carskadon M. et al., Adolescent sleep patterns, circadian timing, and sleepiness at a transition to early school days. In: Sleep 21, S. 871–881 (1998)
Chandola T. et al., Does conflict between home and work explain the effect of multiple roles on mental health? A comparative study of Finland, Japan, and the UK. In: International Journal of Epidemiology 33, S. 884–893 (2004)
Chandola T., Kuper H. et al., The effect of control at home on CHD events in the Whitehall II: Gender differences in psychosocial domestic pathways to social inequalities in CHD. In: Social Science & Medicine 58, S. 1501–1509 (2004)
Clarke S., Der Briefwechsel mit G. W. Leibniz von 1715/1716. Hamburg (1990)

Coelho M. et al., Assessment of time perception: The effect of aging. In: Journal of the International Neuropsychological Society 10, S. 332–341 (2004)
Corkin S., What's new with the amnesic patient H. M.? In: Nature Reviews Neuroscience 3, S. 153–160 (2002)
Coull J., Vidal F., Nazarian B. & Macar F., Functional anatomy of the attentional modulation of time estimation. In: Science 303, S. 1506–1508 (2003)
Coulmas F., Japanische Zeiten. Reinbek (2000)
Czikszentmihalyi M., Flow. Das Geheimnis des Glücks. Stuttgart (1992)

Damasio A., Descartes Irrtum. München (1995)
De Fockert J. et al., The role of working memory in visual selective attention. In: Science 291, S. 1803–1807 (2001)
De Grazia S., Of time, work and leisure. New York (1962)
Della Sala S. & Logie R. H., Role of working memory in neuropsychology. In: Boller F. & Grafman J. (Eds.), Handbook of Neuropsychology. Amsterdam (1993)
Döbrössy M. & Dunnett S., The influence of environment and experience on neural grafts. In: Nature Reviews/Neuroscience 2, S. 871–879 (2001)
Douglas K. et al., Attention seeking. In: New Scientist, S. 38 (28. 5. 2005)
Douglas V. & Parry P., Effects of reward and delayed reaction time task performance of hyperactive children. In: Journal of Abnormal Child Psychology 11, S. 313–326 (1983)
Douglas V. & Parry P., Effects of reward and non-reward on attention and frustration in attention deficit disorder. In: Journal of Abnormal Child Psychology 22, S. 281–302 (1994)
Draaisma D., Warum das Leben schneller vergeht, wenn man älter wird. Von den Rätseln unserer Erinnerung. Frankfurt a. M. (2004)

Dunlap J., Loros J. & DeCoursey P. (Eds.), Chronobiology. Sunderland, Mass. (2004)
Dunlap J., Molecular bases for circadia clocks. In: Cell 96, S. 271–290 (1999)

Eagleman D., The where and when of intention. In: Science 303, S. 1144–1145 (2004)
Eagleman D. M. & Holcombe A. O., Causality and the perception of time. In: Trends in Cognitive Sciences 6, S. 323–325 (2002)
Ebert D. et al., Coordination between breathing and mental grouping of pianistic finger movements. In: Perceptual and Motor Skills 95, S. 339–353 (2002)
Eliot L., Was geht da drinnen vor? Die Gehirnentwicklung in den ersten fünf Lebensjahren. Berlin (2001)

Fan J., The activation of attentional networks. In: NeuroImage 26, S. 471–479 (Juni 2005)
Feldman J., Lengthening the period of a biological clock in Euglena by cycloheximide, an inhibitor of protein synthesis. In: Proceedings of the National Academy of Science of the United States of America 57, S. 1080–1087 (1967)
Folkard S., Circadian performance rhythms: Some practical and theoretical implications. In: Philosophical Transactions of the Royal Society of London. Series B, Biological Sciences 27, S. 543–553 (1990)
Folkard S., Time of day effects in school children's immediate and delayed recall of meaningful material. In: British Journal of Psychology 68, S. 45–50 (1977)
Fortes M., Time and social structure. New York (1970)
Fraisse P., Zeitwahrnehmung und Zeitschätzung. In: Metzger W. (Hrsg.), Handbuch der Psychologie. Göttingen (1974)
Fränkel F. and Joel E., Beiträge zu einer experimentellen Psy-

chopathologie: Der Haschischrausch. In: Zeitschrift für die ges. Neurologie und Psychiatrie 111, S. 84–106. (1927)
Frankenhauser M., Estimation of time. Uppsala (1959)
Freeman J. & Edwards D., Time pressure, task performance, and enjoyment. In: McGrath J. (Ed.), The Social psychology of time. Newbury Park, Cal. (1998)
Friedman M. & Rosenman R., Association of specific overt behaviour patterns with blood and cardiovascular findings. In: Journal of the American Medical Association 169, S. 1286–1296 (1959)
Friedman W. & Wilkins A., Scale effects in memory for the time of events. In: Memory and Cognition 13, S. 168–175 (1985)
Friedman W., About time: Inventing the fourth dimension. Cambridge, Mass. (1990)
Frith C. & Frith U., Interacting minds – a biological basis. In: Science 286, S. 1692–1695 (1999)
Frone M., Work-to-family conflict and employee psychiatric disorders. In: Journal of Applied Psychology 85, S. 888–895 (2000)
Fujii T. et al., The Role of the basal forebrain in episodic memory retrieval: A positron emission tomography study. In: NeuroImage 15, S. 501–508 (2002)
Fuster J. M., Unit activity in prefrontal cortex during delayed-response performance: Neuronal correlates of transient memory. In: Neurophysiology 36, S. 61–78 (1973)

Garhammer M., Wie Europäer ihre Zeit nutzen. Berlin (1999)
Giambra L., A laboratory method for investigating influences on switching attention for task-unrelated imagery and thought. In: Consciousness and Cognition 4, S. 1–21 (1995)
Gibbon J. et al., Towards a neurobiology of temporal cognition. In: Current Opinion in Neurobiology 7, S. 710–184 (1997)

Gibbs W., Considerate computing. In: Scientific American S. 41–47 (Januar 2005)
Glasser R., Studien zur Geschichte des französischen Zeitbegriffs. München (1936)
Gleick J., Schneller! München (2000)
Glotz P., Die beschleunigte Gesellschaft. Kulturkämpfe im digitalen Kapitalismus. München (1999)
Glynn I., Consciousness and time. In: Nature, S. 477 (Dezember 1990)
Gogtay N. et al., Dynamic mapping of human cortical development during childhood through early adulthood. In: Proceedings of the National Academy of Sciences of the United States of America 101, S. 8174–8179 (2004)
Gonzales V. & Constant M. G., Constant, multi-tasking craziness. In: Proceedings of the 2004 Conference on Human Factors in Computing Systems, S. 113–120. Vienna/New York (2004)
Goto K., Laval-Martin D. L. & Edmunds L. N., Biochemical modelling of an autonomously oscillatory circadian clock in Euglena. In: Science 228, S. 1284–1288 (1985)
Green C. S. & Bavelier D., Action video game modifies visual selective attention. In: Nature 423, S. 534–536 (2003)
Gruber O. et al., Cerebral correlates of working memory for temporal information. In: Neuroreport 11(8), S. 1689–1693 (2000)
Gruber R. & Block R., Effect of caffeine on prospective and retrospective duration judgements. In: Human Psychopharmacolical Clinical Experiments 18, S. 351–359 (2003)
Grüsser O., Zeit und Gehirn. In: Burger H. (Hrsg.), Zeit, Natur und Mensch. Berlin (1986)
Gusnard D. & Raichle M., Searching for a baseline: Functional imaging and the resting human brain. In: Nature Reviews Neuroscience 2, S. 685–694 (2001)

Haggard P. et al., Voluntary action and conscious awareness. In: Nature Neuroscience 5, S. 382–387 (2002)
Hamermesh D. & Lee J., Stressed out on four continents: Time crunch or yuppie kvetch? In: NBER Working Paper Series, Working Paper 10186 (Dezember 2003)
Hannon E. & Trehub S., Tuning in to musical rhythms: Infants learn more readily than adults. In: Proceedings of the National Academy of Sciences of the United States of America 102, S. 12639–12643 (2005)
Healy M., We're all multi-tasking, but what's the cost? In: Los Angeles Times (19. 7. 2004)
Hellert U., Humane Arbeitszeiten. Münster (2001)
Helprin M., The acceleration of tranquility. In: Forbes, S. 15 (2. Dezember 1996)
Hilts P., Memory's ghost. New York (1996)
Hinz A., Psychologie der Zeit. Münster (2000)
Hobbes T., Leviathan. Leipzig (1978)
Hochschild A., Keine Zeit. Opladen (2002)
Holz E., Time stress and time crunch in the daily life of women, men and families. Results of the German time use survey. Beitrag auf der ›International Time Use Conference‹, Kitchener-Waterloo, Kanada (21.–23. März 2002)
Hooper S., Transduction of temporal patterns by single neurons. In: Nature Neuroscience 1, S. 720–726 (1998)
Horvitz J. C. et al., Burst activity of ventral tegmental dopamine neurons is elicited by sensory stimuli in the awake cat. In: Brain Research 759, S. 251 (1997)
Hultsch D. et al., Use it or lose it: Engaged lifestyle as a buffer of cognitive decline in aging? In: Psychology & Aging 14, S. 245–263, (1999)
Hurlburt R., Sampling normal and schizophrenic inner experience. New York (1990)

Ivry R. & Spencer R., The neural representation of time. In: Current Opinion in Neurobiology 14, S. 226–232 (2004)
Iyer P., The Lady and the monk. New York (1991)

Jahoda M., Lazarsfeld P. & Zeisel H., Die Arbeitslosen von Marienthal. Frankfurt a. M. (1975)
James W., Principles of psychology. London (1890)
James W., Die Wahrnehmung der Zeit. In: Zimmerli W. & Sandbothe M., Klassiker der modernen Zeitphilosophie. Darmstadt (1993)
Jiang Y., Saxe R. & Kanwisher N., Functional magnetic resonance imaging provides new constraints on theories of the psychological refractory period. In: Psychological Science 15, S. 390–396 (2003)
Jiang Y., Resolving dual-task interference: An fMRI study. In: NeuroImage 22, S. 748–754 (2004)
Joris P. et al., Coincidence detection in the auditory system. In: Neuron 21, S. 1235–1238 (1998)
Joseph J., Not in their genes: A critical view of the genetics of attention deficit hyperactivity disorder. In: Developmental Review 20, S. 539–567 (2000)
Joubert C., Subjective time and the subjective acceleration of time. In: Perceptual and Motor Skills 59, S. 335–336 (1984)

Katzenberg D., A clock polymorphism associated with human diurnal preference. In: Sleep, S. 569–576 (1998)
Kaufman-Scarborough C. & Lindquist J., Understanding the experience of time scarcity. In: Time and Society 12, S. 349–370 (2003)
Kelly J., Entrainment in individual and group behavior. In: McGrath J. (Ed.), The social psychology of time. Newbury Park, Cal. (1998)
Kerkhof G. & Van Dongen H., Morning-type and evening-type

individuals differ in the phase position of their endogenous circadian oscillator. In: Neuroscience Letters 218, S. 153–156 (1996)
Kern S., The culture of time and space 1880–1918. Cambridge, Mass. (1983)
King A. C., Winett R. A. & Lovett S. B., Enhancing coping behaviors in at-risk populations: The effects of time-management instruction and social support in women from dual-earner families. In: Behavior Therapy 17, S. 57–66 (1986)
Klein S., Alles Zufall. Reinbek (2004)
Klein S., Die Glücksformel. Reinbek (2002)
Klein S., Die Tagebücher der Schöpfung. München (2000)
Klingbert T. et al., Computerized training of working memory in children with ADHD – a randomized, controlled trial. In: Journal of the American Academy of Child and Adolescent Psychiatry 77, S. 177–186 (2005)
Koepp M. J. et al., Evidence for striatal dopamine release during a video game. In: Nature 39, S. 266–268 (1998)

Lamprecht K., Deutsche Geschichte der jüngsten Vergangenheit und Gegenwart. Berlin (1912)
Lau C. et al., Attention to intention. In: Science 303, S. 1208–1210 (2004)
Lauer R., Temporal man. The meaning and uses of social time. New York (1981)
Le Feuvre N., Leisure, work and gender. In: Time and Society 3, S. 151–178 (1994)
LeDoux J., Das Netz der Gefühle. München (1998)
Leibod C. & van Hemmen L., Mapping time. In: Biological Cybernetics 87, S. 428–439 (2002)
Lepage M. et al., Hippocampal PET activations of memory encoding and retrieval. In: Hippocampus 8, S. 313–322 (1998)

Levine B., Autobiographical memory and the self in time. In: Brain and Cognition 55, S. 54–68 (2004)
Levine R., Eine Landkarte der Zeit. München (1998)
Lewis P. & Critchley H., Mood-dependent memory. In: Trends in Cognitive Sciences 7, S. 431–433 (2003)
Lewis P. & Miall R. C., Distinct systems for automatic and cognitively controlled time measurement: Evidence from neuroimageing. In: Current Opinion in Neurobiology 13, S. 250–255 (2003)
Lewis P. & Walsh V., Neuropsychology: Time out of mind. In: Current Biology Vol. 12, R9–R11 (2002)
Lewis P. A., Finding the timer. Trends Cogn Sci 6, S. 195–196 (2002)
Libet B. et al., The volitional brain. Towards a neuroscience of free will. New York (1999)
Libet B., Timing of cerebral processes relative to concomitant conscious experience in man. In: Adam G., Meszaros I. & Banyai E. I. (Eds.), Advances in Physiological Sciences. New York (1981)
Loftus E. F. et al., Time went by so slowly: Overestimation of event duration by males and females. In: Applied Cognitive Psychology 1, S. 3–13 (1987)
Luck S., Vogel E. & Shapiro K., Word meanings can be accessed but not reported during the attentional blink. In: Nature 388, S. 616–618 (1996)
Lurija A., Der Mann, dessen Welt in Scherben ging. Reinbek (1991)
Lynons L. et al., Circadian modulation of complex learning in diurnal and nocturnal aplysia. Proceedings of the National Academy of Sciences of the United States of America 102, S. 12589–12594 (2005)
Lytton W. & Lipton P., Can the hippocampus tell time? In: Neuroreport 2, S. 2301–2306 (1999)

Macan T. A., Time management: Test of a process model. In: Journal of Applied Psychology Vol. 79, No. 3, S. 381–391 (1994)
Macan T. A., Time management training: Effects on time behaviors, attitudes, and job performance. In: The Journal of Psychology Vol. 130, No. 3, S. 229–236 (1996)
Macar F. et al., Controlled attention sharing influences time estimation. In: Memory and Cognition 22, S. 673–686 (1994)
Macey S., Encyclopedia of time. New York (1994)
Mach E., Untersuchungen über den Zeitsinn des Ohres. Wien (1865)
MacKinnon D. & Squire L., Autobiographical memory in amnesia. In: Psychobiology 17, S. 247–265 (1989)
Malapani C. et al., Coupled temporal memories in Parkinson's disease: A dopamine-related dysfunction. In: Journal of Cognitive Neuroscience 10, S. 316–331 (1998)
Mandela N., Der lange Weg zur Freiheit. Frankfurt a. M. (1997)
Marmot M. et al., Contribution of job control and other risk factors to social variations in coronary heart disease incidence. In: Lancet 350, S. 235–239 (1997)
Marmot M. et al., Health inequalities among British civil servants: the Whitehall II study. In: Lancet 337, S. 1387–1393 (1991)
Marois R., Chun M. & Gore J., Neural correlates of the attentional blink. In: Neuron 28, S. 299–308 (2000)
Martin P., Counting sheep. The science and the pleasures of sleep and dreams. London (2002)
Matell M. & Meck W., Neuropsychological mechanisms of interval timing behavior. In: BioEssays 22, S. 94–103 (2003)
Mathew R. et al., Cerebellar activity and disturbed time sense after THC. In: Brain Research 797, S. 183–189 (1998)
McClelland J. L., McNaughton B. L. & O'Reilly R. C., Why there are complementary learning systems in the hippo-

campus and neocortex: Insights from the successes and failures of connectionist models of learning and memory. In: Psychological Review 102, S. 419–457 (1995)
McClung C. et al., Regulation of dopaminergic transmission and cocaine reward by the clock gene. In: Procceedings of the National Academy of Sciences of the United States of America 102, S. 9377–9381 (2005)
Menzel R., Zeitstrukturen des Lebendigen. In: Burger H. (Hrsg.), Zeit, Natur und Mensch. Berlin (1986)
Messerli J., Gleichmäßig, pünktlich, schnell. Zeiteinteilung und Zeitgebrauch in der Schweiz im 19. Jahrhundert. Zürich (1995)
Meyer D. et al., The role of dorsolateral prefronal cortex for executive cognitive processes in task switching. Poster auf der Jahrestagung der Cognitive Neuroscience Society, San Francisco (1998)
Miller E. K., The prefrontal cortex and cognitive control. In: Nature Reviews Neuroscience 1, S. 59–65 (2000)
Miller E. K. & Cohen J. D., An integrative theory of prefrontal cortex function. In: Annual Review of Neuroscience 24, S. 167–202 (2001)
Milner B., Amnesia followinig operation at the temporal lobes. In: Whitty C. & Zangwil O. (Eds.), Amnesia, S. 112–115, London (1966)
Mitrani L. et al., Identification of short time intervals under LSD25 and mescaline. In: Activitas Nervosy Superior 52, S. 103–104 (1977)
Miyashita Y., Cognitive memory: Cellular and network machineries and their top-down control. In: Science 306, S. 435–440 (2004)
Murphy M. & White R., The psychic side of sports. Reading, Mass. (1978)

Neisser U., Cognitive Psychology. New York (1967)
Nichelli P., Human temporal information processing. In: Boller F. & Grafman J. (Eds), Handbook of neuropsychology. Amsterdam (1993)
Nooteboom C., Rituale. Frankfurt a.M. (1985)
Núñez R. & Sweetser E., Spatial embodiment of temporal metaphors in Aymara: Blending source-domain gesture with speech. In: Proceedings of the 7th International Cognitive Linguistics Conference, S. 249–250, Santa Barbara, Cal. (2001)

O'Malley M., Keeping watch. A history of American time. New York (1990)
Oates J. C., Marya. A life. London (1986)
Ochsner K., How thinking controls feeling. Vortrag auf dem Symposium ›Imaging Emotions‹ der New York Academy of Sciences (1. Februar 2005)
Ochsner K. et al., For better or for worse: Neural systems supporting the cognitive down- and up-regulation of negative emotion. In: Neuroimage 23, S. 483–499 (2004)
Olesen P., Westerberg H. & Klingberg T., Increased prefrontal and parietal activity after training of working memory. In: Nature Neuroscience 7, S. 75–79 (2003)
Ornstein R., On the experience of time. Harmondsworth (1969)

Pabst E., Zeit aus Atomen oder Zeit als Kontinuum. Aspekte einer mittelalterlichen Diskussion. In: Ehlert T. (Hrsg.), Zeitkonzeptionen, Zeiterfahrung, Zeitmessung. Paderborn (1997)
Palmer J. et al., Diurnal and weekly, but no lunar rhythms in humans copulation. In: Human Biology 54, S. 111–121 (1982)
Palmer J., The living clock. Oxford (2002)

Pashler H., Dual-task interference in simple tasks: Data and theory. In: Psychological Bulletin 116, S. 220–244 (1994)
Paus T. et al., Structural maturation of neural pathways in children and adolescents. In: Science 283, S. 1908–1911 (1999)
Pepper T., Night Shift. In: Newsweek International (18. Oktober 2004)
Phillips-Silver J. & Trainor L., Feeling the beat: Movement influences infant rhythm perception. In: Science 308, S. 1430 (2005)
Piaget J., Die Bildung des Zeitbegriffs beim Kinde. Zürich (1955)
Pöppel E., Grenzen des Bewusstseins. Frankfurt a. M. (1997)
Posner M., Attention: The mechanisms of consciousness. In: Proceedings of the National Academy of Sciences of the United States of America 91, S. 7398–7403 (1994)
Pound R. V. & Rebka G. A., Apparent weight of photons. In: Physical Review Letters 4, S. 337 (1960)

Rammsayer T. H. & Lima S. D., Duration discrimination of filled and empty auditory intervals. In: Perception & Psychophysics 50, S. 565–574 (1991)
Rao S. et al., The evolution of brain activation during temporal processing. In: Nature Neuroscience 4, S. 317–323 (2001)
Raybeck D., The coconut-shell clock: time and cultural identity. In: Time and Society 1, S. 323–340 (1992)
Rees G., Frith C. D. & Lavie. N., Modulating irrelevant motion perception by varying attentional load in an unrelated task. In: Science 278, S. 1616–1619 (1997)
Rennecker J. & Godwin L., Delays and interruptions: A self-perpetuating paradox of communication technology use. In: Information and Organization 15, S. 247–266 (2005)
Richards M. et al., Does active leisure protect cognition? Evi-

dence from a national birth cohort. In: Social Science & Medicine 56, S. 785–792 (2003)
Richards W., Time Reproductions by H. M. In: Acta Psychologica 37, S. 279–282 (1973)
Rilling J. K. & Insel T. R., The primate neocortex in comparative perspective using magnetic resonance imaging. In: Journal of Human Evolution 37, S. 191–223 (1999)
Rizzolatti G. et al., Premotor cortex and the recognition of motor actions. In: Cognitive Brain Research 3, S. 131–141 (1996)
Robinson J. & Godbey G., The great American slowdon. In: American Demographics 18, S. 42–48 (1996)
Roenneberg T. et al., Life between clocks: Daily temporal patterns of human chronotypes. In: Journal of Biological Rhythms 18, S. 80–90 (2003)
Roenneberg T. & Merrow M., The network of time: Understanding the molecular circadian system. In: Current Biology 13, S. R198–R207 (2003)
Ronneberg T. et al., A marker for the end of adolescence. In: Current Biology 14, S. R1038–R1039 (2004)
Rosenbaum R. S. et al., The case of KC: contributions of a memory-impaired person to memory theory. In: Neuropsychologia 43, S. 989–1021 (2005)
Rubia K. & Smith A., The neural correlates of cognitive time management: A review. In: Acta Neurobiol Exp 64, S. 329–340 (2004)
Rueda M. R. et al., Training, maturation, and genetic influences on the development of executive attention. In: Proceedings of the National Academy of Sciences of the United States of America 102, S. 14931–14936 (2005)
Safren S. et al., Abstract cognitive-behavioral therapy for ADHD in medication-treated adults with continued symptoms. In: Behaviour Research and Therapy 43, S. 831–842 (2005)

Sapolsky R., The physiology and pathophysiology of happiness. In: Kahnemann D., Diener E. & Schwarz N., Well being: The foundations of hedonic psychology. New York (2000)
Sapolsky R., Endocrinology al fresco: Psychoendocrine studies of wild baboons. In: Recent Progress in Hormone Research 48, S. 437–459 (1993)
Sapolsky R., Warum Zebras keine Migräne kriegen. München (1998)
Schacter D. L., Wir sind Erinnerung. Reinbek (1999)
Schibler U., Ripperger J. A. & Brown S. A., Chronobiology – reducing time. In: Science Vol. 293, S. 437–438 (2001)
Schooler J. et al., Zoning out while reading. In: Levin D. (Ed.), Thinking and seeing. Visual metacognition in adults and children. Cambridge, Mass. (2004)
Schulze G., Ereignisgesellschaft (7. Aufl.). Frankfurt a. M. (1992)
Schumacher E. H. et al., Virtually perfect time sharing in dual-task performance. In: Psychological Science 12, S. 101–109 (2001)
Sebald W. G., Austerlitz. München (2001)
Seifert E., Entstehung des modernen Zeitbewusstseins und industrielle Zeitdisziplin. In: Eberhard K. Seifert (Hrsg.), Ökonomie und Zeit. Frankfurt a. M. (1988)
Sergent C. et al., Timing of the brain events underlying access to consciousness during the attentional blink. In: Nature Neuroscience 8, S. 1391–1400 (2005)
Siffre M., Hors du temps. Paris (1963)
Slaven G. & Totterdell P., Time management training: Does it transfer to the workplace? In: Journal of Managerial Psychology 8, S. 20–28 (1993)
Smolensky M. & Lamberg L., Body clock. New York (2000)
Squire L. R. & Kandel E., Memory. From mind to molecules. New York (1999)

Squire L. R., Memory and the hippocampus. In: Psychological Review 99, S. 195–231 (1992)
Statistisches Bundesamt (Hrsg.), Wo bleibt die Zeit? Zeitverwendung der Bevölkerung in Deutschland 2001/2002. Wiesbaden (2003)

Teigen K. H., Yerkes-Dodson : A Law for All Seasons. In: Theory and Psychology 4, S. 525–547 (1994)
Thompson P. et al., Structural MRI and brain development. In: International Review of Neurobiology 67, S. 285–322 (2005)
Toplak M. et al., Executive and motivational processes in adolescents with attention-deficit-hyperactivity disorder. In: Behavioral and Brain Functions 1, S. 8 (2005)
Torelli P., Cologno D. & Manzoni G. C., Weekend headache: A possible role of work and life-style. In: Headache 39, S. 398–408 (1999)
Tse P. et al., Attention and the subjective expansion of time. In: Perception and Psychophysics 66, S. 1171–1189 (2004)
Tulving E., Chronesthesia: Conscious awareness of subjective time. In: Stuss D. T. & Knight R. T. (Eds.), Principles of frontal lobe function, S. 311–325. New York (2002)
Turek F. et al., Obesity and metabolic syndrome in circadian clock mutant mice. In: Science 308, S. 1043–1045 (2005)

Unruh W., Time, gravity, and quantum mechanics. In: Savitt S. F. (Ed.), Time's arrows today. Recent physical and philosophical work at the direction of time. Cambridge, Mass. (1995)

VanRullen R. & Koch C., Is perception discrete or continuous? In: Trends in cognitive sciences 7, S. 207–213 (2003)
VanRullen R. et al., Attention-dependent discrete sampling of motion perception. In: Proceedings of the National Academy of Sciences 102, S. 5291–5296 (2005)

Vierfordt K., Der Zeitsinn; nach Versuchen. Tübingen (1868)
Vogel E. et al., Neural measures reveal individual differences in controlling access to working memory. In: Nature 438, S. 500–503 (2005)

Wagenaar W., My memory: A study of autobiographical memory over six years. In: Cognitive Psychology 18, S. 225–252 (1986)
Walker J., Time estimation and total subjective time. In: Perceptual and Motor Skills 44, S. 527–532 (1977)
Weber M., Die protestantische Ethik und der »Geist« des Kapitalismus. Bodenheim (1993)
Weick S., Lebensbedingungen, Lebensqualität und Zeitverwendung. In: Alltag in Deutschland. Forum der Bundesstatistik Bd. 43, S. 412–430 (2004)
Welsh D. K. et al., Individual neurons dissociated from rat suprachiasmatic nucleus express independently phased circadian firing rhythms. In: Neuron 14, S. 697–706 (1995)
Whalley L. et al., Cognitive reserve and the neurobiology of cognitive aging. In: Ageing Research Reviews 3, S. 369–382 (2004)
Whitrow G., Die Erfindung der Zeit. Hamburg (1991)
Wickelgren I., Getting the brain's attention. In: Science 278, S. 35–37 (1997)
Wirz-Justice A. et al., Chronotherapeutics in affective disorders. In: Psychological Medicine 35, S. 1–6 (2005)
Wittman M. et al., Social jetlag: Mis-alignment of biological and social time. In: Chronobiology International, Preprint (2006)

Yang C. & Seamans J., Dopamine D1 receptor actions in layers V-VI rat prefrontal cortex in vitro: Modulation of dendritic-

somatic signal integration. In: Journal of Neuroscience 16, S. 1922–1935 (1996)
Yoo S.-H. et al., PERIOD2::LUCIFERASE real-time reporting of circadian dynamics reveals persistent circadian oscillations in mouse peripheral tissues. In: Proceedings of the National Academy of Sciences, USA 101, S. 5339–5346 (2004)
Young M., The molecula control of circadian behavioral rhythms and their entrainment in drosophila. In: Annual Review of Biochemistry 67, S. 135–152 (1998)
Young M., Wie die innere Uhr tickt. In: Spektrum der Wissenschaft, S. 74–77 (Juni 2000)
Yount L., Memory. New York (1996)

Zahrt J. et al., Supranormal stimulation of D1 dopamine receptors in the rodent cortex impairs spatial working memory performance. In: Journal of Neuroscience 17, S. 8528–8535 (1997)
Zulley J. & Knab B., Unsere Innere Uhr. Freiburg i. Br. (2000)

Danksagung

Ich danke den Forschern, die sich die Zeit für oft lange Gespräche mit mir nahmen: Michael Colla, Florian Coulmas, Gereon Fink, Burkhart Fischer, Chris Frith, Patrick Haggard, Ulrike Hellert, Erlend Holz, Michael Huss, Eric Kandel, Nilli Lavie, Hans Markowitsch, Michael Posner, Thomas Rammsayer, Geraint Rees, Till Roenneberg, Rolf Ulrich, Vincent Walsh, Friedrich Wilkening und Jürgen Zulley. Ganz besonders verpflichtet bin ich dem Neurologen Ferdinand Binkofski und dem Physiker Herbert Wagner. Sie haben, jeweils in ihrem Fachgebiet, das Manuskript gegengelesen und es an vielen Stellen verbessert. Für alle Irrtümer im Text bin allein ich verantwortlich.

Menschen, die mir nahe oder auch weniger nahe stehen, waren bereit, mir ausführlich von ihren Zeiterfahrungen zu berichten. Für das Vertrauen, mir diese oft sehr persönlichen Erlebnisse und Sichtweisen preiszugeben, danke ich Stefan Bauer, Kirsten Brodde, Beate Lakotta, Karin Leuschner, Dorle und Fritz Klein, Elektra Rigos und Walter Schels.

David Cyranoski und vor allem Christoph Neidhart und seine Familie waren wunderbare Gastgeber in Tokio.

Stefan Nickels war als Rechercheur wieder eine große Hilfe. Nicht minder hilfreich stand mir Monika Klein bei der Literaturbeschaffung und beim Ausmerzen der Fehler zur Seite.

Stefan Bauer, Thomas de Padova, Wolfgang Schneider und Diana Stübs verdanke ich wertvolle Kritik zu früheren Manuskriptfassungen.

Überaus angenehm war der Kontakt mit dem Verlag. Stellvertretend für alle, die sich mit großem Engagement für dieses Buch eingesetzt haben, seien genannt: mein Lektor Peter Sillem, mit dem zu arbeiten eine Freude war; Heidi Borhau, die sich mit großer Sorgfalt um die Pressearbeit kümmerte; und Jörg Bong, der vom ersten Moment an alles zum Gelingen Nötige tat. Matthias Landwehr hat als Agent auch dieses Projekt mit viel Sachverstand begleitet.

Meine Frau und Kollegin Alexandra Rigos hat so viele Gedanken, Kritik und Verbesserungen beigesteuert, dass dieses Buch längst auch das Ihre ist. Ihr sei es gewidmet – in Erinnerung an die so oft wunderbare gemeinsame Zeit.

Stefan Klein
Da Vincis Vermächtnis
oder Wie Leonardo die Welt neu erfand
Band 17880

Wie kann ein und derselbe Mann das Lächeln der Mona Lisa erschaffen, den Blutfluss im menschlichen Herzen studieren und funktionsfähige Flugmaschinen bauen? Wie schafft es ein Künstler der Renaissance, Stadtpläne wie aus Satellitenperspektive zu zeichnen, nach denen man sich noch heute orientieren kann? Wie kann der Dandy und Visionär aus dem Dorf Vinci Vegetarier und Pazifist sein – und gleichzeitig im Dienste blutrünstiger Tyrannen Massenvernichtungswaffen entwickeln? Stefan Klein unternimmt eine faszinierende Zeitreise in die Welt des Jahrtausendgenies Leonardo. Er sieht dem Erfinder, Wissenschaftler und Wegbereiter einer neuen Welt bei der Arbeit zu. Und zeigt uns, was wir für uns von ihm lernen können.

»Ein Buch für alle, die die Welt um sich herum mit Leonardos Hilfe besser sehen und verstehen wollen.«
Deutschlandradio

Das [illegible] Programm [illegible]
www.fischerverlage.de